Cultura, antropología y otras tonterías

Cultura, antropología y otras tonterías

Ángel Díaz de Rada

EDITORIAL TROTTA

COLECCIÓN ESTRUCTURAS Y PROCESOS
Serie Antropología

Primera edición: 2010
Primera reimpresión: 2012

© Editorial Trotta, S.A., 2010, 2012
Ferraz, 55. 28008 Madrid
Teléfono: 91 543 03 61
Fax: 91 543 14 88
E-mail: editorial@trotta.es
http://www.trotta.es

© Ángel Díaz de Rada, 2010

ISBN: 978-84-9879-074-0
Depósito Legal: M-26.187-2012

Impresión
Duocromo

Una nueva idea es una luz que ilumina presencias que simplemente no tenían forma para nosotros antes de que la luz cayera sobre ellas.

(Suzanne Langer)

Un ancla es una pieza de hierro forjado, adaptada admirablemente a su fin, y el lenguaje técnico es un instrumento pulido hasta la perfección por siglos de experiencia, algo sin tacha para su propósito.

(Joseph Conrad)

ÍNDICE

Agradecimiento	13
1. Hablar de cultura	15
El diálogo y los helicópteros	15
Este libro	16
Navegación	18
Zozobras	22
Formas de hablar	25
Que suenen los violines	26
2. Formas vivas	27
Miradas sobre el concepto de cultura	27
Juega Raúl Bravo con Helguera. Cultura en acción	32
Cultura y regla: Prohibido escupir en el suelo. Prohibido fumar o llevar el cigarro encendido. Por favor, espere tras la línea roja. Ocupen el arcén. Es obligatorio fumar	42
Con bañador, desnudos. Espacio público, comunicación y aprendizaje social	45
Palabras muertas y palabras vivas. Lenguaje y práctica	49
La vida es blanda. Matices en el concepto de regla	51
Cuerpo y alma. Reglas en estado práctico	55
Una vuelta de tuerca. Cultura como descripción	56
El abismo de la cultura	58
$Etic_1$, $Emic_1$, $Etic_2$, $Emic_2$...	62
¿Para qué sirve la distinción etic/emic*?*	74
Un matiz sobre la expresión «conjunto de reglas»	77
3. Seis llaves	81
Primera dificultad. Universal es concreto es universal	82
Segunda dificultad. Acción es relación es acción	84
Tercera dificultad. Las instituciones no están solas	86
Cuarta dificultad. Estructura es proceso es estructura	88

Quinta dificultad. ¿Dónde está la cultura? 94
Sexta dificultad. Relación es individuo es relación 98

4. Vamos a usar las llaves. Una crítica de algunos usos comunes de la palabra «cultura» 103

   Esa cosa tan vaga 105
   Esa cosa tan espiritual 107
   Esa cosa tan seria 108
   Esa cosa tan vieja 110
   Esa cosa tan inútil 113
   Esa cosa tan perversa 116

5. Ni «culturalista» ni «idealista» 125

   «Culturalista», que eres un «culturalista» 125
   «Superorgánico». La cultura que flota en el vacío 134
   El violinista 137
   Excesos culturológicos 140
   La cultura que parece flotar en el vacío no viene del vacío 141
   Superorgánicos 143
     (*a*) Mente y cultura 144
     (*b*) Cultura sin tiempo 146
     (*c*) Configuración 147
     (*d*) Ambiente o entorno cultural 149
     (*e*) Forma, porte, disposición 149
     (*f*) Los restos de un naufragio o la imagen del depósito 153
   Sostener la utilidad del concepto de cultura no es ser «idealista» . . . 155

6. ¡Que viene el espíritu! Una crítica de la simplificación del concepto de causa 159

   ¿Quién habla sólo de causas? 159
   Causa eficiente y regla 161
   Lazos causales 169
   Yuxtaposición, asociación, representación, sustitución 174
   El retorno del Jedi 178

7. La cultura como reconocimiento y como discurso 181

   Cultura y exclusión 184
   Los zapatos de Jodie Foster. La cultura como reconocimiento 186
   Regla y tiempo. La cultura como discurso 192
   La cultura no es un agente 195
   La cultura no es un producto 197
   ¿Excepción cultural? 200
   Puentes. La cultura como comunicación 204

ÍNDICE

8. Algunas preguntas con respuesta 207

   ¿Puede haber gente sin cultura? 207
   ¿Hace falta la escuela para «tener» cultura? 209
   ¿Se reduce la diversidad cultural a la diversidad lingüística? 212
   ¿Es la cultura una forma particular de acción? 216
   ¿Cómo se «tiene» la cultura y quién la tiene, si es que alguien la
   tiene? 219
       (a) ¿Qué significa «tener» en la expresión «tener cultura»? 221
       (b) ¿Puede una *sociedad* o un *pueblo* «tener» cultura? 227
       (c) ¿Puede alguien «tener» una sola cultura? 234
   ¿Son «los chinos» una cultura? ¿Son «los españoles» una cultura?
   ¿Son «los heavies» una cultura? 235
   ¿Puede haber cultura sin gente? 237

9. La idea de «diversidad» no es suficiente 241

   «Defiendo mi cultura» 243
   Diferencia y comunicación 244
   ¿Multicultural? 246
   ¿Qué es lo «diverso» en el concepto de cultura? 251

10. La cultura como proceso político 255

    Cultura y democracia 256
    «Cultura» es un concepto igualitario, pero no igualador 260
        (a) Etnocentrismo 263
        (b) Los políticos no quieren trabajar 264
        (c) Narcisismo intelectual 266

11. Relativismos 267

    Groserías antirrelativistas 268
    Relativismo metodológico, antropología social y etnografía 274
    El concreto antropológico 278

Bibliografía 281

AGRADECIMIENTO

En el origen de este libro hay dos personas. Pensé en escribirlo después de conversar con Honorio Velasco sobre las dificultades que encontrábamos los antropólogos para comunicar el concepto de cultura a quienes, fuera de nuestra profesión (y a veces también dentro de ella), lo usan de maneras incompatibles con nuestros principales supuestos. Me dije entonces que podría ser útil tomarse en serio la tarea de aclarar los usos y sentidos de la palabra «cultura» en antropología, en un libro que pudiera ser digerible para una audiencia más amplia. Daniela Fejerman me sugirió que éste debía ser un libro divulgativo y me animó a escribirlo. Durante años he trabajado en él pensando que estaba escribiendo divulgación, pero, a juzgar por los comentarios de muchas de las personas que citaré a continuación, creo que no lo he conseguido del todo. Para leer este libro —me han aclarado— es preciso tener alguna clase de inquietud previa sobre la palabra «cultura». Esto cuadra bien, me parece a mí, con los motivos de los estudiantes de antropología. En todo caso, haber mantenido durante todos estos años la ilusión de la divulgación me ha ayudado a alcanzar un grado de franqueza expositiva y claridad conceptual que difícilmente hubiera alcanzado de otro modo.

Los lectores de este libro tienen mucho que agradecer a las siguientes personas: Montserrat Cañedo, Marta Crespo Garcimartín, Begoña Enguix Grau, Nuria Fernández Moreno, Alfredo Francesch Díaz, Nancy Konvalinka, Asunción Merino, Fernando Monge, Carlos Peláez Paz, Pepe Pereiro, Eugenia Ramírez Goicoechea, José María Romero, Sara Sama y Txema Uribe. Sus comentarios han sido decisivos. Algunos de estos comentarios han sido pequeñas sugerencias enormemente influyentes y otros extensas consideraciones derivadas de una profunda lectura del borrador. Si es que este libro llega a reflejar de alguna manera mi ilusión divulgativa, ello se debe a sus inteligentes aportaciones.

Alfredo Francesch leyó este texto en dos de sus fases y en las dos ocasiones me aportó valiosas ideas, por lo que le estoy doblemente agradecido. Begoña Enguix Grau leyó el borrador con más detalle que el que yo mismo empleé en escribirlo. La forma final de este texto es en gran medida consecuencia de su paciencia y precisión. A Carlos Peláez Paz le debo también un conjunto de sugerencias fundamentales de contenido y estructura. Eugenia Ramírez Goicoechea me devolvió el borrador lleno de correcciones de estilo y comentarios de fondo. Con ella comparto muchas obsesiones teóricas. Soy consciente de que, en su forma final, este texto no recoge determinadas temáticas sobre las que Eugenia me llamó la atención; entre otras: la relación entre etología y cultura, la cultura en el proceso de hominización, o el problema de la objetivación de las formas culturales. Afortunadamente, ella las ha desarrollado y las sigue desarrollando en sus propios escritos.

A Francisco Cruces me une una larga e intensa biografía de trabajo en común. Difícilmente un libro sobre el concepto de cultura, tan básico en nuestra disciplina, podría quedar desconectado de su persona. Parte de las ideas contenidas en los tres últimos capítulos, sobre problemas políticos y éticos, se han inspirado en las discusiones de un seminario sobre antropología y derechos humanos organizado gracias a su iniciativa.

La autoría final del libro es mía, pero, haciendo uso de una de las ideas centrales que aquí se contienen, sólo lo es *en relación* con todos ellos. Tal vez el precedente sentado en este trabajo sirva para que alguien se anime en el futuro a alcanzar, con mucho más éxito, el objetivo de la divulgación.

1

HABLAR DE CULTURA

El diálogo y los helicópteros

Aquella noche del 8 de mayo de 2004, el locutor designado para narrar en *La Primera* de Televisión Española la inauguración del Fòrum de Barcelona debía de estar algo confuso. Una y otra vez, ante la obstinada imagen que mostraba en la pantalla a los príncipes de Asturias, se refirió a Letizia tratándola de esposa, cuando aún faltaban unas semanas para la boda. Y es que se trataba de llenar de contenido un evento que tomaría por objeto a la cultura, «el Fòrum de las culturas». Nada debemos achacar al locutor. Seguramente, ante tan singular empeño cualquiera habría experimentado una desorientación similar o todavía mayor. Las autoridades invitadas en el puerto de Barcelona y los espectadores sentados ante sus televisores celebraban la apertura de un evento dedicado al «diálogo de civilizaciones», con el ruido de fondo de las lanchas costeras de vigilancia y de los helicópteros que velarían por la seguridad. En la tele se oía sobre todo ese ruido de fondo. El locutor apenas podía romper su propio silencio llenándolo de vez en cuando con la pompa de las grandes palabras: «Una ceremonia cargada de significado y de simbolismo. Una apuesta a favor de la solidaridad y de la paz». En el exterior del recinto, unos manifestantes se quejaban cacerola en mano del patrocinio del evento por parte de empresas al parecer complicadas en el comercio de armas. Las autoridades celebraban el triunfo de la paz y la palabra, los manifestantes denunciaban la devastación de la guerra, el hambre y la miseria. Pero todos se encontraban reunidos en torno a esa insignia misteriosa: la cultura. Noventa y cinco años antes, en 1909, el filósofo alemán Georg Simmel había publicado un pequeño ensayo titulado *Puente y puerta*[1], un tratado incidental sobre la capacidad del ser humano para unir y separar. Hansel Cereza y Albert Flores crearon el espectáculo inaugural del Fòrum de Barcelona, titulado *Mover el mundo*. Muchos años después del fin de la Guerra Fría sigue intacto el fantasma de la aniquilación del mundo y el sueño de la paz entre los hombres. Y por detrás, la cultura.

Durante los meses previos al acontecimiento celebrado en Barcelona, los medios de comunicación habían intentado definir su consistencia, y en el esfuerzo habían sucumbido. El día después, el redactor de *El País* Agustí Fancelli escribía: «no había precedentes de una convocatoria similar y hacía falta entornar mucho los ojos para vislumbrar en qué podía consistir». Efectivamente, la inauguración del Fòrum recordaba en algo a una cumbre internacional de mandatarios, pero no era eso; remedaba la ceremonia inaugural de unos juegos olímpicos, pero tampoco era eso. Durante meses los medios intentaron revelar el misterio del Fòrum de las culturas, sin percatarse acaso de que tamaña confusión no podía deberse al propio Fòrum, sino al concepto en cuyo nombre se había promovido: la cultura.

Este libro

Este libro hablará de la cultura. Es decir que seré yo, Ángel, quien hablará de la cultura a través de este libro. Los libros no hablan, ni siquiera lo hacen las voces grabadas en las cintas magnetofónicas o en las imágenes de la televisión. Son las personas las que hablan para otras personas. Hablaré de la cultura porque la cultura me interesa, como a muchos otros. Como soy antropólogo, mi interés en el concepto de cultura es radical. En muchas ocasiones se ha dicho que la antropología es la ciencia de la cultura. Sin embargo, no será la antropología como disciplina profesional o académica la que hable a través de este libro. Seré yo quien lo haga, y al hacerlo puede que otros antropólogos, pero no todos, hablen en mis palabras. Lo que voy a hacer en este libro es aclarar con todo mi empeño el concepto de cultura. Muchos de mis colegas estarán de acuerdo con las ideas de este libro, pero con toda seguridad muchos estarán también en desacuerdo. En lo que espero que todos coincidamos es en la claridad de lo que aquí se dice.

Los periódicos suelen incluir una sección titulada «cultura», pero a nadie se le escapa que en nuestro mundo contemporáneo los usos de esta palabra van mucho más allá del horizonte de esas secciones perio-

---

1. Simmel, 1986 [1909].

dísticas. Si hubiera que atenerse a ese horizonte quedarían fuera de la cultura la política internacional, los deportes, la ciencia y la tecnología, y hasta la «sociedad» misma, a la que algunos medios dedican también una sección aparte. Con los múltiples usos que hoy registra este concepto, la cultura se presenta a nuestros ojos como un amorfo mercadillo de objetos dispares, melodías y trajes regionales, pactos políticos y organizaciones empresariales, clases de griego y maratones populares. No hay un género de cosas que sirva de referente al concepto de cultura, y de ahí el desconcierto del locutor del Fòrum: ¿de qué hay que hablar al hablar de cultura?, *¿qué es la cultura?*

Ninguna colección de objetos podría aspirar a responder a tal pregunta. La lista sería caótica y el intento extravagante. De ahí que la palabra misma, «cultura», tenga ese aroma ocioso relativo a las cosas de los que tienen tiempo que perder: esas tonterías que hace o colecciona la gente cuando puede perder su tiempo, y a las que señeramente se dedican algunos (no todos) los antropólogos. Sin embargo, hay quien llega a dislocar su columna vertebral o a cegar sus ojos para dedicarse a los suplicios de la cultura; y también quien llega a matar en su nombre. La cultura, pues, no va en broma, y en muchas ocasiones nada hay más serio que la cultura. El título de este libro intenta recoger esa ironía. Cuando me planteo aclarar el concepto de cultura espero ayudarte a recorrer el camino que va desde su aparente inutilidad a su utilidad, desde su apariencia de ornamento a su carácter fundamental para la comprensión de la vida social humana. *Cultura, antropología y otras tonterías* designa pues, en la portada de este libro, la apariencia banal de un concepto y de una disciplina que deberíamos tomar muy en serio.

Adam Kuper ha escrito un libro titulado *Cultura. La versión de los antropólogos*[2]. Es evidente que a Adam, que creció en Sudáfrica, no le gusta este concepto. En la página 19 de su libro hace suyo este lamento de Raymond Williams: «no sé cuántas veces he deseado no haber oído nunca la maldita palabra». No le falta razón. «Cultura» es una palabra cargada de sangre, la sangre de las víctimas del *apartheid*, la sangre vertida por el nazismo. Ríos de sangre de la historia. Para la sensibilidad de los científicos «cultura» es además una palabra llena de ambigüedades. Y en los usos políticos y mediáticos un arma de confusión. Como todas las ideas importantes que nos hacen personas, la idea de cultura puede llegar a ser monstruosa.

En este libro presentaré esas deformidades, pero lo haré desde una convicción. Si mantenemos limpia la transparencia del concepto tal y

---

2. Kuper, 2001.

como aquí lo voy a definir, veo improbable que pueda haber otro mejor para entender la condición humana. Es necesario reconocer los usos que hacen de la palabra «cultura» un medio de exclusión social y de muerte, pero en la travesía hacia ese reconocimiento podemos hallar también el caudal que encierra para hacer inteligible nuestra vida.

Navegación

He señalado ya mi intención principal al escribir este libro: aclarar al máximo el concepto de cultura desde mi perspectiva de antropólogo. Con esta aclaración quiero dar respuesta a una situación doble que hoy pocos pondrán en duda. En primer lugar, el concepto de cultura se utiliza constante y crecientemente en todas las variantes de las humanidades y las ciencias sociales de formas extremadamente imprecisas. En segundo lugar, este concepto circula constante y crecientemente en los medios públicos con poderosas cargas políticas y valorativas. Esta doble situación es el punto de partida de quien hoy se interesa por la antropología social y cultural como disciplina científica, sea porque quiere dedicar a ella una parte de su formación académica, porque le interesa como complemento de sus tareas más habituales, o por puro placer. Consciente de esta doble situación, con este libro pretendo *precisar* todo lo posible el concepto antropológico de cultura. Al precisar este concepto espero poder mostrar también en qué consisten las cargas valorativas y políticas que el concepto adquiere en los medios públicos (y también, naturalmente, en la disciplina antropológica).

A lo largo de este libro pretendo romper tres gruesas amarras que paralizan el concepto de cultura. Estas tres amarras son tan gruesas y están atadas con tanta fuerza a nuestro sentido común inmediato, que pueden llegar a bloquear por completo la comprensión de lo que aquí pretendo explicar. Creo que no importa la claridad con la que yo me exprese, si estas tres amarras no reciben un primer hachazo ahora mismo todo mi intento será vano. Con este primer hachazo iniciamos la navegación.

Corto así la primera amarra: la cultura *no es* un saber espiritual. Una parte fundamental de este libro se dedicará a mostrar, con el mayor detalle posible, que el concepto antropológico de cultura *exige* dejar de contemplar la realidad desde la perspectiva del dualismo de la materia y el espíritu.

Y ahora la segunda: la cultura *no es* lo que hace solamente el reducido número de personas que, reconocidamente, pintan cuadros, producen arte, escriben libros, dirigen películas, diseñan moda, y otras cosas por el estilo. El concepto antropológico de cultura *exige* igualmente comprender que cualquier ser humano, se dedique a lo que se dedique, es agente de cultura.

Y ahora va el hachazo a la tercera amarra: la cultura *no es* un grupo de personas, la cultura *no es* una nación, *no es* un cuerpo social. El concepto antropológico de cultura *exige*, finalmente, el reconocimiento de que la cultura se predica de la acción social, es una propiedad de la acción social, y no de quienes la ponen en práctica.

Ya en lento movimiento, tu barco se dirige hacia diez capítulos en los que encontrarás la argumentación necesaria para entender a qué vienen los hachazos que acabo de dar a estas tres amarras. A lo largo del libro encontrarás también *seis definiciones del concepto de cultura*, que se presentan en progresión.

El capítulo 2 lleva el título de *Formas vivas*. En este capítulo te ofrezco las cuatro primeras definiciones del concepto de cultura.

§1. Cultura es una forma de vida social.

§2. Cultura es el conjunto de reglas con cuyo uso las personas dan forma a la relación que las personas mantienen entre sí, en su vida social.

§3. Cultura es el conjunto de reglas con cuyo uso las personas dan forma a su acción social.

§4. Cultura es una *descripción*, hecha por alguien, del conjunto de reglas con cuyo uso las personas dan forma a su acción social.

Este capítulo 2 hace énfasis en la idea de *forma* y en el dinamismo de las formas culturales. Además, ofrezco en él un conjunto de ejemplos para ilustrar la importancia del concepto de *regla* como integrante del concepto de cultura. Finalmente, este capítulo 2 muestra dos planos de existencia de la cultura: la cultura puesta en práctica por las personas que viven su vida, y la cultura como *descripción* de quienes, como los antropólogos, la representan con una finalidad analítica o científica.

El capítulo 3, *Seis llaves*, presenta seis dificultades implicadas en el concepto antropológico de cultura. Son dificultades porque nos obligan a incorporar un estilo de pensamiento capaz de tolerar la convivencia de ideas aparentemente contradictorias u opuestas. Por ejemplo, el concepto antropológico de cultura nos obliga a compatibilizar el pensamiento de lo universal con el pensamiento de lo concreto, o el pensamiento acerca de procesos de acción con el pensamiento acerca de los productos de la acción. El título no es, sin embargo, *Seis dificultades*, porque está escrito con la promesa de ofrecer al final del capítulo las llaves conceptuales para seguir navegando.

El capítulo 4, *Vamos a usar las llaves. Una crítica de algunos usos comunes de la palabra «cultura»*, es fundamentalmente ilustrativo. Toma por objeto algunos usos comunes del concepto de cultura recogidos principalmente en medios de comunicación, para aclarar en qué se distinguen (y se distancian) del concepto antropológico de cultura que yo propongo. Habiendo presentado previamente las seis llaves, este capítulo ejemplifica lo que sucede cada vez que utilizamos el concepto de cultura olvidando alguna llave del llavero.

El capítulo 5, *Ni «culturalista» ni «idealista»*, y el capítulo 6, *¡Que viene el espíritu! Una crítica de la simplificación del concepto de causa*, son los más densos en términos conceptuales. En ellos se aborda la crítica del dualismo entre materia y espíritu. El capítulo 5 tiene importancia, sobre todo en el seno de la discusión disciplinar entre los antropólogos. El capítulo 6 se centra en la siguiente pregunta: ¿es la cultura *causa* del comportamiento humano? Al explicar con detalle los diferentes conceptos de causa y su relación con el concepto de cultura, este capítulo ofrece una base técnica para el conjunto de la argumentación del libro.

El capítulo 7, *La cultura como reconocimiento y como discurso*, retorna a definir aún con mayor precisión el concepto de cultura ofreciendo dos definiciones adicionales. En la primera de ellas se señala que el concepto de cultura se refiere inevitablemente a prácticas valorativas y en definitiva políticas. En la segunda se subraya que la cultura se da en una dinámica de acciones, un curso de acción social, un discurso. Esas dos definiciones son:

> §5. Partiendo de la definición §3, cultura es el conjunto de reglas para relacionarse con las reglas de §3 en cada situación concreta.

> §6. La cultura es el discurso, el decurso, de un conjunto de reglas convencionales puestas en práctica en el tiempo de las situaciones sociales.

El capítulo 8, *Algunas preguntas con respuesta*, se presenta como una breve detención en la travesía. Una vez establecidas las seis definiciones del concepto de cultura (capítulos 2 y 7), identificadas sus dificultades básicas (capítulos 3 y 4), y cortada definitivamente la primera amarra (capítulos 5 y 6), te invito a un refrescante chapuzón en aguas claras.

Las dos definiciones del concepto de cultura elaboradas en el capítulo 7 orientan el rumbo hacia el tratamiento de los conceptos de diversidad, producción de jerarquías, y relativismo. Estos últimos conceptos, que tienen una notable carga política, se abordan sucesivamente en los capítulos 9 (*La idea de «diversidad» no es suficiente*), 10 (*La cultura como proceso político*) y 11 (*Relativismos*).

Una posible navegación es la lectura consecutiva de los capítulos, desde el primero hasta el último. Pero hay otras posibilidades (en realidad, como es natural, hay tantas como lectores). Una navegación alternativa para quienes no estén tan interesados en el debate interno de los antropólogos es leer desde el capítulo 1 hasta el capítulo 8, saltándose el capítulo 5 (*Ni «culturalista» ni «idealista»*). Esta navegación te permitirá leer en secuencia todo el desarrollo de las seis definiciones del concepto de cultura y terminar con el capítulo 8, que es —según la mayor parte de las personas que he nombrado en el agradecimiento— el más claro y mejor construido.

Los capítulos 9 (*La idea de «diversidad» no es suficiente*), 10 (*La cultura como proceso político*) y 11 (*Relativismos*) forman en cierto modo una unidad, por lo que pueden ser leídos independientemente por quienes estén más interesados en los problemas éticos y políticos básicos implicados en el concepto de cultura. Ignoro hasta qué punto leer sólo estos tres últimos capítulos sin haber leído previamente el 2 (*Formas vivas*) y especialmente el 7 (*La cultura como reconocimiento y como discurso*), puede dificultar su cabal comprensión. Alguien me sugirió que tal vez empezar por esos últimos capítulos, de carácter más ético y político, podría ser un buen modo de sentir la necesidad de dirigirse hacia el capítulo 2, y así hacia todos los demás consecutivamente.

Este libro está escrito para lectores que necesitan conceptos formulados con claridad y cercanos a su conocimiento cotidiano. Sin embargo, el argumento central —la definición de la noción de cultura— es el núcleo de muchos debates producidos por los antropólogos desde hace décadas. Esos debates han tenido y tienen un contenido especializado y una gran complejidad. Renunciar a esta complejidad sería desvirtuar la noción misma de cultura que pretendo transmitir. Para solucionar este problema este libro ofrece dos planos de lectura.

El primer plano de lectura se encuentra en el texto principal, que puede leerse con fluidez. Esa fluidez será menor al principio del capítulo 2, *Formas vivas*, donde el hilo de la lectura se verá interrumpido por algunas definiciones extensas que forman el tejido básico de conceptos que serán útiles a lo largo del recorrido. Esas definiciones se presentan condensadas en los cuadros 2, 3, 4 y 5, y se refieren, respectivamente, a los conceptos de *forma*, *agencia*, *convención* y *acción*.

A pesar del esfuerzo que he invertido en conseguir un estilo divulgativo, sé que, para los lectores menos especializados o motivados, el argumento se complica en los siguientes pasajes:
(*a*) las últimas secciones del capítulo 2 a partir de la sección titulada *Una vuelta de tuerca. Cultura como descripción*,
(*b*) el capítulo 5 (*Ni «culturalista» ni «idealista»*),
(*c*) el capítulo 6 (*¡Que viene el espíritu! Una crítica de la simplificación del concepto de causa*).
Éstos son los pasajes más difíciles en términos conceptuales, y por ello exigirán del lector más paciencia.

El segundo plano de lectura se ofrece en un extenso cuerpo de notas a pie de página. En su mayor parte, estas notas aclaran elementos conceptuales o disciplinares especializados de los que, en su caso, puede prescindir el lector más interesado en llevar una velocidad de crucero.

Zozobras

Nuestro barco, que ahora inicia su periplo, se encontrará una y otra vez con obstáculos, vientos imponentes que amenazarán con llevarnos a pique. Tal es la fuerza del sentido común que tendremos que poner en suspenso. En numerosos momentos de este libro mis argumentos sobre el concepto de cultura parecerán orientarse hacia una defensa de la antropología frente a otras disciplinas. Esto es lamentable. Cuando ocurra, creo que será debido a un énfasis que es pertinente declarar: en ninguna otra disciplina se ha debatido con mayor trabajo y precisión el concepto de cultura. Pero al decir «zozobras» lo que quiero decir es que el concepto de cultura presenta riesgos conceptuales inevitables. Todos zozobramos. Es incluso posible que, precisamente al utilizar el concepto de cultura con mucha frecuencia, los antropólogos zozobremos y hayamos zozobrado más que nadie, pues sólo se corre el riesgo cuando se cruza la mar. La formación antropológica puede contribuir a manejar con rigor los mejores recursos del concepto de cultura, pero ser «antropólogo» no faculta por sí mismo para eludir las trampas conceptuales, ideológicas y morales que se encierran en la palabra «cultura». Por el contrario, antes de salir de puerto es preciso mencionar críticamente la carga de absurdos que el concepto de cultura ha incorporado en el discurso antropológico, particularmente en conexión con sus contribuciones al pensamiento colonial, la esencialización de las naciones, y la identificación de los nuevos excluidos³.

Vuelvo por tanto, brevemente, a insistir en lo dicho, para preparar del mejor modo posible la partida. Éstas son las tres zozobras principales de este libro, es decir, los tres golpes de viento en contra de los cuales capeará mi texto.

1. En este libro criticaré cualquier asomo de confusión del concepto de cultura con un saber espiritual: un conjunto de creencias, una ideología, o, expresado, en negativo, un fenómeno *no material*. Este viento revuelto contra el que resistiré tiene en realidad dos frentes que se abrazan sutilmente. Por una parte, al referir la cultura al saber espiritual podemos fácilmente llegar a creer que sólo aquéllos que trabajan aparentemente con las ideas, como los artistas o los intelectuales, son dignos de la atribución de la cultura; y que aquéllos otros que trabajan con su cuerpo, como los albañiles, los deportistas, o los trapecistas, no lo son. Por otra parte, el hecho simple de asociar la cultura a las ideas lleva ya consigo el prejuicio de que puede trazarse una divisoria entre el alma y el cuerpo. Jamás he visto un cuerpo humano desprovisto de ideas, salvo, en mi credo aconfesional, el de un cadáver; como nunca he visto una idea suelta vagando por ahí sin estar asociada a alguna clase de cuerpo, o, como mínimo, a un soporte fabricado por el cuerpo de algún ser humano. Un punto de partida de esta nave es que ésta no es la historia del huevo y la gallina; simplemente, en este particular, no hay gallina sin huevo y viceversa. La noción de que el cuerpo y el alma pueden tratarse por separado es sencillamente absurda. Y, si después de leer este libro aún piensas que tal cosa es posible, poco más podré decir.

2. Lucharé también en este libro contra la idea de que la cultura es el espíritu de *un* pueblo; o, en expresión menos tendenciosa, de *un* colectivo humano, por pequeño que éste sea. No pondré ya el énfasis de esta crítica en la idea de espíritu, que eso va de suyo en el primer embate, sino en la ilusión igualmente infundada de que los seres humanos, en tanto siguen siéndolo, pueden siquiera formar conjuntos tan solidarios como para funcionar como si de una sola pieza se tratase. Esta idea es ilusoria incluso si pensamos en un solo individuo de nuestra especie y en la armonía de sus órganos internos, eventualmente fallida. Tanto más si se trata de personas vinculadas por un lazo social. El que los seres

---

3. Abu-Lughod, 1991; Fabian, 1983 y 1996 [1991]; Stolcke, 1995. Por otra parte, Robert Brightman ha mostrado que esta autocrítica, siendo como es imprescindible, puede haber extraído «su poder de convicción y de persuasión de una reconstrucción retrospectiva del significado del concepto estratégica y selectiva» (Brightman, 1995: 510).

humanos puedan formar colectividades organizadas de algún modo, y el que, de hecho, no puedan existir sin formarlas, no quiere decir de ninguna manera que esas colectividades puedan concebirse ni por un instante como bloques unitarios. El concepto de cultura es inevitable para comprender el concepto de sociedad, pero ninguna sociedad puede ser culturalmente unitaria. Lucharé en consecuencia contra cualquier uso de la noción de cultura que sirva para fundar un racismo cubierto de cultura.

3. En este libro rechazaré cualquier simplificación de la problemática de la diversidad humana y de la noción de «diversidad cultural», tan apetecida en los medios públicos. La antropología es una ciencia construida sobre dos pilares; y tal vez, por no hallar un tercero que le complete el trípode, es también una ciencia inestable. Por una parte, es una ciencia del *anthropos*, o sea del ser humano concebido como una única especie biológica. Al estar asentada sobre el concepto de *anthropos*, del que toma su nombre, la antropología social y cultural es una ciencia de la especie humana en su conjunto y busca comprender, en términos universales, todo lo que caracteriza a nuestra especie en lo que se refiere a sus capacidades y prácticas de producción de sociedad y cultura. Sobre este pilar podemos proclamar sin temor a equivocarnos que todos los seres humanos del planeta estamos igualmente capacitados para ser miembros de cualquier sociedad. Por otra parte, la antropología es una ciencia del *ethnos*, es decir, de la diversidad de las formas de vida social que el ser humano es capaz de crear históricamente cuando se relaciona con otros[4]. *Ethnos*, de donde viene la palabra «étnico» y todas sus derivadas, hace referencia a la concreta producción de sociedad y cultura de cada conjunto de seres humanos que forma vínculos sociales.

Anthropos y *Ethnos* son los dos ámbitos que, tomados conjuntamente, estudiamos los antropólogos. Asentado sobre estos dos pilares, este libro sostendrá la idea de que lo que más nos une como humanos es nuestra capacidad universal para crear diferencia en nuestros modos de vida, y que es en esta tensión de las diferencias donde precisamente nos realizamos como especie unitaria. Cuando se piensa bien, esta formulación implica una prioridad del *anthropos* sobre el *ethnos*, pues sólo desde el pilar de la unidad de la especie se puede disfrutar del paisaje de su diversidad, pero no a la inversa.

En este libro ofreceré una visión de la idea de cultura consecuente con esta asimetría. Las mayores deformidades del concepto, sus efectos más perversos, han derivado y derivan de subrayar la diversidad de las

---

4. Rapport, 2003. Cf. Stocking, 1992.

culturas dejando en segundo plano la universalidad humana de las personas que les dan vida.

Formas de hablar

La palabra «cultura» está tan extendida en sus usos públicos que el intento de aclaración que ofrezco en este libro podría parecer ingenuo.

Alguien en el mercado dice que su vecino es una persona «muy culta» (es decir, «con mucha cultura»). Un locutor de televisión dice que se ha reunido «el mundo de la cultura», o sea, los escritores o los artistas. Un político en el parlamento dice que su «cultura» exige tales y tales derechos. Una ministra de educación dice que «sin escuela no hay cultura». Adam Kuper escribe:

> [...] cuanto más se considera el mejor trabajo moderno de los antropólogos en torno a la cultura, más aconsejable parece el evitar semejante término hiperreferencial y hablar con mayor precisión de conocimiento, creencia, arte, tecnología, tradición, o incluso ideología...[5].

George Yúdice se refiere a la «esfera cultural» como un conjunto de «bienes simbólicos en el comercio mundial (filmes, programas de televisión, música, turismo, etcétera)»[6].

Todos ellos usan diversas versiones del concepto de cultura, y todos ellos están legitimados para hacerlo. Son, como una vez me señaló un estudiante, formas de hablar. Finalmente, «cultura» es sólo una palabra. Sin embargo, a diferencia de otras palabras, la palabra «cultura» puede producir importantes efectos sociales. En nombre de la cultura es posible planificar un exterminio, negar la condición de humanidad completa a un trabajador manual, organizar una política educativa o diseñar urbanísticamente un barrio. Es por ello que la palabra «cultura» no es del todo una palabra cualquiera. Puesto que el uso de esta palabra puede producir importantes efectos sociales, es una responsabilidad de quienes trabajamos con el lenguaje cuidar de sus usos, pulir sus perfiles y descubrir sus trampas. Para la reflexión social contemporánea la palabra «cultura» es como el ancla de la que nos habla Conrad en una de las citas que abren este libro; como el lenguaje técnico, que él tanto amaba, de los hombres del mar. Sabemos que este artefacto, esta palabra, no podrá nunca aspirar a ser algo «sin tacha para su propósito»; pero tam-

---

5. Kuper, 2001: 12.
6. Yúdice, 2002: 23.

bién sabemos que no podemos desprendernos de él alegremente aniquilando décadas de reflexión antropológica. Sencillamente, como mostraré en este libro ciñéndome a los enunciados más simples y clásicos de la antropología social, la noción de cultura no se puede sustituir por «conocimiento, creencia, arte, tecnología, tradición, o incluso ideología» sin sacrificar con ello lo mejor de nuestro saber acumulado.

Todas ésas son formas de hablar, y cada cual puede hablar como le apetezca. Pero nuestras formas de hablar, especialmente cuando se cubren de retórica académica, producen efectos morales. Más aún cuando detentamos posiciones que dotan a nuestra palabra de un poder especial para construir la realidad social. No se trata sólo de un prurito profesional. En este sentido, la sobreextensión y el desatino de los usos de la palabra «cultura» en el espacio público podrían doler a un antropólogo como duele a un físico el abuso de la palabra «energía» entre los charlatanes y videntes; o a un astrónomo la constante confusión mediática entre la palabra «astronomía» y la palabra «astrología». La gran diferencia es que *Rappel* no puede provocar con sus menciones a la «energía» un cambio en el cosmos, pero cada vez que un medio de comunicación confunde a las élites intelectuales con «el mundo de la cultura», un periódico separa la sección de «economía» de la sección de «cultura» o una ministra confunde «cultura» con «escolarización», se está construyendo, a mi juicio, un mundo social indeseable.

Que suenen los violines

Llego así a poner de manifiesto el trasfondo moral de mi empeño. Hablaré de la cultura para aclarar un concepto que nos ayuda a conocer y comprender la vida humana, pero no hay ciencia social moralmente vacía. Definiré con precisión la noción de cultura y observaré las carencias de sus usos comunes, aunque políticamente poderosos, para mostrar cómo este concepto contiene una descripción del potencial de conflicto de la convivencia humana, pero también una descripción de su potencial armónico. Ser consecuentes con la idea de cultura que desarrollaré aquí implica acercarse a la comprensión de cualquier sociedad reconociendo su diversidad interna, y apreciando la complejidad misma del concepto de «diversidad» cuando se aplica a los seres humanos. Como científicos sociales, esto nos obliga al rigor analítico; y a quienes aplican nuestro saber les obliga a esmerarse en el trabajo político, que no es, *no debe ser* otra cosa que trabajo comunicativo. De lo contrario, la «cultura» nos ahorcará en broma, pero nos matará en serio.

2
FORMAS VIVAS

Miradas sobre el concepto de cultura

Los ojos que han mirado la cultura han sido muchos y variados, y consecuentemente las formas de mirarla. Pero no todas las lenguas la han nombrado como nosotros la nombramos. Esto es lo primero que debe ser dicho. «Cultura» es, inicialmente, una palabra latina; y desde ahí se despliega en su diversos sentidos históricos. La mayor parte de las lenguas del mundo no han tenido semejante palabra, y las sociedades hablantes de esas lenguas la han tomado como préstamo en el contacto de las colonizaciones.

Una forma posible de mirar la cultura es seguir la vida de la palabra, es decir, el trayecto de sus significados históricos[1]. Raymond Williams lo ha hecho en un libro utilísimo que se titula *Palabras clave*[2]. Ahí podemos encontrar que «cultura» fue para los hablantes del latín «agricultura», pero también «culto», «homenaje», «adoración»; y que a través de su nombre se hablaba de la labor de las tierras y, de un solo golpe, de la labor de las almas[3]. Con estos ojos también podemos ver que «cultura» comenzó refiriéndose a un proceso, el proceso del cultivo y de la ado-

---

1. Cf. Markus, 1993. Para una revisión más extensa, puedes leer también Kroeber y Kluckhohn, 1963a [1952]: 11 ss., 283 ss.
2. Williams, 2000 [1976].
3. La analogía entre ambas labores forma parte de nuestra matriz intelectual, como en este texto de Plutarco, seleccionado de entre muchos otros similares en la misma obra: «[...] Así como los agricultores colocan estacas a las plantas, del mismo modo los buenos maestros dan buenos preceptos y consejos a los jóvenes, para que los caracteres de éstos crezcan rectamente» (Plutarco [siglos I-II], 1992: I, 55).

ración, y que una vida de siglos terminó convirtiéndola en signo de un producto, el resultado del proceso: la obra, la cosa realizada, liberada ya del cuerpo que le dio la vida. Esto sucedió hace muy poco, un par de siglos atrás, cuando Europa vivía su gran transformación industrial. En estos relatos siempre se señala que fue Herder, un filósofo alemán del siglo XVIII, quien comenzó a utilizar la palabra en plural con el afán de mostrar la variada riqueza de los pueblos humanos, y no sólo la de aquéllos que ocupaban los centros urbanos europeos. «Culturas», y no «cultura», designaba con imaginación romántica y racionalidad ilustrada la diversidad de las formas de vida humana en el planeta[4]. Y reforzaba también, por otra parte, la unidad de cada una de ellas. Cada pueblo, cada nación tenía *su* cultura. También la nación alemana.

Al pensar en el folklore, el saber del pueblo, Honorio Velasco ha apuntado la compenetración de esta idea de «cultura» con su pareja «pueblo»[5], y ha indicado un doble camino con innúmeros cruces. Por un lado, la «cultura» como colección de cosas, cosas en la vida, pero también cosas en museos; cosas que valen por su uso, pero también por su condición de patrimonio. Por el otro, la «cultura» como condición de los que saben, las personas que dan valor a esas cosas, en las que ponen sus ojos. Estas personas, generalmente formadas, *cultivadas* en la escuela, devuelven a la gente en forma de «cultura» lo que para la gente sólo parecía ser una danza, un botijo, un trillo, una canción; o, en versión más moderna, un *grafitti* en la pared del metro.

Poco a poco la palabra «cultura», de la que todos —al menos desde Herder— nos quejamos por su aparente vaguedad, ha impregnado nuestra visión del mundo. Esta palabra tiene algo que ver con hacerse, con formarse como ser humano; y tiene algo que ver con lo que el ser humano hace y deja tras de sí; tiene algo que ver con lo que identifica a un pueblo, y por eso es emblema de políticas y de identidades; y también con lo que identifica a los de arriba (y hace depender a los de abajo de las identidades que los de arriba les otorgan). Vista con estos ojos, tienen mucha razón los que afirman que «cultura» es hoy una hermosa palabra con un significado tan abierto, que recurrimos a ella cuando quizás no tenemos nada útil que decir.

Estos ojos que persiguen la vida de la palabra también se han empleado en apreciar contrastes entre grandes naciones, y, de esa manera, en dar y quitar razones históricas, poner en su sitio a los unos y a los otros (pues siempre, en estos casos, los bandos se organizan de dos en

---

4. Caisson, 1991.
5. Velasco, 1990 y 1992.

dos). Adam Kuper, a quien ya he nombrado, muestra su maestría en este modo de mirar: ¿no habrá que atribuir la obesidad de la palabra «cultura» al sobrepeso de la antropología norteamericana (frente a la británica)? ¿No habríamos ganado más con la palabra (francesa) *civilisation* o (inglesa) *civilization* por lo que ésta tiene de respeto a los derechos universales, que con la palabra (alemana) *kultur*, madre de exterminios? Me veo poco tentado a seguir esta ruta[6]. Es sólo cuestión de unos segundos entender que son las personas, no las palabras, las que matan o conceden derechos; como lo es entender que, en nuestros días y en los pasados, tanto da el aparentemente luminoso concepto «civilización» como el oscuro «cultura» para cerrar puertas o para tender puentes, para mezclarse en divertidas ceremonias festivas o para chocar los unos contra los otros con la furia de la guerra. *Civilisation, Civilization, Kultur, Culture*, tomados como emblemas confusos de una jungla ideológica, pueden servir a cualquier causa, hacer de comodín en los discursos de Hitler y Pétain, en los de Churchill y Brandt, y por supuesto en esas joyas del disparate proferidas por cualquiera de los Bush. No es éste el juego que me importa. Por el contrario, lo que busco es sacar la palabra «cultura» de esa jungla y colocarla con cuidado sobre una simple tabla, en mitad de un mar en calma.

Otros ojos para mirar la cultura, empleados también por Adam Kuper, son los que indagan en las variantes que esta palabra ha encarnado en la antropología social y cultural. A diferencia de los anteriores, que rastrean la historia profunda del concepto y buscan hallar sus usos habituales en las grandes instituciones de una humanidad en movimiento, estos ojos contemplan cómo los antropólogos —un puñado de espe-

---

6. Norbert Elias ya advertía en 1939 de la esterilidad de un debate planteado en estos términos: «[...] Es aquí donde la discusión se pierde en el vacío, cuando el alemán quiere explicar al inglés y al francés por qué para él el concepto de 'civilización' es un valor, pero un valor de segundo grado [en relación con el concepto de 'cultura']» (Elias, 1993: 59). Elias dedica el primer capítulo de esta obra a explorar la «Sociogénesis de los conceptos 'civilizacion' y 'cultura'». Por otra parte, también Alfred Kroeber y Clyde Kluckhohn documentaron ampliamente su conclusión de que, al menos en el campo antropológico, las palabras «cultura» y «civilización» se refieren indistintamente a un ámbito confuso de significación y no tanto a un contraste intencionadamente buscado y conceptualizado sistemáticamente, como sugiere Adam Kuper: «En antropología, tanto en los Estados Unidos como en Europa, no ha habido nunca aparentemente ningún propósito serio de usar cultura y civilización como términos en contraste» (Kroeber y Kluckhohn, 1963a [1952]: 25). Sobre cómo, en la segunda mitad del siglo XIX, pudo llegar a seleccionarse un ideal de la nación alemana basado en el concepto de «Cultura» frente al de «Civilización», véase Meyer, 1963 [1952]. Una revisión más reciente del mismo problema puede hallarse en Müller, 2004.

címenes de la humanidad— se las han apañado para definir desde su perspectiva científica lo que entienden por «cultura». Los antropólogos estadounidenses Alfred Kroeber y Clyde Kluckhohn ganaron en este intento el premio de la montaña con un libro que intentaba recoger las decenas de definiciones aportadas hasta la fecha[7]. Este libro de Kroeber y Kluckhohn suele utilizarse como una ilustración de la diversidad de definiciones y puntos de vista acerca del concepto de cultura, y demasiado frecuentemente como un simplificador ejemplo de que la antropología no dispone de un concepto unificado, y por lo tanto válido[8]. Aunque es cierto que el concepto de cultura ha presentado históricamente muchas variantes, algunas de ellas incompatibles entre sí, Kroeber y Kluckhohn no se limitaron a exponerlas en un listado incongruente. Por el contrario, su intento consistió precisamente en ofrecer una perspectiva crítica del desarrollo del concepto con un sentido unificador. Su aportación fue, en este sentido, fundamental, y de ella se nutrirá una parte importante de lo que leerás en este libro.

> **En la página siguiente** empezaré a ofrecerte una serie de cuadros procedentes de esa obra clásica de Kroeber y Kluckhohn. Iré mostrando esas definiciones a la luz de los problemas fundamentales que ha suscitado el concepto en antropología y, al comentarlas críticamente, mostraré su mayor o menor adecuación en relación con la orientación del concepto de cultura que ofrezco aquí. Esas definiciones estarán marcadas en los cuadros con un signo ↑ cuando las considere adecuadas y con un signo ↓ cuando las considere inadecuadas. Para las que, desde mi punto de vista, contienen aspectos adecuados e inadecuados, usaré el signo ↕.

Con esos ojos también ha mirado la cultura J. S. Kahn, quien, en lugar de resumir y criticar definiciones, nos ofreció un excelente conjunto de textos en los que diversos autores explican detalladamente sus visiones[9]. Ahí podrás ver que la cara de la palabra «cultura» se oculta tras múltiples máscaras. Cada una de sus acepciones teóricas nos ha servido para entender en parte al ser humano.

No es cuestión de cansar, pero es preciso fijarse aún en otras miradas que, como todas las anteriores, traigo aquí con el único ánimo de

---

7. Kroeber y Kluckhohn, 1963a [1952].
8. Por ejemplo, Jones, 2007.
9. Kahn (comp.), 1975.

Cuadro 1. ¿Es la cultura necesariamente humana?

I. Ostwald, 1915 ↓

Denominamos cultura a aquello que distingue a los hombres de los animales (KK 139).

II. Murdock, 1940 ↕

Todos los animales son capaces para el aprendizaje, pero sólo el hombre parece capaz de transmitir los hábitos adquiridos a su descendencia en un grado considerable (KK 164).

III. Blumenthal, 1941 ↑

La cultura consiste en todos los medios de adaptación producidos no genéticamente (KK 139).

La idea que formula Ostwald en la definición I está muy extendida. Sin, embargo, es una idea innecesaria y desacertada. La idea de Murdock (II), es más moderada y compatible con lo que hoy sabemos, aunque las capacidades de transmisión comunicativa de formas culturales en otras especies son mucho mayores de lo que conocíamos en 1940. La idea de Blumenthal (III), muy general, es compatible con un concepto de cultura no necesariamente humano. Como señaló Kathleen R. Gibson en 1993, «ha llegado el momento de abandonar las definiciones de tipo todo-o-nada para comenzar a pensar en comportamientos complejos existentes en diversos niveles o grados» (Kathleen R. Gibson, 1993: 8).

En todos estos cuadros la expresión «KK» seguida de un número indica la referencia a Alfred L. Kroeber y Clyde Kluckhohn, 1963a [1952], *Culture. A Critical Review of Concepts and Definitions*. Nueva York: Vintage. El número es el de la página de esta obra en la que aparece citada la definición o comentario acerca del concepto de cultura de que se trate. Puedes jugar a recortar estas definiciones o comentarios tapándoles la flechita, ¿coincidirás conmigo en la valoración que hago de ellos?

poner unos cuantos ejemplos. Son las que contemplan la cultura en los caminos de la formación de las especies. Con estos ojos vemos muchas cosas, pero hay dos que destacan: cuán especial es el ser humano, que no puede vivir sin dar forma social a su cuerpo[10], y cuán parecido es, en muchas cosas, a los otros seres vivos. Mientras miramos esta doble imagen bien podemos caer en la cuenta de que, contra lo que podría opinar cualquiera de los eruditos de la «gran cultura», los seres humanos no somos los únicos agentes de cultura en el planeta[11].

Con estos ojos, Michael Carrithers se pregunta: *¿Por qué los humanos tenemos culturas?* Nada hay aquí necesariamente elevado, artístico, literario, o referido a la política de las grandes naciones. Lo que hay es un primate con su más simple herramienta: la sociabilidad. Indagando en la hechura de este útil encontramos una unidad más simple, tan aparentemente simple e invisible como el aire: *la relación social entre seres humanos*. Pues si en algún lugar hemos de poner los ojos para comprender la idea de cultura es en la sencilla acción que consiste en relacionarse con los otros y que, como en los movimientos del hilado, va tejiendo entre las personas ese monumento de instituciones con las que damos forma a nuestra vida. Así lo ha dejado escrito Carrithers:

> Sostengo que los individuos interrelacionándose y el carácter interactivo de la vida social son ligeramente más importantes, más verdaderos, que esos objetos que denominamos cultura.
> [...]
> Los humanos, en primer término, se relacionan unos con otros, entre sí, no con la abstracción de la cultura[12].

Eugenia Ramírez Goicoechea ha usado también estos ojos para narrar las síntesis que en este libro serán obsesiones recurrentes: sólo podemos entender la cultura como forma social; sólo podemos entender las ideas como formas vivas, puestas en práctica por nuestros cuerpos en relación[13].

Juega Raúl Bravo con Helguera. Cultura en acción

He llegado a lo más simple y aquí me voy a quedar. Lo que voy a hacer a continuación es ofrecer una progresiva definición de la palabra «cultura» que en sí misma no contiene ninguna originalidad.

10. Geertz, 1973a.
11. Gibson, 2002; Sapolsky, 2006.
12. Carrithers, 1995: 58.
13. Ramírez Goicoechea, 2009.

Herder se obsesionó con esta idea que tomaré como punto de partida, pero sería imposible determinar quién, antes que él, reparó en ella para nombrarla o simplemente indicarla:

§1. Cultura es una forma de vida social

Cultura es *forma de hacer* en el más amplio sentido de la palabra: hacer cosas con las manos y con el resto del cuerpo, incluido el cerebro que piensa y que en sus copiosas extensiones siente, sueña, imagina, goza y sufre, crea planes, recuerda, habla, dice y calla, miente y desmiente, engaña y se engaña. La única condición para que cualquier acto sea tenido por cultura es que en su forma, en su modo, en su manera, intervenga alguna clase de relación social (Cuadro 2). La única condición es que el cuerpo que se pone en movimiento lo haga en relación con otros cuerpos. O también: que para entender el movimiento de ese cuerpo sea imprescindible tener a la vista el movimiento de otros cuerpos en relación con aquél.

Enseguida se ve que la simpleza de esta idea se emparenta con su complejidad. Y que para empezar a apreciarla debemos primero calibrar la lente de nuestra mirada. Esta lente, ajustada a su mayor amplitud posible, enfoca a la cultura en el campo más extenso: cualquier forma de vida social, más allá sin duda de nuestra sola especie. Cerrando un poco el campo, la cultura es una propiedad universal de cualquier vida humana, en tanto no hay vida humana que carezca de *forma social*. Y así podemos divertirnos abriendo y cerrando nuestro foco, y contemplar cómo nuestros colegas de especie viven a su manera, creando y recreando juntamente en cada uno de sus actos sociales la forma de su vida.

Fijémonos en éstos y pensemos un poco:

... *Va a sacar de puerta Iker Casillas. Pelota larga de Casillas. En ventaja en el salto Cannavaro*[14]. *Tocó Del Piero, pero regaló la pelota a Beckham. Juega Raúl Bravo con Helguera. El Madrid intentando tener paciencia en la salida. El balón para Samuel. Samuel busca a Roberto Carlos. Toca de cabeza Roberto Carlos. Balón con mucha ventaja para Cannavaro. Mala entrega. Recupera Zidane. Zidane que aguanta ahí ante Blasi. Abre el balón para Raúl Bravo. Se escora sobre la banda Luis Figo. Raúl Bravo, que no sabe a quién pasar. Toca finalmente para Luis Figo. Figo devuelve la pelota atrás para Beckham. Beckham la introduce para Gravesen. La deja para Figo. Figo se la deja atrás. Atención a la salida*

---

14. A los futboleros este fragmento extraído de un partido es sonará ya arcaico. ¡Es imposible escribir libros siguiendo el ritmo del mercado de fichajes!

> *Cuadro 2.* Forma, modo, manera
>
> > Kroeber y Kluckhohn, 1952
> >
> > La palabra «modo» o «manera» puede implicar (*a*) pautas comunes o compartidas; (*b*) sanciones cuando no se siguen las reglas; (*c*) una forma, un «cómo» de comportamiento; (*d*) «planes» sociales para la acción (KK 98).
>
> En este libro, usaré la palabra «forma» sobre todo en las expresiones «forma de la acción social» y «forma de las relaciones sociales». Esta cita de Kroeber y Kluckhohn recoge cuatro dimensiones de la noción de forma que debemos considerar:
>
> (*a*) «Forma» implica una *pauta* que, en algún grado (aunque nunca totalmente) es *común o compartida* por un cierto número de seres humanos. Por ejemplo, si sales a comer a cualquier restaurante, la acción de llevarse los alimentos a la boca seguirá la *pauta* de ser emprendida con algún instrumento (una cuchara, un tenedor). Llevarse los alimentos de la mano directamente a la boca no será una *pauta* en esa situación. Esa *pauta* de usar instrumentos para comer es *común o compartida* en algún grado por un cierto número de seres humanos. Pero también experimenta *variaciones* según los casos y las situaciones. La idea de variación es intrínseca a la idea de pauta, pues ninguna realización de la pauta es nunca idéntica a otra. Si vas a un restaurante a comer con un niño muy pequeño, es muy posible que la pauta de usar cuchara y tenedor se relaje para él hasta su práctica desaparición. El motivo es que ese «cierto número de personas» *no pueden esperar* que ese niño tan pequeño sea competente en el uso de esos instrumentos. Si vas a un restaurante chino, la pauta de comer con instrumentos se mantendrá, pero los instrumentos serán otros. E incluso, si vas a otros tipos de restaurantes, encontrarás la pauta de comer con las manos para determinados alimentos.
>
> (*b*) Una dimensión importante de la noción de «forma» que usaré en este libro se encuentra en la noción de «regla». La forma de la acción social no sólo es forma porque sigue *pautas*, también lo es porque esas pautas se basan en *reglas* sociales. En este libro encontrarás muchos ejemplos del concepto de regla, y también verás que hay en él muchos matices. Ahora es importante tener en cuenta estos dos aspectos. En primer lugar, no todas las pautas se basan en reglas sociales. Por ejemplo, la trayectoria que sigue la luna en su elíptica alrededor de la tierra sigue una pauta, pero esa pauta no se basa en una regla social, sino en una regularidad astrofísica. En segundo lugar, como indican Kroeber y Kluckhohn en su punto (b) de la cita de este cuadro, las reglas sociales siempre implican, en algún grado, el concepto de «sanción». Esto quiere decir que ese cierto número de personas que basan su comportamiento en reglas tienen una *expectativa* acerca de su cumplimiento recíproco. Cuando esa expectativa se ve defraudada, esas personas suelen indicar de algún modo a quien la defrauda que debió haber mantenido la expectativa en

cuestión. Esa indicación se expresa como una crítica explícita o tácita, o por medio de cualquier otro procedimiento más o menos firme de corrección, es decir, con una sanción.

(c) La tercera dimensión de la cita de Kroeber y Kluckhohn es la más trivial, pero también la más básica. Al decir «forma» estamos indicando un «cómo» del comportamiento social, es decir, una manera de ponerlo en práctica. Si vuelves a pensar ahora en el ejemplo de los instrumentos para comer que he puesto en el punto (a) lo verás claro. Aunque básica, esta dimensión no es suficiente para la noción de forma que uso en este libro. Cualquier especie viva (y probablemente cualquier entidad del universo) ejecuta uno o varios «cómos» en sus comportamientos. Lo que caracteriza al comportamiento cultural es que esos «cómos» siguen, además, pautas basadas en reglas con arreglo a planes; es decir que, además, de tener un «cómo», cumplen con las dimensiones (a), (b) y (d) de la cita de Kroeber y Kluckhohn. Ésta es también una característica del comportamiento de otras especies de seres vivos, y, en la medida en que la investigación muestra que esta característica se da en esas especies, los antropólogos entendemos que los miembros de esas especies son también agentes de cultura.

(d) El concepto de forma, tal como lo usaré en este libro, incorpora una cuarta dimensión. Una forma se da con arreglo a un «plan», es decir, se realiza en un *programa* de acción ordenado de alguna manera en el espacio y en el tiempo. Esto quiere decir que, para la adecuada comprensión de las formas de comportamiento cultural, no es suficiente con definir una simple pauta. Es posible hacerlo, pero no es suficiente. Si volvemos a pensar en nuestra comida en un restaurante, una descripción únicamente de las pautas de nuestro uso de los instrumentos para comer sería aún muy pobre, pues nos llevaría a interpretar las acciones como si fueran entidades aisladas, de una en una. Sin embargo, ya en un nivel muy básico de descripción, esas acciones en el restaurante se ordenan con arreglo a un programa más general que las sitúa en el espacio y en el tiempo de una *situación social* concreta.

***

Estas cuatro dimensiones del concepto de forma que usaré en este libro son, todas ellas, necesarias, y ninguna de ellas es suficiente tomada aisladamente. Así, cuando use la expresión «forma de la acción social», ha de entenderse que estoy pensando en que la acción tiene forma con arreglo a estas cuatro dimensiones simultáneamente. Y en ello también estaré pensando cuando use la expresión «forma de las relaciones sociales». Como esta segunda expresión es menos intuitiva, le voy a dedicar aquí unas pocas líneas. Parte de las acciones son emprendidas para *establecer, producir, mantener y eventualmente cancelar relaciones sociales* entre personas. Esas relaciones también tienen forma con arreglo a las cuatro dimensiones expuestas. Cuando *estableces, produces, mantienes y eventualmente cancelas* la relación con tu padre, (a) esa relación tiene una pauta (diferente de la de tu relación con tu hijo, por ejemplo), (b) sigue reglas sometidas a expectativas y sanciones, (c) tiene un «cómo», y (d) se realiza en situaciones concretas, siguiendo planes.

de la Juve. El balón para Emerson. En el centro completamente solo Del Piero con mucho terreno. Beckham que intenta achicar. Ibrahimovich aparece por la derecha para recibir. Se incorpora también Camoranessi. Le sale al paso Roberto Carlos...

Cada cuerpo individual actúa en relación con otros cuerpos, se orienta hacia ellos, trabaja con ellos, y así, conjuntamente, todos ellos crean un cuerpo compuesto de muchos individuos en relación. Lo decisivo es que este cuerpo, este conjunto de individuos en relación, tiene una forma: responde a un diseño que es puesto en práctica en el terreno de juego[15]. *La cultura es esa forma por medio de la cual los cuerpos se vinculan en la práctica de su relación social.*

Ahora podemos entretenernos un momento con el objetivo de nuestro visor. Lo podemos cerrar hasta fijarnos alternativamente en las relaciones de los miembros de un equipo y del otro. Podemos apreciar que los de un bando se ordenan en ataque y los otros se ordenan en defensa. Podemos ver también que el ataque y la defensa son partes de esa forma común de vida en la que todos esos cuerpos, los de uno y otro bando, se ven comprometidos. A veces, los cuerpos fallan, se equivocan, *se la dejan atrás*; pero fallan respecto a una forma, sin la cual el error no lo sería. Hace falta esa noción de forma para comprender lo que esos cuerpos están haciendo ahí, en los octavos de final de la Copa de Europa. Ahora abrimos el campo de la lente para dar entrada a otros cuerpos que también están ahí, interviniendo en la forma de esa relación: el *trío arbitral*, el *cuerpo técnico*, los locutores y sus respectivas empresas de radiotelevisión, los espectadores. *Atención a la salida de la juve.* Todos estos agentes lo son porque *hacen* cosas, y al hacerlas usan medios para alcanzar fines (Cuadro 3). Son agentes sociales porque las hacen los unos con los otros, los unos en relación a los otros. Son agentes de *cultura* porque para hacer lo que hacen ponen en juego (y en este sentido *usan*) formas de vida social. Cada movimiento de nuestra lente nos ofrece una imagen de esa cultura. Podemos abrirla más. ¿O acaso se podría entender lo que hacen ahí esos cuerpos sin dar entrada a las empresas que ponen su marca en las camisetas? ¿Y podría entenderse esto sin dar cabida a todos aquellos que, sin ser espectadores del partido, consumen los productos de esas

---

15. En el caso de un equipo de fútbol es relativamente fácil identificar ese *diseño*, al menos en un plano muy superficial. Por ejemplo, indicando que el equipo está formado con un 4-3-3, es decir, 4 defensas, 3 centrocampistas y 3 delanteros (el portero se da por supuesto). En la mayor parte de los casos, y aún cuando existen diseños altamente planificados —como por ejemplo, los organigramas de las empresas—, las relaciones no están tan claramente predefinidas, por lo que la palabra «diseño» puede indicar un exceso de intencionalidad.

> *Cuadro 3.* ¿Cómo han de entenderse en este libro los conceptos de agencia, agente, y agente social?
>
> «Agencia» debe entenderse en este libro *siempre* con arreglo a la siguiente definición de Paul Kockelman:
>
>> La agencia puede entenderse inicialmente como el control relativamente flexible de medios en relación con la obtención de fines [...]. Decir que una entidad [por ejemplo, un ser humano] tiene más agencia que otra entidad es decir que dispone de una mayor flexibilidad —o sea, que dispone de más medios y fines entre los que elegir (en un entorno determinado, y bajo condiciones determinadas). [...] Cuanto mayor es la agencia de que uno dispone sobre un proceso, más susceptible es de ser tenido como responsable de su resultado y, por ello, de ser sujeto a aprobación o censura, recompensa o castigo, orgullo o vergüenza (Adaptado de Paul Kockelman 2007: 375).
>
> Los conceptos de agente y agente social, que encontrarás frecuentemente en este libro, son simples derivaciones de esta definición de agencia. Un agente (un agente social) es quien dispone de agencia para realizar su acción (su acción social). [Véase el cuadro 5 para los conceptos de acción y acción social].
>
> En el artículo que acabo de citar, Paul Kockelman ofrece un excelente y detallado análisis de los matices implicados en el concepto de agencia, y de los componentes y planos de análisis que hay que tener en cuenta para describir la acción en términos de agencia.
>
> Esta definición de Paul Kockelman no presupone de ninguna manera que el agente haya de ser un ser humano. Yo he añadido entre corchetes [«por ejemplo, un ser humano»] sólo para facilitar la comprensión intuitiva del concepto. Por supuesto, en el texto de Kockelman, un ser humano es una de las entidades de las que se puede predicar agencia.

firmas? ¿Y qué decir de los diseñadores de las ropas de los futbolistas y de sus escuelas de diseño? Y todavía, ¿qué pensar de esos cuerpos políticos que gobiernan las ciudades y amparan a los equipos, o los crean, o los subvencionan, o los utilizan para crear modelos o estandartes?

En todos y cada uno de los movimientos de la lente se revelan y se desvanecen formas de vida social, convenciones que, al ser puestas en práctica, configuran la acción de conjuntos de seres humanos (Cuadro 4). *Esas formas convencionales de vida social son culturas.*

> *Cuadro 4.* Convención
>
> ---
>
> Kroeber y Kluckhohn, 1952 ↑
> En la operación de definición [de la cultura] podemos ver a la manera de un microcosmos la esencia del proceso cultural: la imposición de una forma convencional sobre el flujo de la experiencia (KK 78).
>
> ---
>
> Steven Mailloux, al discutir un conjunto de textos que giran en torno al concepto de convención, ha ofrecido el siguiente apunte: «Las convenciones remiten a prácticas compartidas» (Mailloux 2003: 399; cf. Mailloux 1982, Lewis 2002, Putnam 1991, Culler 1981).
>
> El concepto de convención es, en consecuencia, subsidiario del concepto de práctica [Véase el Cuadro 5 para el concepto de práctica]. Esto quiere decir que, tanto si se expresan o realizan por medio del lenguaje verbal como si se expresan o realizan de otros modos, las convenciones *derivan* de prácticas. Las convenciones no anteceden a las prácticas; son las prácticas las que anteceden a las convenciones. Esto es así porque la formación de convenciones exige un escenario *compartido* de práctica entre varios agentes [Véase el Cuadro 3 para el concepto de agente]. Una convención es *siempre* una producción *social*.
>
> En este libro el concepto de convención será usado *siempre* con el siguiente énfasis: las convenciones se generan a partir de *prácticas comunicativas situadas en escenarios concretos de acción coordinada* (Lewis 2002). Las convenciones se van constituyendo *en el curso de la acción*, y pueden llegar a estabilizarse, *objetivándose* hasta el punto de dar lugar a cosas bien tangibles como leyes escritas, muebles, planificaciones urbanísticas sobre el papel, carreteras o rutas aéreas, partituras o grabaciones musicales, etcétera.
>
> Intuitivamente, es bastante fácil de entender el concepto de convención. Una convención es cualquier acción o representación de la acción que (*a*) ha sido generada en una práctica compartida, y que (*b*) debe su existencia a la comunicación social. Por ejemplo, pones en juego convenciones al saludar a tus amigos con dos besos en las mejillas, porque esa *forma de tu acción* de saludar (*a*) ha sido generada en tus prácticas compartidas con otros, y (*b*) debe su existencia a tu comunicación social con ellos. Sin embargo, *no pones en juego ninguna convención* cuando sientes una punzada de dolor en tu brazo izquierdo como consecuencia de un infarto de miocardio, porque esa punzada de dolor (nótese que aquí no

puede aplicarse el concepto de acción del cuadro 5), (*a*) no ha sido generada necesariamente ni de forma relevante en una práctica compartida, ni (*b*) debe su existencia a tu comunicación social con otros. Esto no quiere decir que, en la génesis de ese infarto de miocardio, tenga necesariamente que estar ausente toda forma de convención. Puede que ese infarto de miocardio se haya producido, entre otras cosas, como consecuencia de un determinado consumo de alimentos. En la medida en que ese consumo de alimentos es una acción social, hay ahí un conjunto de convenciones que han incidido en la producción del infarto (por eso en grupos sociales con determinadas *formas de alimentación* el infarto de miocardio puede tener más incidencia que en otros). Igualmente, cuando sientes esa punzada en tu brazo izquierdo y *la expresas* ante otros es muy probable que hagas intervenir convenciones (en la medida en que tu control del dolor te lo permita): las personas expresamos el dolor de diversos modos con arreglo a convenciones generadas en nuestros entornos de comunicación social. Pero, cuanto más nos aproximemos a una descripción de ese infarto en términos estrictamente biomédicos e individuales, menos relevante será decir que en ese infarto han intervenido convenciones.

Aunque intuitivamente el concepto de convención se entiende con bastante facilidad, este concepto es un hueso duro de roer para los científicos sociales. El problema fundamental que entraña este concepto es que nos obliga a desarrollar una forma de racionalidad generalmente minusvalorada en los ambientes típicamente considerados como «científicos», donde se concede un gran valor a la racionalidad causal. Cuando tenemos que dar cuenta de las convenciones, con la racionalidad causal no podemos ir muy lejos. ¿Es posible explicar en ese sentido causal por qué tú das dos besos en las mejillas a tus amigos si has crecido en un barrio de Madrid, pero das solo uno en una mejilla si te has criado en un barrio de Buenos Aires? Un ejemplo muy intuitivo de convención se encuentra en la formas de las palabras que los seres humanos utilizan para expresar significados. En español la regla convencional es asociar la forma /ventana/ con el significado correspondiente, pero en inglés esa forma es /window/, en francés /fenêtre/, en alemán /Fenster/, etcétera. De nuevo, esas asociaciones no pueden explicarse en términos causales de determinación (esas formas lingüísticas no determinan causalmente el significado ni a la inversa). Esa asociación, al no poder ser explicada en los términos de la determinación causal se nos presenta como una *arbitrariedad*. Sin embargo, esas asociaciones se encuentran instaladas en la experiencia de las personas a lo largo de sus procesos de socialización. Por ello, ni cuando saludas con uno o dos besos ni cuando hablas en tu lengua puedes operar con esas asociaciones *arbitrariamente*. En este libro usaré sistemáticamente la noción de convención, no la noción de arbitrariedad.

Aquí se ve ya un problema importante: ¿cuánto hay que abrir la lente? Eso depende de la intención de la mirada. La noción de cultura, en sí misma, no impone ningún límite. Los jugadores de la Juve son opuestos en un nivel a los del Real Madrid, pero en otro nivel todos juegan a lo mismo. En determinados planos de su experiencia, los árbitros se enfrentan a los jugadores y éstos al club, y el club a las cadenas televisivas, y éstas a los anunciantes; y en otros muchos planos todas estas divisiones, oposiciones, facciones y subgrupos forman conjuntos solidarios.

Así puede establecerse una idea general que hemos de tener en cuenta a lo largo de todo el recorrido de este libro. Al usar la palabra «cultura» para hablar de cualquier realidad estamos indicando una perspectiva, una visión, un enfoque, por medio del cual establecemos criterios para percibir *formas convencionales* en cada entorno concreto de acción social. Como sucede con cualquier concepto que ha de concretarse empíricamente, es decir, con cualquier concepto que nos pone en relación con el mundo a través de nuestros sentidos y esquemas de percepción y categorización, la naturaleza del concepto de cultura es ambigua. Por una parte, al usar este concepto estamos suponiendo que existe una *forma convencional* en el mundo externo a nuestra percepción, es decir, en los entornos mismos de relación social. Este supuesto es razonable en cualquier enfoque empírico; de no contar con él, deberíamos concluir que todo lo que decimos acerca del mundo es una invención de nuestra imaginación. Además de ser razonable, ese supuesto es también indispensable en cualquier discurso científico; de no contar con él, sería imposible realizar la más elemental de las contrastaciones públicas que exige la ciencia: la contrastación de las evidencias que consideramos hechos (cada científico imaginaría lo que le viniera en gana en relación con cada realidad imaginaria). Pero, por otra parte, al usar el concepto de cultura estamos *ordenando nuestra percepción con arreglo a una manera de percibir*, es decir, en el caso de la cultura estamos buscando activamente formas convencionales; de manera que sin esa búsqueda activa seguramente nunca las percibiríamos. Ésa es la condición ambigua de cualquier enfoque empírico, de cualquier conocimiento que, para sustentarse, ha de contar con el contraste del mundo independiente de la percepción. No conozco ningún modo de disolver esa ambigüedad. *Creemos* en que lo que percibimos es un correlato del mundo independiente de nuestra percepción, pero sólo podemos acceder a ello a través de nuestras categorías de percepción. Y, precisamente, en el eventual desajuste entre lo que percibimos y nuestras categorías para percibir se cifra la expansión de nuestro conocimiento, o sea la creación de nuevas categorías o la modificación de las existentes.

Toda forma debe ser mirada para ser vista, y para ser vista debe haber alguien que la mire desde algún punto de vista. Las hojas de los árboles están en sus ramas. Son hojas y no ramas porque un ojo las mira, y las ve. ¿Cuánto hay que abrir la lente para entender qué es una hoja? ¿Hasta dónde rastrear sus relaciones con otras cosas para encontrar su sitio en el orden o el desorden de la vida? No lo sé. Yo no puedo responder a esta pregunta tan general. Lo que sí sé es que los equipos de fútbol lo son, entre otras cosas, por la forma de los vínculos que mantienen sus agentes entre sí; que en el tenis no puede organizarse un cuatro, cuatro, dos; que, en el horario laboral de una planta de instalaciones aeronáuticas, los agentes se vinculan entre sí de una forma relativamente distinta de como lo hacen en la planta de oncología de un hospital; que en mi barrio de Madrid nadie se dirige con especial respeto hacia el hermano de su madre por el hecho de serlo; y que la hoja de un abedul es, según se mire, diferente de la hoja de un ciprés.

Forma de vida social. Eso es todo por ahora. La idea de cultura, en principio, no presume otra cosa. Es verdad que la idea de forma implica de algún modo la percepción de un contraste con cualquier otra forma. La percepción de una forma parece presumir la percepción de una diferencia. Sin embargo, y esto es algo paradójico, cuando decimos de algo que tiene una forma podemos estar diciendo solamente eso y nada más que eso (¿o es que cada vez que decimos que la hoja de un abedul tiene forma estamos obligados a mencionar las hojas de todos los demás árboles?). Presumimos que si decimos eso es porque al *describir* la forma de la hoja de un abedul usaremos criterios que nos permitirán diferenciarla de otras formas y compararla con ellas. Lo mismo vale para la idea de cultura. Enunciar que la vida social humana tiene siempre alguna clase de forma, alguna clase de cultura, es ya suficientemente preciso; aunque al hacerlo presumamos, además, que si designamos una cultura y a continuación la *describimos* es porque la diferenciamos de otras formas en algún plano de observación. Con todo, aunque los miembros de dos grupos humanos pongan en juego formas semejantes de vincularse, y nosotros describamos la situación de ese modo, cada uno de esos grupos estará poniendo en práctica una forma de vida social, una cultura. O sea que el hecho de ser diferente, mucho más el hecho de ser *exótico*, es completamente independiente de la idea de cultura. Todo ser humano que vive una vida social, por normal e indiferenciada que nos parezca, la vive de alguna forma, y por tanto pone en práctica una cultura[16].

---

16. Renato Rosaldo nos ha dado un tratado de las condiciones de construcción del

Cultura y regla: Prohibido escupir en el suelo. Prohibido fumar o llevar el cigarro encendido. Por favor, espere tras la línea roja. Ocupen el arcén. Es obligatorio fumar

Cuando yo era niño, hace hoy más de treinta años, la consulta del dentista exhibía esta repugnante orden: «prohibido escupir en el suelo». También por aquella época, los medios de transporte público hacían gala de reconocer la picaresca de los usuarios anticipándose a sus argumentos para librarse de una multa: «prohibido fumar o llevar el cigarro encendido». Tiempo después, las instituciones públicas comenzaron a devolver a sus usuarios un trato más cercano, y a contar en cierto modo con su colaboración: «Por favor —empezaron a pedir con cortesía—, espere tras la línea roja». Un lunes por la tarde, con el tráfico normal, está terminantemente prohibido ocupar el arcén; pero si vuelves el treinta y uno de agosto a tu ciudad es posible leer la orden: «ocupen el arcén». Y en el local de ensayos de un grupo de rockeros, en plena época de vigilancia sanitaria de los usos del tabaco y otras hierbas, yo he leído la siguiente placa, escrita con ironía: «es obligatorio fumar».

Éstos son ejemplos de lo que genéricamente entendemos por reglas[17], las reglas del juego social: reglas que ordenan las relaciones sociales de los unos con los otros. Algunos de estos ejemplos evocan una época, hasta el punto de condensar imágenes de lo que fuimos o de lo que creemos ser. Reglas para imponer, para sugerir, para incitar, para prohibir, para hacer o impedir que se haga cualquier clase de cosa que

---

conocimiento antropológico tras la descolonización. En él ocupa una posición fundamental la crítica de la «nostalgia imperialista» connivente con la idea exotizante del concepto de cultura (Rosaldo, 1989).

17. En este libro usaré intencionadamente, de forma general, un concepto de cultura basado en el concepto de regla, y no en el concepto más amplio y flexible de convención. Igualmente, estoy usando intencionadamente una idea de semiosis basada en el concepto de código, y no en el concepto, mucho más abierto y flexible de interpretante. Lo estoy haciendo así, porque ambas nociones —la de regla y la de código— exigen un menor esfuerzo imaginativo y teórico por parte del lector, y prestan así un mejor servicio al carácter básico de este libro. Una consecuencia del uso de estos conceptos de regla y código es su limitada flexibilidad, lo que me conduce a poner ejemplos de convenciones demasiado estructuradas y poco fluidas. Estos conceptos son suficientes para el desarrollo de mi argumento, pero éste se ve sin duda enriquecido con el desarrollo que he escrito en el texto «The Concept of Culture as an Ontological Paradox», en Ian Jarvie y Jesús Zamora-Bonilla (eds.), en preparación, *Handbook of Philosophy of Science*, Londres: Sage. Sobre el concepto de *convención*, véase más arriba el cuadro 4. Sobre el concepto de *interpretante* en la teoría semiótica de Charles S. Peirce y su aplicación al concepto de agencia, véase Kockelman, 2007. No obstante, en este libro también usaré la noción de convención, aunque con menor frecuencia.

podamos llegar a hacer. Reglas escritas, literales e irónicas, reglas no escritas. Todas ellas conforman esa forma que llamamos cultura. Todas ellas constituyen esa forma.

§2. Cultura es el conjunto de reglas con cuyo uso las personas dan forma a la relación que las personas mantienen entre sí, en su vida social

Ya lo dije. Lo primero para comprender el concepto de cultura es mirar a la relación social entre los seres humanos. Hay que mirar hacia algo que en principio no se ve. Sólo en principio. En la película de Nils Gaup, *Ofelaš* (*El guía*), un niño va a afrontar la responsabilidad de conducir a las gentes de su pueblo lejos del brazo ejecutor de unos perseguidores. En una hermosa escena, el niño duda ante un anciano de la obligatoriedad de su compromiso con los suyos, aduciendo que, puesto que los lazos que le unen a ellos son invisibles, no existen. El viejo entonces le tapa la boca hasta dejarlo sin aire y le pregunta: «¿Ves el aire? Sin embargo, sin él no puedes vivir». Hacer visibles las relaciones interrogándose por las reglas que las constituyen precisamente *de esa forma* es hacer visible la cultura.

Complementariamente, el mejor modo de ignorar el concepto de cultura hasta el punto de no poder siquiera concebirlo es suponer que las sociedades son meros agregados de individuos puestos ahí de uno en uno, acumulados como en los recuentos estadísticos. Para que haya relaciones sociales con una forma, para que haya cultura, es imprescindible que haya individuos. Sólo porque existen Helguera y Samuel, Helguera le puede pasar el balón a Samuel. Pero para que haya cultura, para que el balón transite del uno al otro empujado por el pie (*y no por la mano*) constituyendo una acción de *ataque* en un campo de fútbol, es preciso que los cuerpos de ambos entren en una relación, se orienten el uno hacia el otro, hagan algo el uno en relación al otro (Cuadro 5). La cultura exige sociedad y la sociedad exige individuos; pero sólo podemos entender la idea de cultura cuando los miramos como individuos relacionados de algún modo, relacionados según reglas.

Puede que la invisibilidad aparente de las relaciones humanas lleve a algunos a desterrar la cultura al reino de lo ideal y, con ello, a sostener que la cultura es cosa de idealistas. En una vieja confusión, tan grosera como insostenible, pueden llegar así a desestimar la cultura, como el niño de *El guía*, porque no se ve. Sin embargo, casi todas las personas —salvo algunas que han hecho carrera universitaria, llegando así, tal vez, a pensar demasiado— pueden entender que con el plato va la forma de plato, que el tenedor es metal con su forma (o no es un tenedor),

> *Cuadro 5.* ¿Cómo han de entenderse en este libro los conceptos de acción social y acción?
>
> «Acción social» y «acción» han de entenderse *siempre* en este libro con arreglo a la siguiente definición clásica que nos dio Max Weber en 1922:
>
>> Por «acción» debe entenderse una conducta humana (bien consista en un hacer externo o interno, ya en un omitir o permitir) siempre que el sujeto o los sujetos de la acción *enlacen* a ella un *sentido* subjetivo. La «acción social«, por tanto, es una acción en donde el sentido mentado por su sujeto o sujetos está referido a la conducta de *otros*, orientándose por ésta en su desarrollo (Weber 1984 [1922]: 5).
>
> La acción y la acción social, al estar enlazadas a un *sentido subjetivo* por parte del sujeto que las realiza, no pueden describirse suficientemente por medio de un relato de *comportamientos* externos. Cualquiera que sea la mención de un sujeto acerca del sentido subjetivo de su acción, esa mención ha de ser tomada en consideración de alguna manera en la descripción de esa acción —incluso cuando ese sentido mentado por el sujeto no se corresponde en absoluto con la interpretación que nosotros, como observadores, daríamos de ella.
> En este libro encontrarás también a menudo los conceptos de práctica y de práctica social. Para la finalidad expositiva de este libro, puedes considerar que «acción», «práctica», «acción social» y «práctica social» son sinónimos. En ciencias sociales, los conceptos de acción y de acción social pueden aplicarse a *sujetos definidos como tipos*, es decir, sujetos definidos por el observador como *tipos de agentes*. Así Weber puede hablar de la acción del «señor feudal» como un tipo clasificatorio, y no sólo de un señor feudal concreto. Los conceptos de práctica y de práctica social se usan habitualmente para hablar de las *acciones y de las acciones sociales* emprendidas, en concreto, por agentes concretos, en situaciones sociales concretas. La diferencia es importante para nosotros, porque permite definir la *etnografía* como una descripción e interpretación de prácticas *situadas*. En todo caso, los conceptos de práctica y de práctica social *implican* a los conceptos de acción y de acción social.
> Esta definición de Max Weber restringe los conceptos de acción y de acción social a los seres humanos; pero, manteniendo constante el resto del contenido de la definición, nada impide aplicarla a los miembros de cualquier otra especie si los hallazgos de la investigación lo aconsejan.

que cuando hablo contigo mi voz viaja por el aire que se mueve con la forma que lo impulsan mis pulmones, mi laringe, mi lengua y mis labios. En fin, que todas estas cosas, visibles o no, son a un tiempo cosas y formas, o no son nada que en este punto nos importe. Por invisibles que parezcan, las relaciones sociales con las formas que toman facultan a los individuos para ganar a la *Juve* (o para perder, claro está, como de hecho sucedió en ese partido); para hacer barcos que flotan y aviones que vuelan; para firmar la paz y para declarar la guerra. Para eso nos facultan nuestras relaciones sociales con sus formas; en definitiva, para casi todo lo que como seres humanos somos capaces de llevar a la práctica. Mirar hacia un cuerpo en acción *con otros cuerpos* es empezar a apreciar las formas de las relaciones. Enfield nos lo enseña de este modo: cuando los hablantes de lao hablan de relaciones entre padres e hijos, mueven sus dedos hacia arriba y hacia abajo; cuando hablan de relaciones entre parientes mayores y menores, danzan con sus manos situándolos en el aire de su gesto; y así con otras relaciones y sus respectivas formas[18]; diagramas activos, gestos, que dibujan con el cuerpo un conjunto de relaciones que sólo es invisible para quien nada entiende de ellas.

Con bañador, desnudos. Espacio público, comunicación y aprendizaje social

Camino por una playa en un día de verano. Hay hombres y mujeres descansando. Reposan en sus tumbonas. Los que llegan se preparan para el día, despliegan sus toallas, se desnudan hasta quedar en bañador. Algunos leen, otros simplemente dormitan al sol. Un grupo de jóvenes juega con un balón, y en la orilla del mar dos niños muy pequeños, completamente desnudos, juegan con sus palitas en la arena. Algunas de las mujeres tumbadas en la arena llevan desnudo el pecho, pero todas mantienen la prenda inferior del biquini. Todos los varones adultos llevan puesto el bañador. Yo sigo caminando, alejándome de la entrada principal a la playa, y con ello de su zona más poblada. Después de caminar unos ochocientos metros veo una mujer tendida en su toalla, completamente desnuda; a su alrededor, algunas personas toman el sol en bañador y otras, como esa familia que juega a las cartas bajo su sombrilla, están también desnudas. En mi camino, bordeando el agua, me cruzo con personas que van de aquí para allá, algunas llevan puesto el bañador, otras no; pero conforme avanzo voy notando que en la pla-

18. Enfield, 2005.

ya ya casi no hay gente en bañador. Decido desnudarme. Por la tarde, en el hotel bajo al espá. Es mi primer día. Llevo mi bañador y mi toalla. En el interior de esa sauna finlandesa las tres personas están desnudas. Me desnudo y tomo una sauna. En un espacio aledaño, separado por una mampara con motivos tropicales, se encuentra la piscina. En ella todos llevan puesto el bañador. Yo también debo vestirme si quiero darme un baño.

Este trajín de prendas nos enseña los componentes de la cultura. Un *espacio público*, la playa con su gente; un *conjunto de reglas* con las que las personas dan forma a su convivencia, a su vida en sociedad; un *conjunto de acciones* para poner en juego tales reglas, de maneras diversas.

Vestirse o no en esa playa, en ese hotel, es acción reglada, aunque como veremos a continuación lo es de diversas maneras. Eso significa que es también acción convenida entre seres humanos: acción convencional. Y en este aspecto se encierra el mayor misterio de la cultura. *La cultura es convención*. Las personas de esa playa y de ese hotel pueden esgrimir razones para vestirse o desnudarse, justificar sus respectivos comportamientos basándose en juicios morales o estéticos; pueden incluso aludir a causas, defendiendo con ello un supuesto orden natural (llevar un bañador en una sauna finlandesa puede interpretarse como algo antihigiénico que, en consecuencia, debe ser evitado). Sin embargo, yo he estado en saunas finlandesas compartidas por hombres y mujeres en las que todos llevan puesta una prenda. Puede decirse, pues, que estas reglas que constituyen la cultura son irreductiblemente históricas, situacionales, convencionales. Son como son, donde y cuando lo son, porque así parecen haberlo estipulado o aceptado quienes las ponen en juego. El restaurante del hotel está decorado con viejas fotografías de 1910. En esa misma playa, las personas —incluso los niños— llevaban aparatosas prendas que las cubrían casi por completo, pololos que hoy nos hacen sonreír. En las fotos de 1950, el cuerpo aparece mucho más descubierto, pero nadie reposa desnudo. Y hoy, la mujer que toma el sol desnuda en la zona nudista ha quedado a las cinco, unos metros más allá, con unas amigas que prefieren desnudar solamente sus pechos. En esa situación, ella también se viste parcialmente.

Al estar hecha de reglas, la cultura está hecha de convenciones para vivir juntos. De ahí que los antropólogos siempre hayamos visto un aire de familia entre la cultura con sus reglas y el lenguaje con las suyas. Porque del mismo modo que en el lenguaje se encierra el misterio de la convención, éste también se encierra en la cultura. Si he de hablar contigo y si has de entenderme, he de usar palabras comunes para ti y para mí: llamar «mesa» a ese objeto con cuatro patas donde se apoyan cosas. Sigo así la convención de nuestro idioma que asocia, *porque sí*, a una cosa con la otra. Pero si hablas inglés, y yo lo hablo, he de decir «table». No tengo otro remedio. Nuestra relación reposa en esas reglas, y la construimos a través de ellas cada vez que nos comunicamos.

Y así llegamos a un segundo aspecto que acompaña a la cultura. Puesto que la cultura es un conjunto de reglas en acción, reglas que nos permiten jugar juntos a algún juego social y vincularnos los unos con los otros de alguna forma, la cultura implica también siempre *comunicación*. Implica siempre una relación comunicativa entre personas. Ese conjunto de reglas no pertenece estrictamente a ningún individuo particular. Se recrea y cobra vida en el espacio público que comparten las personas, se realiza en su comunicación. Las reglas que constituyen la cultura, como la palabra «mesa», no son de nadie en concreto. Existen para ser puestas en juego en relaciones sociales.

Pudiera suceder que una mañana de fines de verano un hombre solo, desnudo, se encuentre en esa playa. Nosotros no estamos. Él está solo. Parece que todo en esta acción es materia privada. Sin embargo, si se trata de un ser humano, sobre su desnudez gravitará siempre un espacio público. No puede ser de otra manera. Para entenderlo basta con viajar en el tiempo de su biografía. Como yo mismo me he desnudado al avanzar hacia la zona nudista de la playa, él también lo habrá hecho al avanzar en el camino de su vida. Habrá *aprendido* a desnudarse en la playa, sabrá dónde y cuándo es pertinente desnudarse; y no lo hará sin tener siempre presente alguna regla. Cuerpo biológico, ese hombre nació, como todos, desnudo. Hoy sigue siendo un cuerpo desnudo, pero ya revestido inevitablemente con la piel invisible de la cultura[19]. Junto con los aspectos de la *convención* y la *comunicación*, se nos alumbra aquí un tercer aspecto. Esos conjuntos de reglas que llamamos cultura

---

19. Al leer estas líneas, Nuria Fernández Moreno me ha reprochado con razón el no haberme adentrado más en la compleja relación entre naturaleza y cultura. Puedes encontrar un reciente esfuerzo de reflexión renovada sobre este asunto en los textos coordinados por Pedro Tomé (2009). Las palabras del comentario de Nuria son tan sugerentes que no me resisto a reproducirlas aquí, aunque sólo sea para dar que pensar: «Mientras unos humanos (habitualmente vestidos) buscan y reivindican espacios para poder desnudarse, otros visten y aderezan a los animales (las tiendas de animales exhiben un buen escaparate de esta ropita). Esto tiene una larga trayectoria histórica si recuerdas la iconografía colonial de chimpancés vestidos de coloniales, los muñecos autómatas (monos vestidos) de fines del XVIII, la estética circense con sus osos-bailarinas».

implican también alguna clase de *aprendizaje social*. Para vivir juntos los seres humanos ponen en juego reglas y, al hacerlo, las enseñan y las aprenden los unos de los otros, los unos con los otros, y con ello las incorporan. Mira esos cuerpos del deporte, mira la suave musculación del torso de los nadadores, las moles de los muslos de los corredores de cien metros, la levedad de los jinetes o de las niñas de la gimnasia rítmica; mira el callo de los labios de los saxofonistas, los problemas cervicales de los violinistas; mira esos cuerpos diversos, revestidos de cultura, reformados con la forma de cada deporte, de cada instrumento; conformados a imagen y semejanza de las reglas puestas en práctica durante decenas de horas de aprendizaje.

La soledad es aquí un incidente. Lo fundamental es la compañía, la sociedad. Ahora escribo solo delante de la pantalla de mi ordenador, pero sé que en mi cuerpo y en cada uno de los objetos que me rodean hay decenas de miles de años de experiencia social.

Cuadro 6. Cuerpos vestidos de cultura

Gorer, 1949 ↑

...[Se trata de] una cultura, en el sentido antropológico de la palabra, es decir, las pautas compartidas de comportamiento aprendido por medio de las cuales [los] impulsos biológicos fundamentales se transforman en necesidades sociales y encuentran gratificación a través de las instituciones apropiadas que, además, definen lo permitido y lo prohibido (KK 108).

Para el argumento básico de ete libro, esta definición es apropiada; aunque hoy en día, a diferencia de lo que sucedía en 1949, sabemos que los procesos que aquí se denominan «impulsos biológicos» y «necesidades sociales» se forman en gran medida unitariamente (Ramírez Goicoechea, 2009). Por otra parte, habría que matizar la expresión «pautas compartidas», especialmente cuando esta expresión nos lleva a creer que la cultura consiste en pautas compartidas homogéneamente por *todos* los individuos de un grupo social. Como veremos, las pautas culturales no necesitan ser (ni *pueden* ser) «compartidas» *en su totalidad* para conformar cultura.

Palabras muertas y palabras vivas. Lenguaje y práctica

Mi paseo por la playa me ha ayudado a entender que los seres humanos, en sus espacios públicos, ponen en juego un continuo de reglas. No hay en esa playa, como puede haber en otras, una frontera clara anunciada con el cartel: «entra usted en una zona nudista». En la mayor parte de las situaciones cotidianas de la vida no hay carteles de este tipo. Y, cuando los hay, es perfectamente posible que no hagamos caso de ellos. Es preciso por tanto aclarar ya algunos matices de la palabra «regla», que tan central resulta para nuestra definición de «cultura».

Decir que la cultura es un conjunto de reglas no quiere decir que es un reglamento rígido de normas compulsivas. Todavía menos quiere decir que la cultura se reduce a los enunciados lingüísticos de las reglas:

«Prohibido escupir en el suelo»
«Prohibido fumar o llevar el cigarro encendido»
«Por favor, espere tras la línea roja»
«Ocupen el arcén»
«Es obligatorio fumar»
«A partir de este punto está prohibido usar bañador»

Siempre que examinamos un conjunto cualquiera de reglas hemos de tener presente que en ellas se encierra una doble realidad. Por una parte, algunas de esas reglas encuentran expresión lingüística, como en los ejemplos anteriores; por otra parte, algunas de esas reglas encuentran expresión práctica, incorporándose a la acción. Y así, *las reglas de la cultura se encuentran doblemente indeterminadas. Se encuentran indeterminadas en cuanto a su grado de explicitud lingüística y se encuentran indeterminadas en cuanto a su grado de correspondencia con la acción concreta.* Cada conjunto de reglas exige una atención particular, de manera que en relación con estas dos indeterminaciones es imposible decir de antemano que *todas* las reglas de la cultura serán de uno u otro modo.

Pero en la división entre expresión lingüística y expresión práctica puede encerrarse un engaño. A veces tal división es notoria porque hay palabras muertas o abandonadas, palabras encerradas en botellas o perdidas en bolsillos, como la carta de amor de un soldado caído en la batalla: palabras inertes en tanto no haya nadie para resucitarlas. Pero también hay palabras vivas, palabras que se dicen y se escuchan, palabras en acción. Antes he paseado solo por esa playa. Ahora voy con dos amigas que forman parte de una asociación nudista muy activa. Esta asociación lleva años intentando convencer a la gente de las ventajas de la desnudez. Para ello han organizado cursos, han publicado libros y folletos, han puesto por escrito un conjunto de ideas que forman así una ideología muy explícita. Al alcanzar la zona de la playa en la que empezamos a ver a los primeros bañistas desnudos, una de ellas dice: «A partir de este punto está prohibido usar bañador». Se ve enseguida que estas palabras, siendo una expresión lingüística son, también, una práctica, una acción. Mi amiga las ha dicho por su boca, las ha *lanzado* como quien lanza una piedra al agua. Ha usado su cuerpo para decirlas. Y con ello ha querido provocar un efecto.

En estas palabras vivas se aprecia una relación diferente entre expresión lingüística y expresión práctica. Yo sé que ver esa frase escrita, muerta, abandonada quién sabe cuándo en un cartel de madera, no es lo mismo que escucharla de viva voz. Ambas expresiones lingüísticas intentan mover a la acción representándola en el lenguaje. Pero la primera es anónima, como lo es cualquier reglamento, y se dirige a cualquiera que pase por ahí; mientras que la segunda lleva el nombre de mi amiga y se dirige concretamente a mí: es una acción verbal que me provoca, me convoca. La indeterminación en cuanto a la correspondencia de esta acción verbal con la acción de desnudarse sigue en pie. Puede suceder que mi amiga pronuncie sus palabras sin efecto, y que hasta ella misma permanezca vestida tras decirlas. Sin embargo, algo se moverá en nuestra sociedad de tres personas por el mero hecho de decirlas y escucharlas. Sabemos que la distancia entre la acción de desnudarse y la expresión lingüística que la representa es mucho mayor cuando las palabras están muertas. Es así. Mi amiga, en cierto modo, se ha desnudado ya al decir sus palabras o va camino de hacerlo.

Sus palabras, regla viva, cultura viva, transportan una idea de cómo hacer las cosas, y es una maravilla sin nombre el fenómeno de sus efectos sobre este microcosmos social que formamos los tres. Es cosa nuestra determinar con nuestras acciones sucesivas qué reglas triunfarán finalmente en el paseo. Esa expresión de cultura viva es, en nuestras manos, un vehículo para negociar, para jugar a dar forma cultural a este segmento de vida. Podemos permanecer en silencio y desnudarnos, como hemos hecho ya muchas otras veces; puedo bromear con mi amiga y mostrarle cortésmente mi desagrado por lo que considero una coerción inadmisible; podemos enzarzarnos en una discusión de justificaciones para nuestro comportamiento; puede que Marta se desnude, pero no Pilar, y que yo me quite el bañador, pero no la camiseta (para no quemarme la espalda), y que unos y otros hablemos de otras cosas dejándonos hacer según nuestro deseo. Pase lo que pase el universo del nudismo, como interpretación del mundo, habrá cobrado vida entre nosotros, en nuestras reglas de acción puestas en juego en ese espacio público. Lo sentiremos como opresor y ciego si es que nos vemos forzados contra nuestro deseo a considerarlo una causa final de nuestro comportamiento, por encima de nuestras voluntades personales; lo sentiremos como un recurso de comunicación, productivo y creativo, si es que podemos incorporarlo a nuestra acción, moldeándolo con arreglo a nuestra voluntad y nuestra sensibilidad. Al moldearlo así, habremos moldeado también las relaciones sociales de nuestro espacio público[20]. Habremos hecho sociedad de una forma concreta, habremos dado forma a nuestro microcosmos social según nuestra forma de interpretar las reglas.

La vida es blanda. Matices en el concepto de regla

Más blanda que la carne, fluida como la sangre o como el aire, la vida social se organiza a cada paso de ese paseo por la playa. Con él hemos llegado a una nueva formulación:

>§3. Cultura es el conjunto de reglas con cuyo uso
>las personas dan forma a su acción social

Esta formulación entraña un riesgo que ya he anticipado y sobre el que ahora vuelvo a insistir: ¿cómo puede la blandura de la vida referirse con la noción de regla? La Real Academia nos alumbra. «Regla» es, en su primera acepción, el «instrumento de madera, metal u otra materia rígida, por lo común de poco grueso y de figura rectangular, que sirve principalmente para trazar líneas rectas, o para medir la distancia entre dos puntos». Y en su acepción octava: «pauta de la escritura». Rara vez nos será de utilidad para entender la cultura imaginar la regla en el primer sentido. Pocas cosas son rectas o rígidas o poco gruesas en el camino de la vida. Pocas cosas son regulares como un rectángulo de bordes limpios. Principalmente, la cultura es regla en el sentido de *pauta*. También esta acepción representa una cosa que raya el papel, pero incorpora con mayor claridad la idea de modelo; un modelo para *orientar* la acción. Esa acción, como el trazado de la escritura con la mano, es sinuosa, pero no caótica, configura un estilo, tiende a la rectitud de un patrón, pero acaso nunca llega a cumplirlo del todo. Y es escritura, movimiento pautado de la mano, porque se ordena en el acto de su

---

20. Nigel Rapport ha escogido esta expresión magnífica del antropólogo Michael Jackson para formular escuetamente esta visión de la cultura: «un vehículo de vida intersubjetiva, pero no su fundamento o su causa final». El texto de Nigel Rapport es «'Culture is no Excuse'. Critiquing Multicultural Essentialism and Identifying the Anthropological Concrete» (2003: 383). El de Jackson es *The Politics of Storytelling. Violence, Transgression and Intersubjectivity* (2002).

materialización, paso a paso, como en un paseo por la playa, invocando a los otros, quienes la convertirán en lectura.

Esta formulación de la idea de cultura como conjunto de reglas se da a condición de que se entienda que el grado de obligación implicado en la palabra «regla» es muy variable. Hay reglas escritas para el obligado cumplimiento, que transportan una larga historia institucional y miles de horas de trabajo colectivo, como las leyes sancionadas por un parlamento; hay reglamentos menos universales, con los que se pretende dar forma a la acción de determinados grupos o pautar determinadas actividades, como el reglamento de las comunidades de vecinos o el de la Federación Internacional de Fútbol; hay reglas poco explícitas que sin embargo poseen una enorme eficacia práctica y capacidad para modelar el comportamiento público, como las reglas gramaticales del habla; y otras reglas tácitas que permiten un amplio margen de maniobra, como las de la cortesía voluntaria en las actuales sociedades urbanas. Sea como sea, por muy dura que sea una regla siempre puede ser ignorada en la práctica; y, por muy blanda que parezca, siempre puede traducirse en acción concreta.

Si es que una regla es regla, lo es solamente porque es *interpretada* en el sentido escénico de la palabra. Toda regla ofrece así, en su propia indeterminación, un margen para la improvisación y eventualmente para la transgresión. Toda regla puede ser ignorada o, como ha indicado Roger Keesing, sometida al capricho del intérprete[21].

Además, y esto es lo más importante, puesto que las reglas sólo terminan de tener existencia al ser puestas en práctica por agentes que las interpretan, no parece adecuado fijar en ellas la referencia última imaginando a las personas moverse *a su alrededor* con una mayor o menor desviación en relación con el modelo que establecen. Es mucho más adecuado invertir esa imagen y pensar que son las reglas las que dependen de quienes las interpretan. Desde esta perspectiva, transgredir una regla, ignorar una regla, someter una regla al capricho del intérprete, seguir una regla, entre otras posibilidades, sólo son variantes del proceso por el que las reglas *son constituidas en el curso de la acción social*. Es verdad que algunas reglas, como las leyes escritas de un código civil, ofrecen la apariencia de referencias *fijas*; y que algunas otras, impuestas por medio de una violencia inmediata, limitan prácticamente por completo la capacidad de interpretación e improvisación de una parte de los agentes. Pero, al decir que estas normas compulsivas ofrecen esa *apariencia*, pretendo señalar que, vistas en proceso, incluso estas reglas son

---

21. Keesing, 1982.

en realidad reglas *fijadas* por algún agente social concreto por medio de prácticas de institucionalización, objetivación o formalización. Cuanto más fijadas se encuentran las reglas del juego social más asimétrica es la distribución del poder de construcción de la realidad social por parte de los diversos agentes: unos tienen un poder más decisivo que otros (véase el cuadro 3). Pero siempre hemos de tener en cuenta que las reglas son sometibles a transformación por *algún agente concreto*, pues siempre hay alguien que con su acción les confiere existencia. En toda regla hay, pues, una dimensión constitutiva[22].

Así podemos enunciar una condición del concepto de regla que se traslada automáticamente al concepto de cultura. *No hay práctica social sin regla, pero no hay regla que pueda predecir, de una vez por todas, cómo será una práctica*. Conocer las reglas es esencial para comprender la acción concreta, pero sin acción concreta toda regla es puro papel mojado. Esta condición es ciertamente inquietante para ese conjunto de personas que, como los antropólogos, nos llamamos «científicos sociales». Las reglas de la cultura no son reglas de medir. Ni apelar a la ciencia cambiará esta circunstancia de la vida, ni rechazar el concepto de regla, y con él el concepto de cultura, hará más científico nuestro punto de vista. La vida es blanda. La antropología como ciencia de la vida social también lo es. Nos queda la inquietud.

Como animal cultural cualquier ser humano es un experto en reglas. Por ejemplo, ponemos en práctica complejos conjuntos de reglas especialmente preparados para saltarse otras reglas, como la ley del silencio de la mafia. A veces jugamos siguiendo reglas, como cuando nos movemos en la cancha de baloncesto o en la mesa de Navidad; y a veces jugamos con las reglas, recomponiéndolas, quebrantándolas a voluntad, divirtiéndonos con ellas, como cuando los niños inventan desde ahora otra forma del juego: «ahora soy la princesa y tú el rey».

Las reglas que incorporamos *en la acción concreta* funcionan como tácticas que han de ser útiles en las distancias cortas. El boxeador en el *ring* tiene que responder al otro. El otro está ahí, inmediatamente. Sus cuerpos son escenarios de reglas: golpe bajo, golpe en el codo. Bailan entrenados para ese baile de violencia reglada, que no es un vals ni un tango. Boxean *bien* cuando son competentes en la *táctica*, cuando ponen en juego reglas largamente aprendidas en el aquí y ahora, justo ahí, cuando hacen falta, adaptándolas a cada finta del contrario, a cada amago. Son buenos boxeadores porque saben cómo verter todo ese tiempo

---

22. Una explicación de este concepto de constitución, aplicado a la noción de convención, puede encontrarse en Mailloux, 2003.

Cuadro 7. Reglas, pautas

I. Kroeber y Kluckhohn (1952) inspirándose en Charles A. Ellwood (1944) ↑

La cultura consiste en pautas de y para el comportamiento adquiridas y transmitidas por medio de símbolos, que constituyen los logros distintivos de los grupos humanos, y que incluyen sus incorporaciones en artefactos. El núcleo esencial de la cultura consiste en ideas tradicionales [= históricamente derivadas y seleccionadas] y especialmente en los valores que se les asocian (KK 66).

II. Kluckhohn y Kelly, 1945 ↑

Por cultura entendemos todos los diseños creados históricamente para vivir, explícitos e implícitos, racionales, irracionales y no racionales, que existen en un tiempo concreto como guías potenciales para el comportamiento de los hombres (KK 97).

III. Gillin y Gillin, 1942 ↕

Las costumbres, tradiciones, actitudes, ideas, y símbolos que gobiernan el comportamiento social muestran una gran variedad. Cada grupo, cada sociedad tiene un conjunto de pautas de comportamiento (explícitas e implícitas) que son más o menos comunes a sus miembros, que pasan de generación en generación, son enseñadas a los niños, y están permanentemente expuestas al cambio. A estas pautas comunes las denominamos cultura (KK 96).

Las definiciones I y II son impecables, y muy especialmente el comentario en la definición de II: «existen en un tiempo concreto como guías *potenciales*». Este comentario contrasta con el punto de vista más determinista, y por tanto inadecuado de la definición III: «Las costumbres [...] *que gobiernan* el comportamiento». Las costumbres *no gobiernan nada*. En todo caso son las personas las que usan las costumbres para gobernar su comportamiento.

de aprendizaje en el instante preciso de su gesto. Del entrenador se espera otro saber, otra competencia, él es el responsable de la teoría. En su caso las reglas funcionan más bien como *estrategias*. Nada impedirá que, *en el momento* de entrenar a sus muchachos, su magisterio se ejerza también tácticamente, aprovechando el ejemplo apropiado para la ocasión. Pero su actividad como entrenador, y no como boxeador, demanda de él un plan de acción más abstracto, o sea menos dependiente de cada situación concreta, un programa de peleas adecuado para la carrera de sus pupilos; y, para cada pelea, una teoría general acerca del contrario, de su estilo previsible de lucha, sus fortalezas y sus defectos.

Cuerpo y alma. Reglas en estado práctico

En la primera secuencia de la película *Closer*, una mujer norteamericana (Natalie Portman) es atropellada al ir a cruzar la calle. La cámara ofrece entonces un plano cenital en el que, al lado del cuerpo tendido, puede leerse una inscripción pintada en la calzada que recuerda al peatón que debe mirar a la derecha antes de cruzar. Es la manera de decirnos que la acción transcurrirá en Londres, donde los coches circulan por la izquierda. Cuando uno ha crecido allí o se ha habituado lo suficiente a esa regla del tráfico, su cuerpo se vuelve intuitivamente hacia el lugar adecuado. El cuerpo *sabe* hacia dónde mirar sin necesidad de recordarlo conscientemente cada vez que cruza la calle. La regla correspondiente está escrita en el código de la circulación, pero, con la práctica, ha quedado inscrita en los cuerpos de las personas. *Es una regla en estado práctico*. De esta manera la noción de regla, y con ella la noción de cultura, desafía nuestra división de la realidad en materia y espíritu, cuerpo y alma. Ambas esferas aparecen fundidas en la acción de *poner en práctica una regla*, ambas son esferas inseparables. El alma está en el cuerpo tanto como el cuerpo está en el alma[23]. Joseph Conrad lo dijo de otra manera en su novela *Bajo la mirada de Occidente*: «La vida tiene forma. Tiene una forma plástica y un determinado aspecto intelectual. Los conceptos más idealistas de amor y tolerancia tienen que estar recubiertos de carne, por decirlo así, para ser comprensibles»[24].

Esto lo saben muy bien los músicos. Para ellos la música es un saber vivo, conocimiento hecho sonido. Cuando tocan sus instrumentos sus cuerpos se funden con el sonido, se prolongan en los arcos y las cuerdas de sus violines, en los mazos y los parches de los timbales. Entonces el

---

23. Johnson, 1991.
24. Conrad, 1984 [1911]: 107.

> *Cuadro 8.* Por una parte / Por otra parte
>
> > Ellwood, 1927 ↓
> > [La cultura incluye], por una parte, la totalidad de la civilización material del hombre, las herramientas, las armas, el vestido, la vivienda, las máquinas, e incluso los sistemas de industria; y, por otra parte, toda la civilización no material o espiritual, como el lenguaje, la literatura, el arte, la religión, el ritual, la moralidad, la ley, y el gobierno (KK 159).
>
> Espero que este libro te convenza de la esterilidad de este dualismo que sitúa, *en una parte*, la «civilización material» y, *en otra parte*, la «civilización no material o espiritual». Los capítulos 5 y 6 de este libro se dedican íntegramente a poner este dualismo en cuestión.

universo musical cobra vida en una especialidad concreta del cuerpo que modela el aire, al poner en juego una forma concreta de interpretar las reglas de la ejecución. Los trompetistas crean sonido con el aire de sus pulmones, y adaptan su sistema respiratorio y vocal coordinándolo con los movimientos de sus dedos; los pianistas manipulan un teclado que, en su misma disposición física, recoge la relación ascendente y descendente de las notas. Las teclas blancas avanzan en un cambio de tono; las negras permiten caminar por semitonos. Para un violinista, ascender en la escala significa acercar la mano al cuerpo; para un contrabajista, bajarla hacia el suelo; para un pianista, desplazarla hacia la derecha. El sonido organizado de la música, ese sonido con forma cultural, depende de esos cuerpos *formados* para la interpretación, para el movimiento preciso. No hay música sin cuerpo, ni regla, ni cultura.

Una vuelta de tuerca. Cultura como descripción

Ahora estamos en disposición de girar nuestra mano con calma para ajustar un poco más el concepto de cultura.
De aquí venimos:

> §3. Cultura es el conjunto de reglas con cuyo uso las personas dan forma a su acción social

Y vamos hacia aquí:

§4. Cultura es una *descripción*, hecha por alguien, del conjunto de reglas con cuyo uso las personas dan forma a su acción social

Hay aquí dos niveles de existencia de la cultura. En el primer nivel (§3), la cultura existe como conjunto de reglas interpretadas, puestas en práctica en la vida social. En este nivel, los intérpretes son los seres humanos que viven su vida y que han aprendido a vivirla. Son las personas que lloran o ríen en un velatorio, que se visten o se desnudan en una playa, que dicen: «desnúdate»; las personas que miran a la izquierda o a la derecha cuando cruzan una calle; las que avanzan en el césped para dejar al contrincante en fuera de juego. Todas esas personas actúan con reglas, son agentes de cultura.

En el segundo nivel (§4), la cultura existe como *descripción* más o menos precisa de esas reglas en acción. Este segundo nivel incorpora una reflexión *sobre* lo que las personas hacen al vivir su vida, una mirada exterior o distanciada. En este nivel, el intérprete es quien se detiene a mirar lo que la gente hace, a escuchar lo que dice; el que reflexiona sobre lo que ve y lo que oye y, como consecuencia de ello, extrae una *idea*, un *modelo* o una *teoría* acerca de la forma que cobra, a sus ojos, ese mundo social.

Los antropólogos no somos los únicos que reflexionamos *sobre* la vida social, pero trabajamos especializadamente en ello. Investigamos las diversas formas que cobra la vida social. En primer lugar, intentamos entender cómo es una forma de vida social —de la misma manera que un anatomista intenta entender cómo es el cuerpo de un animal, o la forma y estructura de cualquiera de sus órganos. En segundo lugar, intentamos comprender las relaciones que los diferentes componentes de esa forma mantienen entre sí para mostrar sus condiciones de existencia, *cómo ha llegado a ser lo que es*. ¿Puede la crisis económica de un club de fútbol, y su interpretación por parte de una directiva, entrar en relación con el diseño de tácticas defensivas para amarrar resultados mínimamente buenos? ¿Puede un movimiento político de independencia nacional entrar en relación con el desarrollo de las secciones rítmicas de esas composiciones musicales llamadas «himnos»? ¿Son razonables estas relaciones entre fenómenos o son meros devaneos sin sentido?

Como el anatomista, el antropólogo busca describir las formas de estos órganos sociales y comprender las relaciones que mantienen entre sí. Para ello ha de mirarlos, escucharlos, sentirlos y analizarlos desde su perspectiva exterior.

Sin embargo, todos los seres humanos (no sólo los antropólogos) están capacitados de un modo u otro para situarse en cualquiera de estos dos niveles (§3 y §4). Todos los seres humanos son sin duda agentes de cultura, dan forma a su vida social (§3). Y cualquier ser humano puede adoptar una posición reflexiva sobre la vida social (propia o ajena), y construir con ello un modelo de ese mundo (§4). En relación con el concepto de cultura, cualquier ser humano es agente interno y puede ser también observador y analista externo. Harold Garfinkel planteó resueltamente esta idea. Si bien es cierto que los antropólogos, en colaboración con otros científicos sociales, están especializados en analizar con sus métodos las formas de la vida social, todos los seres humanos, en cualquier parte, exploran la vida social —particularmente la suya propia— siguiendo sus propios métodos y recursos lógicos. En este sentido, cualquier ser humano puede ser un metodólogo capaz de mirar, escuchar, sentir y analizar la vida social[25].

Pero las diferencias entre cualquier ser humano y el antropólogo son destacables. Cuando tienes un dolor intentas hacerte una imagen de tu cuerpo y su funcionamiento, pero el conocimiento que pones en juego y el método para diagnosticar el órgano de la afección difieren mucho, o al menos es lo que esperas, del conocimiento y el método que pone en práctica un médico, experto en anatomía. Una institución humana llamada ciencia, con sus exigencias de racionalidad y demostración pública, y con sus instrumentos especiales para *mirar, escuchar, sentir y analizar*, distingue al anatomista. Así también sucede, o esperamos que suceda, cuando se trata del antropólogo.

El abismo de la cultura

Mira la figura 1 y detente un momento en ella. Están ahí dispuestos dos planos de existencia de la cultura. El plano de las descripciones (o modelos o teorías) (§4) es una proyección, como una sombra o un reflejo, del plano de las reglas con las que las personas dan forma a su acción social (§3). Siempre que la cultura existe *como descripción* es porque previamente existe alguna forma de práctica social a la que aquélla se refiere.

Estos dos planos de existencia pueden multiplicarse sin fin, como cuando miras en un espejo situado frente a tus ojos la imagen que refleja tu cabeza en un espejo situado a tus espaldas: una imagen replicada, rebotada una y otra vez entre los dos espejos. El motivo es que las descripciones (o modelos o teorías) deben ser hechas, fabricadas por

---

25. Garfinkel, 1967.

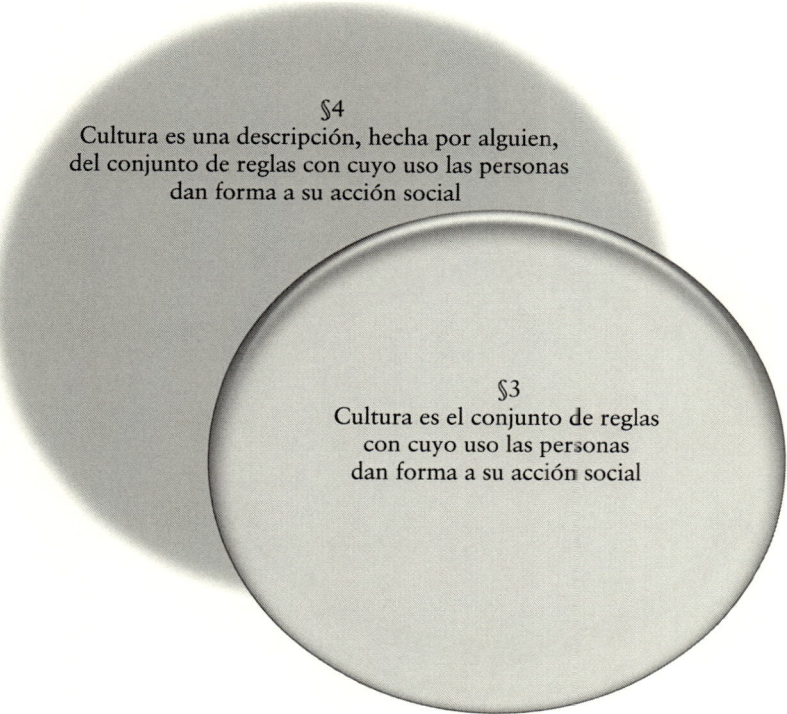

Figura 1. Dos niveles de existencia de la cultura.

alguien para ser lo que son. Las descripciones (o modelos o teorías) son también resultado de acciones sociales. La figura 2 muestra lo que ves en ese espejo.

Cada esfera con su sombra §3-§4, se inscribe en una nueva esfera con su sombra, una nueva escala en la que se coordinan las definiciones §3 y §4 del concepto de cultura. Un modo posible y habitual de entender esa imagen es el siguiente:

En la esfera más interna con su sombra §3a-§4a:

§3a se refiere al conjunto de reglas con cuyo uso las personas dan forma a su acción social. Por ejemplo, el conjunto de las reglas para expresar el duelo que se ponen en práctica en un velatorio concreto.

§4a se refiere a la descripción que algunas de esas personas hacen de ese conjunto de reglas. Por ejemplo, cuando una de las herma-

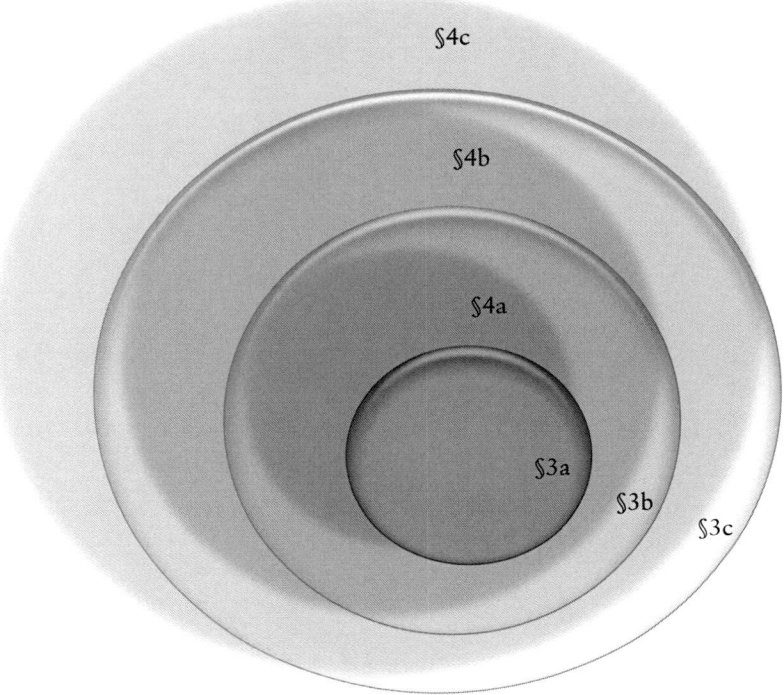

Figura 2. El abismo de la cultura.

nas del difunto, al hablar conmigo en esa o en otra situación, me cuenta lo que se hace regladamente en un velatorio (o lo que se hizo en aquel velatorio).

Es preciso señalar que entre §3 y §4 siempre habrá una distancia. Pues, en todo caso, *§4 es una idealización de §3*. La descripción de una práctica es siempre un esquema idealizado de esa práctica. Esto es inevitable, a no ser que para describir la práctica la pongamos en práctica completamente, en cuyo caso ya no será una descripción sino una muestra de la práctica misma.

En la esfera intermedia con su sombra §3b-§4b:

§3b se refiere al conjunto de reglas con cuyo uso un investigador (en su función de tal) da forma a su acción social. Por ejemplo, un antropólogo que contempla y registra, en su práctica de observación y de escucha en ese velatorio, el conjunto de prácticas y de descripciones puestas en juego por las personas que están implicadas en la situación.

§4b se refiere a la descripción idealizada de esa situación, el modelo o la teoría que, *según ese antropólogo*, hace inteligible:
- lo que esas personas han hecho en ese velatorio §3a,
- lo que esas personas han descrito acerca de ese velatorio §4a,
- lo que él mismo ha registrado como consecuencia de su acción social de investigación §3b.

Característicamente, §4b es la representación teórica de la cultura producida por un antropólogo, por ejemplo al escribir un libro o producir una película sobre una forma de vida.

Aún es posible ir más allá en esta secuencia, sólo por gusto.

En la esfera más externa con su sombra §3c-§4c.

§3c puede referirse al conjunto de reglas con cuyo uso un especialista da forma a su acción al someter a consideración el trabajo del antropólogo. Una situación característica de este tipo se produce cada vez que el antropólogo revisa el análisis que ha usado para componer su propio modelo teórico §4b, o cada vez que lo hacen otros investigadores en el ámbito de un debate científico, por ejemplo un congreso; y también cada vez que un historiador de la antropología o un epistemólogo somete a examen obras de antropología.

§4c es, de nuevo, la descripción idealizada de ese conjunto de prácticas de revisión, discusión o examen; la representación teórica de las reglas que las han regido en la práctica. Pues, si tomamos por ejemplo un congreso, en esa discusión se habrán puesto en juego las convenciones con las que ese universo social de científicos opera para comprender los velatorios (§3c). ¿Ha tenido en cuenta ese antropólogo que la urbanización puede cambiar radicalmente la forma social de expresar el duelo o, por el contrario, se ha limitado a observar lo sucedido en una pequeña aldea rural y ha generalizado a partir de ahí a cualquier situación posible de duelo en las sociedades humanas?

§4c ofrece una descripción de la cultura con la que operan los científicos, en un momento dado, para interpretar la vida social. Las descripciones de este tipo constituyen los materiales de una crítica, una historia o una epistemología de la antropología.

Etic₁, Emic₁, Etic₂, Emic₂...

La cultura tiene así existencia en múltiples planos de práctica y de descripción. No debemos perder de vista, en cada caso, de qué plano se trata, si es que queremos entender adecuadamente de qué hablamos en concreto. Los antropólogos hemos usado dos palabras prestadas de la lingüística para dar cuenta de estos planos de existencia de la cultura: *etic* y *emic*. Durante años, los estudiantes de antropología se han familiarizado con estas palabras tal y como fueron divulgadas por Marvin Harris[26]. Sin embargo, su divulgación de estas palabras no ha sido muy afortunada. Por eso se hace necesario retornar al pensamiento de su creador, el lingüista Kenneth Pike, quien se ha revuelto contra las simplificaciones abusivas de Marvin Harris[27].

En la barra de un bar de Barcelona, estoy tomando unas cañas con Jaume, Jordi y Paco. Jaume es de Gerona. Jordi, un viejo amigo de Jaume que trabaja ahí de camarero, es de Barcelona. Paco es de Sevilla. Yo soy de Madrid. Todos hablamos en español. Me tomaré la licencia de simular cada una de estas hablas concretas.

Paco dice:

—Shaval, ponnoh unah cañitah.

Y entonces interviene Jaume:

—Eso chavalg, ponnos lgas cañitas de una vez. —Jaume abre un turno de presentaciones—. Este es Angelg, de Madrit. Paco, de Sevilla. Yordi.

Yo digo:

—¿Cómo estás? Soy Angel, de Madrí.

Paco dice:

—¿Cómo ehtáh? Paco, de Sevilla

Jordi me da la mano y dice:

—Lgos amigos de Jauma son mis amigos.

Paco concluye, dirigiéndose a Jordi:

—Entonce pont'una pa ti también. O doh.

Al escribir así el diálogo que hemos mantenido, reflejo someramente nuestras formas de hablar tal como las registraría un estudioso de la fonética, que es alguien interesado en el análisis sonoro del habla. La fo-

---

26. Harris, 1991.
27. En 1990, Thomas N. Headland publicó un libro enteramente dedicado a este problema en el que se recoge la discusión viva entre Harris y Pike, y una serie de textos que examinan las consecuencias de la distinción entre *etic* y *emic* (Headland, Pike y Harris, 1990).

nética (*etic*) nos enseña que, en ese fragmento de conversación, hemos hablado usando variantes sonoras de las mismas palabras:

«Madrit» — «Madrí»
«¿Cómo estás?» — «¿Cómo ehtáh?»
«Shaval» — «Chavalg»

En este pequeño universo de acción han sucedido varias cosas, pero me interesa ahora destacar dos. En primer lugar, como hablantes del español todos hemos *oído* palabras pronunciadas de diferentes modos; en segundo lugar, todos hemos dado por sentado que esas diferencias en la pronunciación constituyen variantes de los mismos sonidos. Aunque «Madrit» suena, de hecho, diferente de «Madrí», hemos dado por sentado que ambas pronunciaciones son, de hecho, equivalentes. Ambas cosas han sucedido, ambas son *hechos*, ambas cosas son igualmente reales y conviven en la misma escena social.

Para dar cuenta del segundo hecho se precisa de un análisis adicional a la fonética. Necesitamos un análisis fon*émico* (*emic*). Este análisis nos enseña que los sonidos del habla, a pesar de sus diferencias acústicas, son *clasificados* por los hablantes como pertenecientes a clases de sonidos equivalentes. Aunque «¿cómo estás?» suena distinto de «¿cómo ehtáh?», todos los hablantes en el bar clasificamos las eses aspiradas de mi amigo Paco en la misma categoría sonora que mis eses de Madrid. En este evento social, «estás» y «ehtáh» forman lo que Kenneth Pike ha denominado una única *unidad emic*. «Una unidad *emic* —escribe Pike— es un elemento o un sistema físico o mental que es tratado por los participantes internos de la acción como relevante para sus sistemas de comportamiento, y como la misma unidad *emic* a pesar de la variabilidad *etic*»[28].

Marvin Harris, en su divulgación de esta idea, ha sembrado una gran confusión[29]. Su planteamiento se encuentra formulado aquí:

> Los pensamientos y la conducta de los participantes pueden enfocarse desde dos perspectivas diferentes: desde la de los propios participantes [*emic*] y desde la de los observadores [*etic*]. En ambos casos, son posibles descripciones científicas y objetivas de los campos mental y conductual. En el primero, los observadores emplean conceptos y distinciones que son significativos y apropiados para los participantes; y en

---

28. Pike, 1990: 28.
29. Kenneth Pike, por su parte, tampoco ha sido constante en cuanto a la definición de todas las dimensiones de esta problemática. Una detallada revisión histórica de este espacio de ambigüedades puede encontrarse en González Echevarría (2009).

el segundo, conceptos y distinciones significativos y apropiados para los observadores[30].

La clave de la confusión introducida por Marvin Harris se sitúa en la expresión «significativos y apropiados». Lo que Harris quiere decir con esta expresión no se corresponde con lo que quiso decir Pike. Veamos la idea de Harris:

> Las proposiciones *emic* se refieren a sistemas lógico-empíricos cuyas distinciones fenoménicas o «cosas» están hechas de contrastes y discriminaciones que los actores mismos consideran significativas, con sentido, reales, verdaderas o de algún otro modo apropiadas. Una proposición *emic* puede ser falsada si se puede demostrar que contradice el cálculo cognitivo por el que los actores informados juzgan que las entidades son similares o diferentes, reales, con sentido, significativas o de alguna otra forma apropiadas o aceptables[31].

Una breve parada en tres reflexiones nos ayudará a comprender mejor en qué consiste la confusión, y de qué modo, al esclarecerla, asentamos mejor los fundamentos del concepto de cultura.

1. Harris habla aquí de *dos perspectivas*, por tanto, dos puntos de vista. Por una parte, el del nativo de la acción social a cuyos «conceptos y distinciones» se somete la realidad tal y como se describe en el plano *emic*; por otra parte, el del observador que observa la acción desde fuera, a cuyos «conceptos y distinciones» se somete la realidad tal y como se describe en el plano *etic*. Ahora volvamos al bar a tomarnos una cañas. Es fácil comprender que lo que ahí ha sucedido ha sido posible sin ninguna necesidad de que los participantes en la situación hayan hecho *conscientes*, en la forma de «conceptos y distinciones», las clasificaciones sonoras antes descritas. Jordi y sus amigos no han hablado poniendo en juego «consideraciones» conscientes acerca de los sonidos y sus clasificaciones. Aunque para hablar han usado instrumentos cognitivos, no lo han hecho a la manera de un «cálculo» racional. Aunque al hablar han usado reglas «apropiadas», no es lícito aplicar a esas reglas el criterio intelectualista de «verdad». Ellos no muestran ningún interés en «falsar» sus reglas; se limitan a producirlas con su acción. Jordi y sus amigos simplemente han actuado identificando «Madrí» con «Madrit», «¿cómo estás?» con «¿cómo ehtáh?», «shaval» con «chavalg». De hecho,

---

30. Harris, 1991: 154. He añadido entre corchetes las expresiones *emic* y *etic* para no extender innecesariamente la cita.
31. Harris, 1983 [1968]: 493-494.

esos participantes pueden operar con esas reglas de clasificación de los sonidos, reglas culturales, incluso varias horas después, a la hora de cierre del local, tras agarrarse una notable melopea y en el límite de sus capacidades conscientes (aunque entonces, sin duda, las hablas sonarán ya de otro modo). Ya vimos que el concepto de regla, del que las reglas clasificatorias constituyen un tipo muy importante en la vida social, no es enteramente intelectual; no es cosa del alma, para usar una clásica palabra, es también cosa del cuerpo.

Kenneth Pike siempre ha sido explícito en su negación del dualismo entre el alma (o la mente) y el cuerpo, como aquí:

> Una unidad *emic* debe ser diferente de otra en la percepción o *en el uso* de los participantes nativos; es decir, para ser diferentes en un sentido *emic*, dos unidades deben tener rasgos de contraste (por ejemplo, un hacha es culturalmente diferente *en su forma y uso* de una casa, así como lo es de un partido de béisbol o de un partido de croquet)[32].

Por tanto, si bien es cierto que un observador externo a esa escena (tanto más si se trata de un *especialista en fonología*) habrá de pergeñar un cuadro de «conceptos y distinciones» intelectuales si quiere ser leído por sus colegas, no es imprescindible (y hasta parece poco recomendable) que, tomándome unas cañas con mis amigos, yo necesite de semejante aparato conceptual. El especialista en fonología es sin duda responsable de ofrecer un modelo falsable y sometible a criterios de verdad, pero no Jordi y sus amigos, que bastante tienen con hablar y tomar cañas. Basta con que Jordi y sus amigos sepan *hablar* español, o, en los ejemplos de Pike, *hacer* cosas con hachas y casas, *jugar* al béisbol o al croquet. La diferencia de Kenneth Pike entre *etic* y *emic* no se basa en «conceptos y distinciones» centrados en diferentes puntos de vista conscientes y regidos por criterios de verdad.

Con su confusa distinción, Marvin Harris presenta *etic* y *emic* como dos visiones conscientes del mundo en competencia; como si el plano *etic*, elaborado por el lingüista o el antropólogo, tuviera la función de falsar analíticamente al plano *emic* producido por los agentes sociales, cuyo comportamiento analizan los lingüistas o los antropólogos. Al atribuir a todo lo que se encierra en la categoría *emic* un estatuto de realidad consciente o ideal, Marvin Harris compone un ficticio escenario de lucha entre las visiones de los nativos y las visiones de los antropólogos, como si una descripción de la cultura en los términos de las primeras

---

32. Pike, 1990: 29. Las cursivas son mías.

fuera «idealista» y una descripción de la cultura en los términos de las segundas fuera «materialista», o sea, más real.

Los conceptos de *emic* y *etic* proporcionan una base epistemológica y operacional para, en una época como la nuestra, entregada a las teorías eclécticas de rango medio, distinguir entre el idealismo cultural y el materialismo cultural[33].

Los conceptos originales de Kenneth Pike no conllevan de ninguna manera esta distinción. Los lingüistas, los antropólogos y otros científicos sociales se ocupan de *registrar* y *analizar* las acciones de los agentes sociales, es decir su mundo *emic*, compuesto de prácticas (materiales) y de conceptos (ideales); y al hacerlo se ocupan de ofrecer descripciones, modelos o teorías cuyo orden de existencia es un orden de existencia verbal, visual, sonoro... y por tanto *ideal y material*. Puede suceder, y de hecho en cierto modo debe suceder, que las descripciones, modelos o teorías de los científicos sociales, expresadas desde su perspectiva *etic*, refuten a las visiones conscientes del mundo que sostienen los agentes sociales. Si la ciencia social consistiera en dar la misma interpretación del mundo que sostienen las personas cuyo comportamiento se toma por objeto, ¿qué sentido tendría? Pero esto nada tiene que ver con la confusión de lo *emic* con el idealismo y de lo *etic* con el materialismo.

2. Al introducir la conciencia de los nativos como criterio de definición del plano *emic*, *Marvin Harris opera con una idea enormemente simplificada y unidimensional del conocimiento* que los seres humanos ponemos en juego en nuestra vida ordinaria. Una vez establecido que las categorías nativas para clasificar la realidad son conscientes, parece asumirse que el orden *emic* ha quedado ya fijado de una vez por todas para cualquier descripción del comportamiento del nativo con esas categorías. Ésta es una idea muy pobre si la comparamos con la de Kenneth Pike, para quien el criterio fundamental de definición del plano *emic* no es la consciencia o inconsciencia en el uso de las categorías, sino *la relevancia de las clasificaciones de los nativos en relación con un sistema de comportamiento concreto*. Esa relevancia hace posible funcionar a los seres humanos en complejos entramados en el plano *emic*, de manera que, dependiendo del sistema de acción concreto que sometamos a consideración, los participantes en un evento social pueden funcionar con contrastes *emic* conscientes mientras dejan otros contrastes igualmente *emic* en un nivel inconsciente, tácito o implícito.

---

33. Harris, 1983 [1968]: 491-492.

Para entender cómo funciona esto, volvamos a tomarnos unas cañas con nuestros amigos. Más arriba has leído:
Aunque «Madrit» suena, de hecho, diferente de «Madrí», [Jaume y yo] hemos dado por sentado que ambas pronunciaciones son, de hecho, equivalentes.

Ahora habría que añadir que esto es así sólo si Jaume (que es de Gerona) y yo (que soy de Madrid) atendemos a esa diferencia de pronunciación, estrictamente, *en relación con el sistema de comportamiento lingüístico*. En ese sistema de comportamiento, esa diferencia de pronunciación *no es relevante* para Jaume ni para mí, como participantes en ese evento de comunicación. No lo es porque asumimos que lo fundamental en ese nivel de comportamiento es la correcta comprensión mutua como hablantes de una lengua. Sin embargo, ese supuesto, que ponemos en práctica sin tomar conciencia de él, puede *convivir* con nuestra conciencia de la diferencia étnica: «Madrit» y «Madrí» son idénticas para nosotros porque al pronunciarlas sabemos estar diciendo lo mismo, en términos estrictamente lingüísticos; pero, al pronunciarlas y al escucharlas en el otro, ambos sabemos que hablamos diferentes variantes del español, de manera que yo identifico a Jaume como hablante de Cataluña y Jaume me identifica a mí como hablante de Madrid. Esto quiere decir que, en ese único evento, pueden entrar en juego simultáneamente dos sistemas de comportamiento relevantes para nosotros, uno tácito y el otro consciente: un sistema de comportamiento estrictamente lingüístico y un sistema de comportamiento de relaciones interétnicas. Así, al decir «Madrit» y «Madrí» Jaume y yo podemos operar simultáneamente, en el orden *emic*, asumiendo que hemos dicho *lo mismo* (en el sistema estrictamente lingüístico) y con conciencia de haber hablado de formas *diferentes* (en el sistema de relaciones interétnicas). *Emic* no tiene que ver con el carácter consciente o no de las clasificaciones de los nativos, sino con los sistemas concretos de comportamiento para los que esas clasificaciones son o no son pertinentes, en diferentes grados de conciencia. *Que ambas clasificaciones son* emic *sólo quiere decir que operan funcionalmente en la acción concreta de los nativos, por oposición a las clasificaciones que operan funcionalmente en la acción de un observador externo a la escena con intención analítica y científica* (etic). Si piensas un poco más en este ejemplo verás que esos dos sistemas de comportamiento que nos conducen a Jaume y a mí a jugar con clasificaciones aparentemente contrarias («Madrit» es lo mismo que «Madrí» / «Madrit» no es lo mismo que «Madrí») podrían invertirse en la situación concreta, sin que la conciencia de una o de la otra afectase un ápice a nuestra obligación de considerarlas *emic*, es decir, pertinentes para nuestra acción como participantes nativos. Efectivamente, Jaume y yo podríamos operar con una total conciencia de la diferencia *fonética* entre esas dos elocuciones, manteniendo en un nivel completamente tácito, implícito o inconsciente nuestra diferencia *étnica*.

Este problema nos permite introducir en la discusión el concepto de *marcador diacrítico*, fundamental en los juegos de identificación que las personas ponen en práctica en su vida cotidiana. Un *marcador diacrítico* es cualquier *rasgo* de la acción nativa (un modo de vestir, un acento en el habla, un gesto, etcétera), por medio del cual los actores sociales que participan en las situaciones establecen *diferencias* en sus comportamientos que son pertinentes, en algún grado de conciencia, para la expresión concreta de sus identificaciones. Cualquier acción nativa se da en el plano *emic* (*por contraste con* la acción de un observador externo que tiene voluntad analítica o científica [*etic*]); pero sólo algunos rasgos de esas acciones nativas son utilizados de forma diacrítica por esos nativos al expresar sus identificaciones diferencialmente[34], con algún grado de conciencia.

Un nuevo ejemplo me permitirá ilustrar brevemente, con mayor eficacia, este concepto de marcador diacrítico. Este concepto es especialmente útil en el examen de los procesos de etnicidad, es decir, el tipo de procesos sociales en los que las personas ponen en práctica identificaciones con «colectivos», «pueblos», «grupos», «naciones», etcétera, definidos por alguna clase de *origen*[35].

Hace algunos años, emprendí un proyecto de investigación sobre esta temática en el Ártico europeo[36]. Fui a una pequeña localidad en el

---

34. Hago aquí énfasis en el carácter *expresivo* de los marcadores diacríticos. Al ser marcadores de diferencia, lo son en la *relación social* que las personas establecen con los otros en situaciones de comunicación. Como se verá en el ejemplo que sigue, es fácil excederse en la interpretación de esos marcadores. El hecho de que alguien se exprese a través de esos marcadores no tiene por qué implicar que los otros interpreten adecuadamente esa expresión. También puede suceder que, como antropólogos o nativos de nuestra acción, interpretemos que determinado rasgo de una acción es la expresión de una identificación de quien la pone en práctica, cuando ése no es el caso. Esta atribución errónea de identificaciones a las personas se encuentra en la base de la formación de estereotipos. Para los antropólogos se trata de un importante problema metodológico, que puede llevarnos a proyectar sobre los agentes sociales que *operan situacionalmente con sus expresiones de identificación* una *identidad fija* detenida en el tiempo y válida para cualquier situación.

35. Levine, 1999.

36. Este proyecto, hoy en curso, recibió los siguientes apoyos: en 2000, una ayuda del Departamento de Exteriores del Gobierno Noruego (*Utenriksdepartementet*) para el estudio de la lengua sami en la Universidad de Tromsø. En 2002, una ayuda de la *Wenner-Gren Foundation for Anthropological Research* (Gr. 6898) complementada con otra

norte de Noruega (cuyo nombre en noruego es Kautokeino). La gente de Kautokeino se autodefine en su gran mayoría como «sami» y también como «noruega»; en su gran mayoría hablan sami y noruego. Y en su gran mayoría estarían de acuerdo con la idea de que los «noruegos« llevaron a cabo una colonización de sus tierras, sus aguas y sus poblaciones, que puede documentarse al menos desde fines de la Alta Edad Media. Al autodefinirse como «samis» *y también* como «noruegos», las situaciones sociales en las que participan ofrecen un campo magnífico para explorar el juego con esas identificaciones. Ése es el juego con los *marcadores diacríticos* que resultan ser o no ser relevantes *para expresar origen étnico*, es decir, relevantes en relación con el sistema de comportamientos específicamente étnico (ni en éste ni en ningún otro lugar del mundo la gente se pasa todas las horas de su vida expresando etnicidad).

En Kautokeino las personas usan con cierta frecuencia una vestimenta peculiar. Entre las prendas de esa vestimenta destaca, en el caso de los varones, una casaca de paño tejida en sus puños, cuello y espalda con un fino hilado en el que destacan el azul, el rojo y el amarillo[37]. Cuando yo fui allí a hacer trabajo de campo, *para mí* como antropólogo (en mi sistema *etic*) era evidente que el uso de esa casaca era un *marcador diacrítico* de etnicidad. «Quien se pone esa casaca —pensaba yo— está diciendo '*soy sami*' (*por oposición a* '*Soy noruego*')». Pero, si es que efectivamente era un marcador diacrítico de etnicidad, debería serlo *en el sistema emic*, es decir en el sistema de acción de esas personas (pues un marcador diacrítico siempre se ubica en el sistema *emic*). Conforme fui conociendo mejor su vida social, encontré muchas situaciones en las que las personas se vestían con esa prenda de ropa *para expresar su origen común como* «*samis*», es decir, encontré muchas situaciones en las que la prenda tenía esa función intencionadamente étnica. Por ejemplo, el día que el embajador de la Unión Europea visitó una institución pública de Kautokeino para hablar de las bondades de la adhesión de Noruega a la Unión, consciente e intencionadamente los trabajadores y directivos de esa institución se pusieron el *gákti* (que es como se denomina en sami a la prenda) para decir «somos samis». Sin embargo, también encontré muchas otras situaciones en las que el

---

del Vicerrectorado de Investigación de la UNED. En 2003, una ayuda de la *Wenner-Gren Foundation for Anthropological Research* (Gr. 7092) complementada con una Ayuda del Programa de Movilidad del Profesorado del Ministerio de Educación, Cultura y Deporte (PR2003-0276).

37. Las mujeres llevan un vestido que es congruente en color y tejido con ese diseño.

uso de la prenda nada tenía que ver con la expresión de etnicidad. Una mañana, mientras tomábamos un café, se me ocurrió preguntar a mi interlocutor si era necesario expresar la identificación «sami» ante una persona como yo (que finalmente no formo parte de su orden social de forma significativa). Mathis mostró extrañeza: «¿por qué dices que ahora estoy expresando samicidad?» —me dijo. «Porque te has puesto el *gákti*», le respondí. Y dijo: «Me he puesto el *gákti* porque abriga más que lo que tú llevas puesto». Lo que Mathis me estaba indicando es que existen mútliples órdenes de funcionalidad para esa prenda, es decir, que esa prenda es relevante de modos gradualmente conscientes en múltiples sistemas de comportamiento. Obviamente, en su vida cotidiana Mathis no tenía por qué elegir entre pasar frío o ser tomado por activista étnico. Al verme en situaciones de este tipo, en las que las personas de Kautokeino ponían en práctica sus formas de vestir con mayor o menor intencionalidad étnica y en diferentes sistemas de acción (*emic*), fui refinando mis categorías analíticas (*etic*) para comprender cuáles son, cómo son y cómo operan los marcadores diacríticos que las personas utilizan en ese contexto[38].

3. *El mundo de Marvin Harris se agota en dos únicos planos: un plano emic y un plano etic*. El mundo de Kenneth Pike, como el abismo de la figura 2, no tiene límite. O, como ha señalado Dell Hymes, Harris habla de dos cosas, Pike al menos de tres[39]. La cuestión es que no puede haber jamás un «observador» que no sea también, de un modo u otro, «participante» de algún sistema de acción social. El especialista en fonética que nos observa en el bar tomando cañas (él debe mantenerse sobrio, que para eso le pagan) encuentra en esa escena elementos distintivos del habla que no coinciden con las distinciones puestas en práctica por nosotros. Esto parece claro. Sin embargo, eso no quiere decir que, en sus prácticas de observación, él esté completamente al margen de todo sistema de acción social. Como investigador, él también usará un marco producido en su sociedad de investigadores para distinguir los sonidos que nosotros producimos, e incluso para registrarlos.

El investigador especialista en fonética que nos observa en el bar se llama Fernando. Con los años, Fernando ha conseguido obtener una gran muestra de fragmentos sonoros de habla parecidos al anterior. De

---

38. Un desarrollo extenso de este argumento puede encontrarse en el siguiente texto: «¿Dónde está la frontera? Prejuicios de campo y problemas de escala en la estructuración étnica en Sápmi» (Díaz de Rada, 2008b).
39. Hymes, 1990. Un argumento similar puede leerse en Hymes, 2007 [1982].

ese modo ha construido un modelo de las variantes sonoras de la lengua española. Al llevar sus resultados a un congreso, uno de los participantes (otro especialista en fonética), le llama la atención sobre lo siguiente: el cuadro de distinciones sonoras elaborado por Fernando es aún excesivamente grosero. Ha recogido las distinciones entre hablantes madrileños, catalanes, andaluces, etcétera; pero no ha recogido las distinciones entre el habla de Jaume y de Jordi (ambos catalanes, uno de Gerona y el otro de Barcelona). «En los congresos siempre hay alguien que mete el dedo en el ojo», piensa Fernando, pero recoge la incertidumbre sembrada por su crítico: ¿es la «l» gutural que pronuncia Jaume en «lgas cañitas» el mismo sonido que la «l» gutural que pronuncia Jordi en «lgos amigos»? Otro participante en el congreso, historiador de la fonética, llama la atención a Fernando sobre las repercusiones políticas de una tradición de investigación que ha tendido a detenerse en las regiones de habla relevantes para la administración del Estado y no en las regiones de habla de orden más local. Así que Fernando, que es un investigador sólido y obsesivo, se pregunta: ¿será la «l» gutural de todos los barrios de Gerona idéntica? ¿Hasta dónde debo precisar el sistema de distinciones que he empezado a elaborar?

Al volver a casa, escucha de nuevo el registro en el que grabó la conversación que mantuvimos esa noche en el bar de Barcelona, y comprueba que efectivamente la «l» de Jaume *suena como* la «l» de Jordi. Se toma un somnífero (esto es muy habitual entre los investigadores obsesivos) e intenta dormir. Pero no puede. Sigue sospechando que algo no marcha bien en su modelo. Al día siguiente se entrevista con Jaume y Jordi y les pregunta: «¿vosotros *creéis* que estas dos eles son el mismo sonido? ¿Son el mismo sonido *desde vuestro punto de vista*?» Al formular esta pregunta, Jordi y Jaume se ven abocados a hacer explícitas reglas del habla que hasta entonces habían permanecido implícitas para ellos. Ambos le indican que no: uno y otro pueden reconocer sin esfuerzo, al oír a alguien pronunciar la «l», si se trata de un hablante de Gerona o de un hablante de Barcelona.

Antes de hablar con ellos, Fernando llevaba en su cabeza un modelo *Etic$_1$* (un modelo del habla que distinguía entre hablantes andaluces y catalanes, pero no entre hablantes de Gerona y de Barcelona); al preguntarles a ellos, Jordi y Jaume hacen explícito un modelo *Emic$_1$* en el que se muestra que sus usos del habla son diferentes, y que los pueden reconocer. Fernando se da cuenta de que si quiere dormir tranquilo de ahora en adelante ya no podrá confiar en su oído, incompetente para percibir las diferencias que perciben Jaume y Jordi. Así que se compra un aparato de grabación y análisis sonoro mucho más eficaz, capaz de registrar e imprimir gráficamente las menores diferencias acústicas. Por suerte, Fernando hace su investigación en el siglo XXI, porque si la hubiera hecho en el siglo XVIII el saber tecnológico de la época le hubiera impedido continuar con el trabajo. Ahora sí, con este aparato revolucionario Fernando *ve* impresa sobre el papel que arroja la máquina la diferencia en la «l» gutural de Jaume y la de Jordi, aunque no puede *oírla*. Ahora puede continuar depurando su modelo del habla e introducir nuevas distinciones en un nuevo artículo ($Etic_2$) que llevará a una nueva edición del congreso. Nada de esto impedirá, sin embargo, que ante su modelo depurado aparezca otro colega para meterle el dedo en el ojo. Para eso trabaja Fernando, para ofrecer descripciones, modelos y teorías que han de ser debatidos sin fin. Eso es lo que hace un científico social.

$$Etic_1 \to Emic_1 \to Etic_2 \to \ldots \to Etic_n$$

Es fácil advertir que esta sucesión es idéntica cuando se trata del progreso de la investigación de un solo investigador, en la relación entre su formulación inicial de hipótesis, categorías de análisis y otros dispositivos analíticos, y su progresiva modificación y refinamiento como consecuencia de las sucesivas aproximaciones al campo empírico de estudio. Con arreglo a esta sucesión, el último paso de cualquier investigación, el texto del investigador, se sitúa siempre *en relación con su campo*, en una posición $etic_n$, y no, como sugirió Kenneth Pike alguna vez, en una posición *emic*. Ese texto final, producido por el investigador ($etic_n$), estará sin duda influido por la incidencia de las unidades *emic* inscritas en su material empírico, unidades procedentes del campo. Pero su forma concreta dependerá crucialmente de la organización que el investigador dé a ese material haciendo uso de su marco analítico *etic*. Si la investigación se dirigiera a producir un relato expresado en unidades *emic*, el texto resultante adolecería de lo que Hammerseley y Atkinson denominaron «naturalismo». El naturalismo consiste en una modalidad de investigación que consiste en suponer que el texto producido por el investigador refleja, sin mayor mediación analítica, el mundo de los nativos de una vida social[40].

El modelo que ofrece Fernando depende del conjunto de reglas con cuyo uso se produce la investigación en su sociedad científica y en su momento histórico. Es *etic en relación con* el conjunto de reglas con el

---

40. Un desarrollo de estas ideas se encuentra en Díaz de Rada, 2006: 43 ss.; Hammersley y Atkinson, 2001. Para una valoración de los problemas generados por Pike en relación con este asunto, véase González Echevarría, 2009.

que hemos dado forma a nuestra acción social en el bar, al tomarnos unas cañas; pero es *emic en relación* con la crítica que generará en su sociedad de investigadores. *Etic y emic son*, pues, *relaciones*, y no pueden predicarse de ninguna realidad sin especificar en relación con qué otra realidad aquélla es interpretada. Los múltiples planos de la cultura exigen esta disciplina. Hablar de cultura sin hablar del orden de realidad en que la cultura es considerada es hablar sin sentido.

Además, ninguno de los planos de descripción de realidad anteriores es menos subjetivo que otro. Jaume, Paco, Jordi y yo somos personas que toman cañas en un bar, incluso si estamos borrachos. Fernando también es una persona, y quien le critica otra. Cualquier cultura, descrita en cualquiera de sus planos, tiene un agente, porque no hay acción humana ni producto alguno de la acción humana que sea obra de los ángeles. Esto no quiere decir que la descripción que aporta Fernando de ese sistema de habla como investigador sea equivalente a la descripción que aportan Jaume o Jordi como hablantes nativos. La descripción de Fernando sirve al fin del conocimiento sistemático y el debate científico, y, al haber contemplado en su modelo materiales empíricos procedentes de una multiplicidad de agentes, será una descripción más *intersubjetiva* que la de cualquiera de las personas de su campo de investigación[41]. La descripción de Jaume o de cualquiera de los que nos hemos tomado las cañas, de producirse como tal descripción, sirve al propósito de dar cuerpo a nuestro propio saber local, y, quizás, a nuestras propias identificaciones personales.

Volviendo a nuestro abismo, y en lo que respecta a los conceptos *etic* y *emic* tal como éstos han sido elaborados por Pike para comprender la relación entre las instituciones humanas en la vida social y la institución científica que las representa, cada nueva esfera con su sombra, en relación con la esfera anterior con la suya, indica un nuevo enfoque *etic*, como en la figura 3. El conjunto de prácticas que las personas producen en el velatorio de nuestro ejemplo (conscientes o no, expresadas o no por medio del lenguaje) (§3a-§4a) forma un plano $emic_1$ para el conjunto de prácticas que produce el antropólogo observador (§3b-§4b), que a su vez forman un plano $etic_1$ en relación con aquéllas. Sucesivamente, el conjunto de prácticas que produce el antropólogo observador (conscientes o no, expresadas o no por medio del lenguaje) (§3b-§4b) forma un plano $emic_2$ para el conjunto de prácticas que producen quie-

---

41. La noción de *intersubjetividad*, central en la epistemología de la etnografía y las ciencias sociales, se desarrolla algo más en el último capítulo de este libro, y sobre todo en Velasco y Díaz de Rada, 2009 [1997].

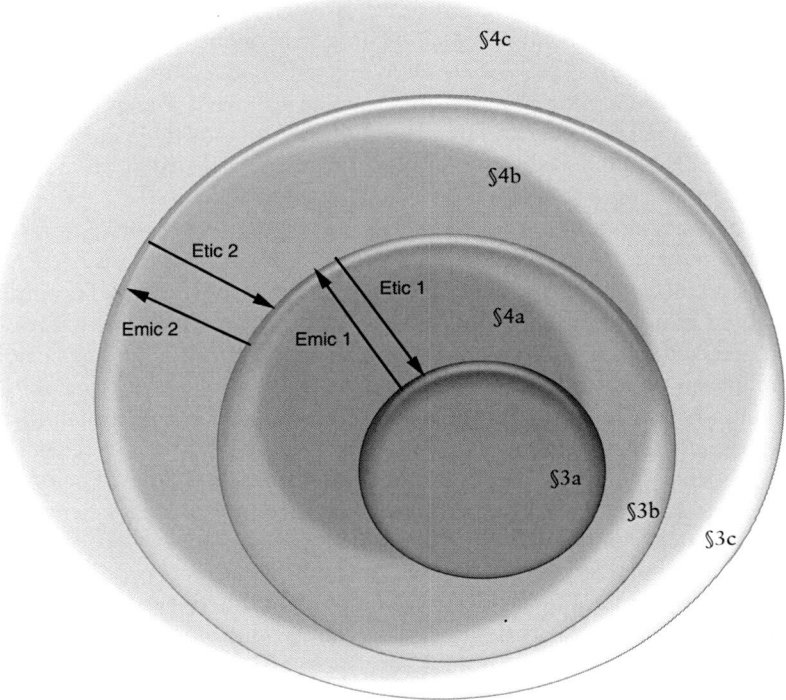

Figura 3. Etic, Emic.

nes observan y eventualmente critican su trabajo (§3c-§4c), que a su vez forman un plano *etic*$_2$ en relación con aquéllas.

¿*Para qué sirve la distinción* etic/emic?

Tras un detallado examen histórico y epistemológico de la distinción *etic/emic*, Aurora González Echevarría concluye lo siguiente: «La distinción *emic/etic* es errónea desde el punto de vista gnoseológico o metodológico»[42]. No comparto con ella esta idea, aunque te dirijo a su libro para apreciar sus motivos.

A menudo, explicar los conceptos no es suficiente. No importa cuánto me esfuerce en introducir la mayor claridad posible en la distin-

---

42. González Echevarría, 2009: 136.

ción *etic/emic*, todo ese esfuerzo puede irse al traste si no soy capaz de mostrar también *para qué sirve* esa distinción, es decir, cuál es el problema fundamental que justificó su formulación tanto en lingüística como en antropología. Es cierto —como argumenta Aurora González Echevarría— que esta distinción conceptual ha estado plagada de inconsistencias y zonas opacas; sin embargo, el problema fundamental que la justificó sigue siendo de la mayor importancia en las ciencias humanas y sociales. En estas disciplinas, los investigadores tomamos por objeto de nuestras reflexiones e interpretaciones el comportamiento de agentes que constantemente reflexionan e interpretan también el mundo en el que viven. Esta condición de nuestro conocimiento es inevitable, y la utilidad de la distinción *etic/emic* consiste precisamente en tener en cuenta esa condición. Etic/emic *tiene la utilidad de permitirnos distinguir con la mayor precisión posible el plano de nuestras acciones, reflexiones e interpretaciones como investigadores, del plano de las acciones, reflexiones e interpretaciones de las personas cuyo comportamiento tomamos por objeto de análisis.*

He ofrecido sólo algunos elementos para mostrar la utilidad de la distinción *etic/emic*, basándome en algunas ideas de Pike y de Marvin Harris, y en la versión del problema ofrecida por Dell Hymes. La utilidad fundamental de la distinción se encuentra precisamente en uno de los asuntos que vienen preocupando centralmente a Aurora González Echevarría a lo largo de sus escritos: la responsabilidad analítica de los textos antropológicos. Como otras ciencias sociales y humanidades, la antropología trabaja *sobre* mundos en los que viven personas capaces de interpretar la realidad a través de sus acciones. Por eso hay que señalar que el investigador es responsable, desde su perspectiva *etic*, del texto en el que se describen, explican o interpretan las acciones de quienes viven su vida. El investigador, con su aparato conceptual, es quien produce un discurso acerca de las personas del campo que investiga, aunque ese discurso esté influido de maneras muy diversas por las acciones (parte de ellas igualmente descriptivas, explicativas o interpretativas) de quienes forman su campo de investigación. *Etic* y *emic* son categorías útiles sólo si nos atenemos al contraste entre dos formas de práctica bien diferenciadas: la de quienes viven su mundo y la de quienes, como los antropólogos, lo *investigan* con fines analíticos precisos y con una específica disciplina científica (sin olvidar que éstos a su vez pueden ser investigados por otros, como Aurora González Echevarría, desde una nueva perspectiva *Etic*). En sus palabras:

En los últimos años he reflexionado sobre las diferentes concepciones de la dicotomía *emic/etic* [...]. La primera impresión fue que *emic* y *etic* son conceptos teóricos que no pueden extrapolarse fuera de una orientación teórica precisa[43].

Efectivamente, *etic* y *emic* empiezan a ser categorías inútiles y, como asegura Aurora en su conclusión, «erróneas», en cuanto empezamos a olvidar que cualifican a una *relación concreta de investigación*, la que se da entre alguien que trabaja y escribe con voluntad analítica en el seno de una profesión científica y alguien que vive su vida persiguiendo muchas otras voluntades.

Cuando esta distinción no se tiene en mente corremos dos tipos de riesgo complementarios. Por una parte, podemos llegar a entender que la representación de la vida social que hacen los investigadores como resultado de su trabajo es, simplemente, una muestra más de la vida social que ese investigador ha tomado por objeto, encubriendo así el trabajo de análisis y composición del que sólo él es responsable como *autor*. Por otra parte, podemos llegar a pensar que las estructuras, sistemas u otros entramados teóricos formulados por el investigador en su trabajo profesional, se encuentran instalados de forma concreta en el mundo de quienes viven su vida, ignorando con ello que todo análisis de la vida concreta ofrece una posibilidad, más o menos adecuada pero *una* posibilidad al fin y al cabo, de representar esa vida. El análisis teórico de la vida social puede ser más o menos válido, pero *la tarea científica consiste precisamente en el reconocimiento explícito de la provisionalidad de los análisis*. Si construimos un análisis con la pretensión de que será el definitivo, el indiscutible, el que refleja auténticamente lo que *es* esa vida, nuestro ejercicio dejará de ser ciencia para convertirse en dogma.

Como sucede con tantos otros conceptos de las ciencias sociales (entre ellos el concepto de cultura), la deriva histórica de las categorías *etic* y *emic* expresa un debate intelectual, un conjunto de posturas en el que se cifran las tensiones propias de una empresa difícil: entender la vida humana y entender cómo llegamos a entenderla. Podríamos deshacernos nominalmente de las palabras «*etic/emic*», como podríamos deshacernos nominalmente de la palabra «cultura» o de la palabra «sociedad»; lo que no conseguiremos es deshacernos de los problemas fundamentales que han venido siendo representados a través de tales palabras.

---

43. González Echevarría, 2009: 92.

Un matiz sobre la expresión «conjunto de reglas»

Unas páginas más arriba, en la sección *Palabras muertas y palabras vivas. Lenguaje y práctica*, has leído el siguiente texto sobre la indeterminación que entraña el concepto de cultura:

> Siempre que examinamos un conjunto cualquiera de reglas hemos de tener presente que en ellas se encierra una doble realidad: por una parte, algunas de esas reglas encuentran expresión lingüística; por otra parte, algunas de esas reglas encuentran expresión práctica, incorporándose a la acción. Como se ve, las reglas de la cultura se encuentran doblemente indeterminadas. Se encuentran indeterminadas en cuanto a su grado de explicitud lingüística y se encuentran indeterminadas en cuanto a su grado de correspondencia con la acción concreta.

La diferencia de planos de existencia de la cultura (§3 y §4) permite señalar una nueva fuente de indeterminación que hasta este momento ha permanecido oculta bajo la expresión «conjunto de reglas». «Conjunto» significa aquí que las reglas culturales con las que los seres humanos dan forma a sus acciones y relaciones no van de una en una; o, dicho de otra manera, una cultura no puede interpretarse como la puesta en juego de una sola regla. El concepto de cultura implica la idea de que las reglas se ejercen de forma relacional, como configuraciones, o para utilizar una expresión que he desarrollado con Honorio Velasco detalladamente, como tramas[44]. Cenar con nuestros amigos, conducir un coche, votar en unas elecciones, rezar a Dios, invertir en bolsa... cualquier acción humana concreta se produce poniendo en juego conjuntos de reglas en configuraciones específicas. Un viejo problema de la antropología es *el grado de sistematicidad y coherencia* que presentan estos conjuntos de reglas[45]. Un problema adicional, que se empareja con éste, es *el grado de limitación* que presentan tales conjuntos.

Estos problemas pueden aclararse con una sencilla indicación. Cada vez que la cultura se presenta como una *descripción* (§4) de los conjuntos de reglas con cuyo uso las personas dan forma a su acción social (§3), esa descripción tiende a incorporar grados de sistematicidad, coherencia y limitación que la cultura puede no poseer en estado práctico. El motivo es que cualquier descripción de una práctica, como he indicado, contiene una idealización de esa práctica, una representación que no sólo responde a la práctica que se describe, sino a las reglas de compo-

---

44. Velasco y Díaz de Rada, 2009 [1997]: especialmente, el capítulo 6.
45. Cf. Geertz, 1975.

sición propias del arte de describir. Estas reglas de composición tienden entonces a incorporar coherencia, sistematicidad y limitación, porque la práctica se toma como objeto de la *argumentación* de quien describe.

Imagina que paseas por el monte con un amigo. Al andar (§3) *hacéis* un camino que existe en estado práctico; y ponéis en juego un conjunto de reglas, algunas de forma consciente y otras de forma inconsciente, dependiendo de cuál sea la intención de vuestro paseo. En ese paseo concreto puede suceder que decidáis adentraros por una ruta nueva, creando una regla no prevista. Si vuestro objetivo es relajaros, seguís aproximadamente la pauta de deteneros donde os apetece; pero si vuestro objetivo es hacer deporte, seguís aproximadamente la pauta contraria. En todo caso, seguís un conjunto de reglas de forma aproximada, repleto de transgresiones y nuevas posibilidades. Al llegar a casa, tu hermano os pide que le *describáis* qué habéis hecho. Al describir vuestro paseo (§4), muy probablemente introduciréis un orden idealizado, una coherencia en los movimientos, un sistema en las trayectorias, un catálogo de puntos y trayectos limitado, que representará parcialmente lo que habéis hecho en la práctica.

Enseguida comprendes que la imposición de sistematicidad, coherencia y limitación en el nivel descriptivo de la cultura (§4) tiende a ser más y más probable conforme nos desplazamos hacia las esferas más incluyentes de la figura 2. De hecho, las palabras «sistema» o «estructura» son características de los lenguajes analíticos de la antropología y de otras ciencias sociales (§4b, §4c...). Lo son porque las descripciones de la cultura producidas por los científicos sociales han de situarse en argumentos precisos y ordenados que tienden a ofrecer imágenes coherentes, sistemáticas y limitadas de sus objetos de estudio. Se trata de una tensión inherente a cualquier práctica de investigación[46]. Un estudio de los paseos no puede realizarse solamente yendo a pasear. No importa cuántos paseos concretos pongamos en práctica, sólo podremos hacer ciencia de esa forma de práctica idealizando descripciones de esos paseos. Para hacer ciencia probablemente necesitaremos *pasear*, pero también necesitaremos *hacer mapas*.

Puedo enunciar ahora nuevas indeterminaciones que afectan al concepto de cultura, especialmente cuando éste se entiende como una descripción de reglas (§4): *la cultura se encuentra indeterminada en cuanto al grado de sistematicidad y coherencia con que se presentan las relaciones entre las reglas, y en cuanto al grado de limitación del repertorio de reglas que es tomado en consideración.*

---

46. Cf. Díaz de Rada y Cruces, 1991.

* * *

A lo largo de este capítulo he introducido cuatro definiciones del concepto de cultura

§1. Cultura es una forma de vida social.

§2. Cultura es el conjunto de reglas con cuyo uso las personas dan forma a la relación que las personas mantienen entre sí, en su vida social.

§3. Cultura es el conjunto de reglas con cuyo uso las personas dan forma a su acción social.

§4. Cultura es una *descripción*, hecha por alguien, del conjunto de reglas con cuyo uso las personas dan forma a su acción social.

También he presentado cuatro indeterminaciones en el concepto de cultura:

Primera indeterminación. Las reglas de la cultura se encuentran indeterminadas en cuanto a su grado de explicitud lingüística.

Segunda indeterminación. Las reglas de la cultura se encuentran indeterminadas en cuanto a su grado de correspondencia con la acción concreta.

Tercera indeterminación. La cultura se encuentra indeterminada en cuanto al grado de sistematicidad y coherencia con que se presentan las relaciones entre las reglas.

Cuarta indeterminación. La cultura se encuentra indeterminada en cuanto al grado de limitación del repertorio de reglas que es tomado en consideración.

3

SEIS LLAVES

Tenemos ya las piezas maestras del rompecabezas, cuatro definiciones de «cultura» que, consideradas en progresión, han concluido así:

§3. Cultura es el conjunto de reglas con cuyo uso las personas dan forma a su acción social.

§4. Cultura es una *descripción*, hecha por alguien, del conjunto de reglas con cuyo uso las personas dan forma a su acción social.

Cuando viajas con constancia por las rutas de estas dos definiciones y sabes a cada paso en cuál de ellas te encuentras, todo parece más fácil. Es fácil entender que desnudarse en la playa es poner en acción la cultura, darle forma o cuerpo, según lo que se enuncia en §3. Es fácil entender que describir el nudismo como un conjunto de prácticas es pensar, en un nivel distinto, *acerca de* lo que hacen las personas en la playa, según lo que se enuncia en §4.

Visto así, todo puede parecer ahora muy fácil. Pero no lo es. Y en la exploración de las dificultades que entraña esta aparente simplicidad y de sus consecuencias nos detendremos ya hasta llegar hasta el final de este libro, si es que puede decirse que este libro tiene final.

Es el momento de adentrarse en seis dificultades que encontramos inevitablemente cada vez que abrimos los ojos ante cualquier aspecto de la vida social y lo miramos a través de las lentes del concepto de cultura. Estas dificultades son, como las principales claves de un código secreto, problemas productivos; nudos que, en su solución, encierran la recompensa de una más amplia y más generosa comprensión de la vida humana. Seis llaves que abren el potencial del concepto de cultura y ayudan a desplegarlo. No conviene, pues, en este caso como en otros, olvidar el llavero.

Primera dificultad. Universal es concreto es universal

La definición expresada en §3 se refiere a toda forma de acción social, o sea a toda forma de acción social *concreta*. En un solo movimiento, el concepto de cultura nos sitúa ante una aparente paradoja, que es la paradoja de nuestra forma de ser como especie. La cultura es general, universal: no hay acción social humana que carezca de forma convencional. Si río contigo, y tú conmigo, la *forma* de mi risa contendrá la indicación de que no me río *de ti*; si paseo contigo por el bosque en una soleada mañana de domingo, la forma de mis pasos tenderá a la quietud, y no a la prisa. Sin embargo, siendo como es universal el ámbito de la cultura, toda práctica es *concreta*. Lo que significa que se desenvuelve necesariamente con tres condiciones. Es una acción hecha por *alguien* en concreto, es una acción hecha en algún *lugar* concreto, es una acción en el *tiempo* concreto de una vida. No puede ser de otro modo, pues al fin y al cabo, si es verdad que los seres humanos nos creemos artífices de lo sublime, de lo que no ocupa lugar ni tiempo ni cuerpo, Beethoven fue un primate, como tú y como yo; y quienes en el Parlamento Europeo decidieron convertir la belleza de su música en himno no lo son menos.

No podemos restar al concepto de cultura ninguna de estas dos características: toda acción social se conforma como cultura, toda forma cultural es concreta[1]. En cuanto nuestro uso del concepto de cultura carece de cualquiera de estas dos propiedades, hemos de pararnos a pensar qué es lo que hemos dejado en el camino y con qué intención.

Ciertamente, la condición universal o general de la cultura puede ser esgrimida a veces por intelectuales, políticos y otros primates elegidos como un argumento negativo. Si toda forma de acción social es una forma cultural, ¿cuál puede ser la utilidad de tal concepto? El único motivo para realizar esta crítica falaz ha de radicar en la deficiente cap-

---

1. La conexión entre el concepto antropológico de cultura y la vida concreta fue ilustrada, en términos históricos, por Alfred Kroeber y Clyde Kluckhohn, al reconocer dos tradiciones que en Alemania fueron divergiendo a lo largo del siglo XIX: la de una filosofía hegeliana de la historia, en la que la historia se interpreta como un movimiento trascendental de la humanidad en su conjunto, abstraído de las realizaciones concretas; y la de una historia construida también a base de ideas generales, pero penetrada por «grandes cantidades de hechos concretos». Es en esta segunda forma de ver la historia donde Kroeber y Kluckhohn encuentran el antecedente de la etnografía contemporánea (cf. Kroeber y Kluckhohn, 1963b [1952]: 32).

tación de lo que el concepto *añade*, ya en su generalidad, a la comprensión de la vida humana. La cultura no es cualquier cosa de todos los seres humanos, sino, precisamente, un conjunto de reglas con cuyo uso las personas dan forma a su acción social. Como he apuntado, la noción de regla es una noción compleja, y en la vida humana se encuentra entreverada con esa inmensa red de realidades interpuestas que llamamos representaciones: personas que, en su acción reglada, representan a otras personas; hablan con palabras que representan cosas; mueven martillos o palas o teclados en cuyo diseño han intervenido múltiples representaciones; mueven santos, banderas, himnos, que sólo Dios sabe qué pueden llegar a representar. Pero el hecho de que esa noción sea compleja, multiforme, y en ocasiones ambigua, no implica que sea prescindible. Por el contrario, es justamente ese hecho el que debe animarnos a concretar sus complejidades y depurar sus ambigüedades.

Efectivamente, toda forma de acción social es una forma cultural; del mismo modo que todo cuerpo, para un físico, está afectado por una propiedad básica llamada velocidad. No veo por qué tales conceptos generales, universales, deben ser destruidos en razón de su universalidad.

Hay más. La utilidad del concepto de cultura radica precisamente en su vastedad. Este concepto establece un principio general de captación de toda práctica que sigue reglas y por ello nos permite pensar en toda forma de práctica humana, sin exclusiones, bajo un único principio general: el principio de su producción con arreglo a convenciones. Tanto da, a este respecto, que nos fijemos en las formas del cultivo de la tierra o en las formas del cultivo del alma, en lo que hacen los campesinos o en lo que hacen los maestros, los jueces o los ingenieros. Todos ellos ponen en juego prácticas convencionales pertinentes para el entramado social del que forman parte (pero no necesariamente para otros entramados sociales).

El concepto de cultura nos capacita así para mirar la acción humana como la aguja que teje un extenso tapiz de instituciones, las unas conectadas con las otras, pues el ser humano es un animal que se goza en la fabricación de relaciones. Esta obstinada construcción de relaciones amarga la vida de los especialistas, que quisieran ver en cada institución humana un objeto único de percepción y análisis; la economía campesina por un lado, la escuela por otro, el sistema judicial por otro, y así sucesivamente. Sin embargo, la obstinación de este primate en traspasar con su experiencia y su acción las fronteras de todas y cada una de estas instituciones especializadas hace las delicias del antropólogo. Con sus prácticas, los seres humanos conectan constantemente experiencias e instituciones heterogéneas. Los padres campesinos intentan dar sentido a la escuela en su propio orden de vida, y pueden llegar a criticar la pretendida universalidad de la institución escolar, a la que ven separada de su mundo. Los jueces tienen familias e intereses privados que pueden intervenir en sus decisiones profesionales. Los médicos son hoy distantes especialistas que curan tu enfermedad siguiendo criterios técnicos, y mañana pacientes que viven el drama de su enfermedad y demandan algo más que buenas ecografías, técnicamente perfectas.

El concepto de cultura permite considerar la heterogeneidad de las instituciones de la vida, familias, colegios, hospitales, como un tejido en comunicación, y descubrir de ese modo conexiones que pasarían desapercibidas o serían insospechadas si nos atuviéramos únicamente a los regímenes de especialización institucional.

Lo que es erróneo en el concepto de cultura no es, pues, su generalidad, sino el uso desvirtuado que consiste en asignarle mayor especialización de la que puede ofrecer. *La función del concepto de cultura no es poner de relieve a cada institución humana como un organismo separado, sino, precisamente, alumbrar los caminos de la relación entre instituciones.* Pero esto no implica que se trata de un concepto impreciso. El concepto de cultura es, de hecho, tan preciso o impreciso como pueda serlo el concepto de sociedad. Si éste nos invita a contemplar las *relaciones* entre seres humanos; aquél nos invita a contemplar las *formas convencionales* que cobran tales relaciones.

El concepto de cultura no es más general en antropología que el concepto de sociedad en sociología, el de economía en economía, o el de individuo en psicología. Sin embargo, pocos critican la validez de estos conceptos debido a su generalidad. Se dan por supuestos debido a su aparente condición «objetiva» o «material». Pero, para ser humanas, todas esas «materias» exigen sin excepción formas convencionales. Las sociedades, las economías o los individuos ofrecen formas diversas. La invitación al estudio concreto de esas formas es función primordial del concepto de cultura.

Segunda dificultad. Acción es relación es acción

No puede pensarse el concepto de cultura fuera del concepto de relación social. La cultura es, inevitablemente, un proceso comunicativo, pues nace y crece en la relación comunicativa entre personas. Y solo muere cuando muere la comunicación y con ella las personas mismas. El único medio por el que el ser humano puede matar la cultura, o sea la forma convencional de sus vínculos con otros, es destruir esos vínculos. Ningún individuo individualmente considerado, considerado como si fuera un canto rodado que se *acumula* junto a otros cantos rodados en un montón de piedras, indiferentes por completo las unas a las otras, puede ser agente de cultura. La ideología que nos lleva a ver el mundo humano como ese conjunto de unidades individuales, agregadas por simple acumulación, recibe la denominación de *ideología individualista*. Y contra esta ideología, que niega la condición inevitablemente relacional del ser humano, se revuelve la antropología con el concepto de cultura.

En la primera secuencia de *Salvar al soldado Ryan* Spielberg nos golpea con un estremecedor desembarco de Normandía. Los soldados, temblando, se amontonan en las lanchas como carne de cañón. Saben uno a uno que probablemente en la costa encontrarán la muerte. El ejército nazi les espera con las armas cargadas. Los portones de las lanchas se abren. Inmediatamente, antes incluso de que muchos de ellos puedan saltar, reciben el fuego indiferenciado como un torrente de agua. Aquí la cantidad es lo único que cuenta, el número. En el relato de Spielberg, el desembarco tendrá éxito sólo si el ejército aliado ha mandado el suficiente número de hombres para sobrevivir a la capacidad de disparo y recarga de las municiones de quienes les disparan. Vemos con horror cómo eso es todo lo que cuenta. Los nazis disparan en tromba, los aliados caen en el avance. Algunos llegan a la costa, muchos pierden la vida. El horror es tan intenso que querríamos creer que esos soldados no son seres humanos, querríamos creer que son solamente unidades de guerra, cantos rodados despeñándose, insensibles, indiferentes por completo los unos a los otros. También los mandos militares que los han enviado ahí, cualquiera que sea el bando, quieren creerlo así: máquinas de morir, máquinas de matar. «Cosas matando cosas»[2]. Es éste un ejemplo de una institución que, para ser eficaz ahí, en esa playa, necesita nutrirse de una ideología individualista, necesita negar cualquier atisbo de pensamiento relacional.

Sin embargo, esos soldados son seres humanos haciendo la guerra. Esto significa que se precisa de una institución humana conformada por reglas para producir esa aniquilación de toda forma social que es el exterminio de un semejante. Muy a menudo, las personas que integran los ejércitos, cuando ponen en práctica o interpretan los conjuntos de reglas que dan forma a su vida (§3a-§4a), deben pasar por alto las condiciones sociales, es decir relacionales, que de hecho los constituyen. Pero si un antropólogo intentase *entender* qué pasó en Normandía, cómo fue eso posible, y construir así una descripción (o una teoría o un modelo) del comportamiento de esos ejércitos (§3b-§4b), sólo podría hacerlo persiguiendo todo el conjunto pertinente de *relaciones sociales*

---

2. Verrips, 2004: 150.

que, como una trama, fueron anudándose históricamente hasta confluir en la acción del desembarco. *Un antropólogo trabaja persiguiendo relaciones, y con ello conduciéndose hacia la totalidad más o menos integrada de instituciones sociales que, puestas en relación, intervienen en cada episodio de la vida.*

En este caso, la dificultad consiste en aprender a mirar la vida humana traduciendo la acción en relación. Pero utilizar el pensamiento relacional para ver a los individuos junto con sus relaciones puede ser muy difícil una vez que se nos ha enseñado a comprender que vivir es vivir un desembarco.

Tercera dificultad. Las instituciones no están solas

Esos ejércitos necesitan formas convencionales de amistad y camaradería, formas convencionales de enemistad, formas tecnológicas históricamente creadas, armas, formas de interpretación de las relaciones de la familia con la nación y con el estado, formas de concebir la relación de los hombres con la muerte, con el sacrificio, con la vergüenza, formas educativas, formas políticas y de intercambio económico... Entender el desarrollo de estas formas por medio de las cuales un conjunto complejo de instituciones en relación confluye en esa acción de guerra es desplegar el pensamiento relacional que conlleva el concepto de cultura, la trama de la cultura. *Este pensamiento relacional que se opone a la ideología individualista recibe la denominación de holismo.* Es holístico el modo de pensamiento que busca reconstruir una totalidad de relaciones entre personas e instituciones para entender en qué consiste una forma de vida social[3]. Renunciar al holismo es renunciar a la tarea antropológica, y el primer paso para hacerlo es desprenderse indolentemente del concepto de cultura. Es incierto que entender ese conjunto de relaciones por medio del concepto holístico de cultura pueda contribuir a cambiar lo que aquí es esencial (al menos para mí): muertos y más muertos en cada desembarco de los hombres. Pero lo que es seguro es que nada entenderemos al margen de ese concepto holístico de cultura.

<hr>

3. Louis Dumont ha reflexionado sobre la génesis histórica de la ideología individualista en un conjunto amplio de instituciones que configuran nuestra modernidad (como el mercado liberal, nuestras instituciones religiosas, o nuestras instituciones políticas), y sobre la relación de la antropología con esta ideología individualista. Lo ha hecho en *Ensayos sobre el individualismo* (1987). Ese trabajo de Dumont puede entenderse como un desarrollo de la obra de Marcel Mauss. Por ejemplo, Mauss, 1979 [1938]. Un desarrollo matizado de la diversidad de totalidades y enfoques holísticos puede encontrarse en Díaz de Rada, 2003.

El pensamiento relacional, holístico, es pensamiento complejo y exige de nosotros una actitud de conocimiento que puede llegar a incomodarnos porque nos aleja de la burda simplificación. Cualquier situación en la que las personas desenvuelven su acción pone en juego múltiples escalas de institución, y todas ellas incorporan formas convencionales, formas culturales. Formas de amistad, formas de parentesco, formas de ciudadanía, formas de conocimiento e ideología, formas de fabricación tecnológica para relacionarse con la naturaleza, formas de intercambio económico... Todas ellas, en cada caso concreto, constituyen la compleja trama de la cultura[4].

Cuadro 9. Holismo no implica «buen funcionamiento»

> Kroeber y Kluckhohn, 1952 ↑
> Las culturas crean problemas tanto como los resuelven [...]. Por ello, todas las definiciones funcionales de la cultura tienden a ser insatisfactorias: no tienen en cuenta el hecho de que las culturas crean necesidades tanto como proveen los medios para satisfacerlas (KK 110).

Dejando de lado la tendencia de Kluckhohn y Kroeber a personalizar la cultura, ésta es una importantísima advertencia contra la confusión entre el propósito holístico y la idea de una trama de instituciones que funcionan ajustadamente las unas en relación con las otras, como un mecanismo de relojería.

La dificultad no sólo estriba en la natural incomodidad que se deriva de esta forma de pensar. También se debe al hecho de que, en nuestro mundo contemporáneo, la forma concreta de nuestra convivencia se caracteriza por la especialización de todas las actividades, incluida la de producir y organizar parte de los vínculos entre las personas. Vivimos en un mundo especializado y fragmentado que funciona en cierto modo como una cadena de montaje. Cada especialista ha de definir con precisión el objeto de su trabajo. Hemos aprendido a concebir nuestro mundo social como un mundo administrado de forma especializada.

---

4. Cf. Keesing, 1993 [1974].

Ordenar los niveles de polución atmosférica es cosa del experto en medio ambiente, ordenar la vida de los ancianos desamparados es cosa del experto en «asuntos sociales» (como si la polución no fuera también un «asunto social»); ordenar el ocio veraniego de los chavales de una escuela local es cosa del experto en «educación y cultura» (como si los «asuntos sociales» no fueran también «asuntos educativos y culturales»). El pensamiento relacional obliga a comprender que por detrás de estas especializaciones hay una trama común, la trama de las formas de la convivencia. Esto tiene dos repercusiones.

En primer lugar, incluso si ese ayuntamiento concreto ha separado el mundo en «medio ambiente», «asuntos sociales» y «asuntos educativos y culturales», nosotros debemos buscar las relaciones entre esas esferas. El concepto antropológico de cultura nos obliga a hacerlo así, pues en este concepto nada hay que nos lleve suponer que enviar a los niños a un campamento de verano sea más cultural que reglamentar sobre las emisiones de CO_2. Ambas acciones son acciones humanas con forma cultural.

En segundo lugar, como ya se anticipa en este ejemplo, es preciso mantener con constancia el rigor de nuestro concepto antropológico de cultura (§3a-§4a y §3b-§4b), y mostrar sus ventajas para ayudarnos a comprender el mundo. Esa es nuestra tarea como antropólogos. En un mundo de especialistas nosotros somos precisamente los especialistas en someter a crítica toda clase de especializaciones, cuando éstas pretenden, cada una por su lado, dominar la complejidad —nada especializada— de la vida social concreta. El técnico municipal en «educación y cultura» usa de hecho el concepto de «cultura» para distinguir su acción de la acción del técnico municipal en «medio ambiente», pero nosotros usamos ese concepto para comprender la acción social emprendida por *ambos técnicos*, y más aún, por cualquier otro ser humano en cualquier situación social.

Cuarta dificultad. Estructura es proceso es estructura

Esto te habrá pasado: te quieres llevar una instantánea de tu corredor favorito en el Campeonato del Mundo de Atletismo, pero has olvidado ajustar correctamente la velocidad del obturador. Tiras la foto y al contemplarla compruebas que ha salido movida. La gracia del asunto es que, incluso si la foto hubiera salido con una forma nítida y definida, tú no creerías que ese corredor estaba quieto cuando lo congelaste en tu imagen. El mundo se mueve, la vida social también. Cuando lo detenemos en una imagen sabemos que esa imagen nos ofrece una *ficción de estabilidad*. Esa imagen no muestra sólo a tu corredor favorito, sino *la relación entre la velocidad de tu instrumento de captación y el corredor en movimiento.*

Esta dificultad afecta a cualquier uso del concepto de cultura como instrumento de descripción (§4). Para pensar en este problema es preciso dar vueltas a dos asuntos estrechamente relacionados: la noción de cultura obliga a pensar, simultáneamente, en formas y en contenidos; la noción de cultura obliga a pensar, simultáneamente, en procesos (o movimientos) y en estructuras (o instantáneas).

Cuadro 10. Una definición excesivamente estática

Bose, 1929 ↓

Podemos definir la cultura como la fase cristalizada de las actividades de la vida del hombre. Incluye ciertas formas de acción estrechamente asociadas con objetos particulares e instituciones; actitudes habituales de la mente transferibles de una persona a otra con la ayuda de imágenes mentales expresadas por medio de símbolos del habla... La cultura también incluye objetos materiales y técnicas (KK 81-82).

Esta definición mejoraría mucho sustituyendo la noción «la fase cristalizada» por la noción «la forma en movimiento». Unas líneas más abajo, cuando te muestre la crítica del *formalismo*, encontrarás una discusión sobre los límites de esta noción dinámica.

Puesto que el concepto de forma es fundamental para concebir el concepto de cultura (§3 y §4) puede decirse que cultura es un concepto estético. El ser humano es un creador de formas y su vida social una creación, un artefacto. Como toda creación, se encuentra sometida a limitaciones e imposibilidades, pero nada se gana con simplificar hasta el punto de creer que estas limitaciones determinan la forma cultural[5].

---

5. Este problema de la determinación de las formas culturales como limitación ha sido tratado por Marvin Harris en extenso, y constituye una de las piedras angulares de las principales incomprensiones motivadas por la divulgación de su obra, y promovidas en parte por él mismo (Harris, 1987 [1979]).

Esto lo saben muy bien los arqueólogos. Das un paseo por el campo y encuentras una piedra con una forma que te llama la atención. Te parece intuitivamente que esa forma exige principios de organización que no han podido ser puestos en juego sólo por las fuerzas geológicas. Sospechas que puede ser una punta de flecha y que para su fabricación habrá hecho falta una sociedad humana con sus capacidades simbólicas, sus códigos comunicativos y sus tecnologías. Usando una vieja distinción arqueológica, te parece que esa piedra no es un *geofacto*, producido por las presiones de la tierra, sino un *artefacto*, producido en un entorno con cultura.

Cuando se mira la vida humana a través del concepto de cultura notamos inmediatamente que el concepto de forma sólo es aprehensible si previamente consideramos el concepto de *práctica* (véase el cuadro 5 en el capítulo 2). Es preciso poner en práctica reglas de alguna clase, encarnar esas reglas en acciones concretas, para dar forma a algo. *Antes* de dar lugar a un conjunto de formas que percibimos con nuestros sentidos como contenidos estables, estructuras (puntas de flecha, atletas marchando en formación hacia adelante), los agentes sociales producen un conjunto de prácticas que se desarrollan como procesos (movimientos de las manos regulados en instituciones tecnológicas, movimientos del cuerpo regulados en instituciones deportivas). *Cualquier producto cultural de la vida humana, tal y como se nos muestra detenido en la foto fija de nuestra cámara (§4) es, pues, independientemente de la nitidez que hayamos conseguido en esa imagen, una foto movida, una foto que nos pide examinar su fuente móvil.* De lo contrario, nuestra impresión de ese producto será inevitablemente una impresión ficticia. Así lo ha escrito Gerd Baumann:

> Si la cultura no es lo mismo que el cambio cultural, entonces no es nada en absoluto.
> La cultura, en su [...] acepción que podríamos denominar procesual, no es tanto una máquina de fotocopiar como un concierto o, en realidad, un recital históricamente improvisado. Sólo existe mientras dure la actuación y nunca puede quedarse fija o repetirse sin que cambie su significado[6].

Al reflexionar sobre el concepto de cultura, la idea que tenemos de estas difíciles relaciones entre forma y contenido, entre proceso y estructura, conlleva importantes consecuencias éticas y políticas.

---

6. Baumann, 2001: 41.

De todas estas consecuencias, la más peligrosa es la que conduce a lo que conocemos como *reificación* o *esencialización de la cultura*. Esencializar o reificar la cultura es cargar las tintas del lado del contenido o la estructura como si fueran completamente independientes de la acción, obviando así las acciones que, en cada situación, conforman la vida social, el proceso. Reificar consiste en creerte la ficción de que, cuando miras la instantánea con el atleta detenido, el atleta estaba de hecho quieto y así ha quedado para siempre. Reificar comporta ignorar la *actividad humana* que genera cada producto de esa actividad.

> La reficación es la aprehensión de fenómenos humanos como si fueran cosas, vale decir, en términos no humanos, o posiblemente supra-humanos. Se puede expresar de otra manera diciendo que la reificación es la aprehensión de los productos de la actividad humana *como* si fueran algo distinto de los productos humanos, como hechos de la naturaleza, como resultados de leyes cósmicas, o manifestaciones de la voluntad divina[7].

Gerd Baumann también ha escrito, con razón, que «conocer lo que implica este término [reificación] [...] probablemente sea el paso más importante para convertir a una persona en un científico social»[8]. Reificar es analíticamente improductivo porque no encaja con nuestra experiencia, que es experiencia del movimiento. Además es éticamente peligroso y políticamente dañino porque, al reflexionar sobre las sociedades humanas, lleva a pensar que sus formas regladas de práctica son esencias detenidas en el tiempo, y puede llevar a concluir que así *debe* ser para siempre. Cuando se sostiene esta idea desde la perspectiva de una «defensa de la cultura» es evidente que lo que se está defendiendo es la persistencia de los contenidos de la cultura por encima de las personas que, en definitiva, dan forma a esos contenidos; las personas que los ponen en práctica de formas variadas en cada nueva acción que emprenden. Esta idea se encuentra en la base de un conjunto de ideologías que defienden la pureza de las culturas como cosas ancladas en el tiempo, una imagen que se resiste a aceptar el movimiento y que lastra a las personas con la carga de tener que mantenerse fieles a la ficción de una cultura parada. Los nacionalismos de toda índole (no sólo los que estamos acostumbrados a considerar como tales, pues siempre parece que los nacionalistas son los otros), llevados a veces hasta el extremo de la ideología racista, son consecuentes con esta ficción.

7. Berger y Luckmann, 1984 [1967]: 116.
8. Baumann, 2001: 84.

Pero no basta con eludir esta ficción, por atractivo que nos parezca hacerlo. También hay que eludir la ficción opuesta que lleva a considerar que las formas culturales son puro movimiento sin anclaje. Esta otra exageración se llama *formalismo* y conduce a considerar que una cultura es sólo una pura forma móvil (¿cómo puede ser esto?), una forma en la que poco cuenta la forma concreta que se construye en el proceso. El absurdo de esta idea la hace prácticamente inexplicable. Es cierto: el señor que hizo esa punta de flecha la hizo en un tiempo histórico y biográfico, e identificar por tanto su «cultura» con «la cultura de las puntas de flecha» es seguramente erróneo (ni todo lo que hizo ese hombre siempre fueron puntas de flecha, ni son puntas de flecha todo lo que hicieron sus semejantes en su momento histórico). Por eso no podemos etiquetar sin más «la cultura de las puntas de flecha», si es que no somos plenamente conscientes de la velocidad a la que hemos fijado nuestro obturador. Pero, por otra parte, lo que hizo ese señor *es una punta de flecha*, no un frigorífico o un vestido de novia. *Al ser relativa a una práctica concreta, cada forma cultural está vinculada a alguna clase de contenido práctico.* Y estos contenidos son relevantes a la hora de considerar las relaciones que los agentes sociales mantienen entre sí y con su mundo.

El concepto de cultura implica forma y contenido, proceso y estructura, cambio y continuidad[9]. La clave para controlar estas aparentes paradojas es prestar atención a nuestro enfoque, no sólo al objeto que enfocamos. En el nivel de existencia que hemos designado como §3, la cultura es un proceso de formas cambiantes, pero de esas fomas concretas, no de cualquier forma; en el nivel que hemos designado como §4 la cultura puede aparecer descrita como si estuviera detenida en el tiempo.

Para conjurar los riesgos que conlleva la visión esencialista de la cultura, diversos autores han sugerido que dejemos de usarla como un sustantivo y que dejemos así de invitar a considerarla una sustancia. En lugar de esto, creen conveniente usarla como un adjetivo, de manera que no hablemos ya de «la cultura» tal o cual, sino de procesos o instituciones culturales[10]. La intención es estupenda, desde luego, si así evitamos que los fanáticos asesinen en el nombre de una cultura reificada. Pero también hay que decir que el uso del adjetivo «cultural» es un pleonasmo cuando lo utilizamos indiscriminadamente. Difícilmente

---

9. El debate sobre las nociones de cambio y continuidad en antropología puede ilustrarse muy bien con la lectura de estos dos textos sucesivos: Smith, 1983, y Handler, 1984.
10. Por ejemplo, García Canclini, 2004: 39; García García, 2007.

puede cualificar algo una cualidad que opera universalmente. Hablar de «procesos culturales en la escuela» es como hablar de la «persona humana» o de «los factores sociales en la bolsa»; pues no hay persona para la que no sea apropiado el adjetivo «humana», comportamiento bursátil que no sea «social», o acción escolar sin forma cultural.

No se trata de un problema gramatical o morfológico. La trampa no está en las palabras —sustantivos o adjetivos—, sino en las intenciones que las tiñen de sentido. En cualquier lengua hay infinidad de palabras que, siendo sustantivos morfológicos, se refieren a realidades dinámicas, cambiantes, mudables: «tiempo», «proceso», «cambio», «fuga», «ritmo», «práctica», «música», «carrera», «salto». El orden de significación de estos sustantivos es, para mi gusto, un modelo excelente para pensar sobre el sustantivo «cultura».

La idea esencialista de la cultura transporta riesgos éticos, pero también lo hace la idea formalista. Las formas de práctica que llevamos a cabo en nuestra vida social son una parte fundamental de nuestra experiencia concreta como seres humanos. Y la organización misma de nuestra experiencia (que incluye nuestra memoria de nosotros mismos) radica precisamente en nuestra práctica de las reglas culturales, es decir, en la forma que damos a nuestra experiencia al poner en juego esas reglas. Imagina que a lo largo de tu vida has evitado comer carne los viernes porque en tu entorno social esa práctica se considera pecado, o imagina que has crecido en un entorno donde, en verano, las puertas de las casas permanecen abiertas y las personas ocupan la calle. Esas formas convencionales de acción constituyen lo que tú entiendes por vida, la vida que tú vives. Y ni el hecho de ser *formas* ni el hecho de ser *convencionales* las hace menos importantes cuando te reconoces a ti mismo. Naturalmente, de la misma manera que has aprendido a vivir así en esos entornos sociales, puedes aprender a vivir de otra forma en otros; entonces es posible que tus convicciones cambien, que cambie tu sensibilidad, que cambien tus apetencias, y que con todo ello pases a conformar tu acción de otras maneras. Entonces, esas nuevas formas serán nuevos objetos de identificación y pasarás a reconocerte a ti mismo a través de ellas. Nadie está atrapado para siempre en la jaula de sus formas de acción, pero estas formas de acción no son meros adornos, bagatelas de quita y pon, tonterías insignificantes que nada tienen que ver con nosotros. Nosotros, cada ser humano, nos reconocemos y nos sentimos a través de ellas. Por ello, aunque todo ser humano es agente activo de sus prácticas y de los cambios que decide realizar en ellas, ningún ser humano es indiferente a sus prácticas concretas. Éstas no se pueden alterar de un plumazo, a riesgo de acabar, por medio de la imposición violenta, con el sentido que cada ser humano concede a su vida. La introducción de meros cambios *formales* en las formas concretas de vida, por ejemplo, por medio de legislaciones exteriores a los mundos concretos de las personas que se ven afectadas por esas legislaciones, está abocada al fracaso, y a veces también a la violencia.

Lo verdaderamente difícil es considerar que toda foto es una foto movida. Si subrayamos la ficción de estabilidad nos equivocamos, pero si subrayamos la ficción del puro movimiento también nos equivocamos. El ser humano es agente de cambios culturales, pero realiza esos cambios partiendo de algún conjunto de prácticas aprendidas, no en el vacío.

Cuando juegas al fútbol, paseas desnudo por la playa o fabricas una punta de flecha, produces formas culturales, y, hasta cierto punto, te encuentras *sujeto* a una tradición cultural. Pero al hacerlo puedes cambiar las formas, sutil o radicalmente, y eres por tanto *agente* de cultura. Eres, en consecuencia, *sujeto y agente* a un tiempo. Cuando el ejército te envía a desembarcar en una costa, poco margen te queda para modificar la forma de esa acción. Ahí estás, sobre todo, *sujeto*. Cuando te ves inclinado u obligado a cambiar las formas de tu vida a cada paso, poco uso puedes hacer de tu memoria social. Ahí te comportas, o quieres comportarte, como un puro *agente* que puede llegar a disolverse en la incertidumbre de una vida carente por completo de forma y, quizás, de sentido[11].

Quinta dificultad. ¿Dónde está la cultura?

Mira a tu madre, a tu compañero o a tu jefe; mírate a ti misma; mira la casa que has alquilado o ese mueble que acabas de barnizar. ¿Dónde está tu *relación* con ellos? El lugar de la cultura es el lugar de esas relaciones. Como las relaciones son invisibles, la cultura parece inexistente. Pero niega la existencia de esas relaciones (con sus formas) y negarás tu propia existencia. El concepto de cultura incluye esta dificultad: hay que reconsiderar lo que entendemos por *mirar*. De lo contrario, quizá no veamos nada.

El lugar de la cultura es el lugar de las relaciones que los seres humanos mantienen con otros seres humanos y con los objetos de su mundo vital[12]. Esas relaciones tienen forma cultural, forma convencional. Ver

---

11. Cf. Bauman, 2005.
12. El lugar de la cultura es un viejo problema para los antropólogos. Theodore Schwartz lo abordó monográficamente (1978). En la antropología de las últimas décadas, este problema ha sido fundamental en la crítica de un concepto de cultura cerrado en

la cultura es, pues, ver un universo concreto de relaciones, ver lo que no se ve y sin embargo existe.

Mirar la cultura, y verla, es mirar al hueco entre las sustancias de la vida, mirar ese aparente vacío que las separa, pero las ordena con sentido. Como los instrumentos graves de una orquesta, su sonido canta por detrás, tierno, distante, a veces casi inaudible para quien no tiene un oído entrenado; pero canta en la base, soportando el edificio de la música, cimentándolo desde esa parte de la casa que los obreros ocultan bajo el suelo al levantar su obra.

La virtud del concepto de cultura es orientar nuestra mirada hacia las relaciones, y por eso el trabajo que tal concepto realiza en nuestra comprensión del mundo es luminoso como el fogonazo de una toma de conciencia. Gracias a este concepto podemos ver, de un solo golpe, lo que se representa en la figura 4.

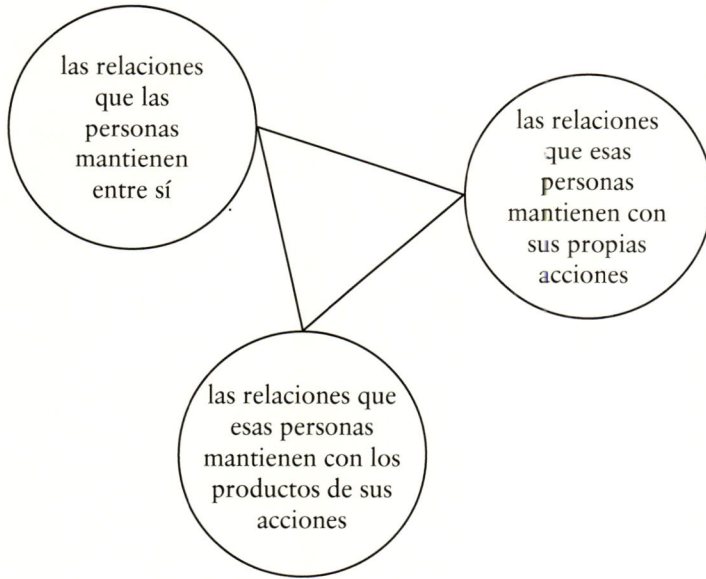

Figura 4. Relaciones.

el interior de las imaginadas fronteras de las comunidades humanas (Gupta y Ferguson, 1992). Y, después de este texto, por ejemplo, Bhabha, 1994.

> *Cuadro 11.* El fogonazo
>
> > Boas, 1930 ↑
> > La cultura contiene todas las manifestaciones de los hábitos sociales de una comunidad, las reacciones del individuo al ser afectado por los hábitos del grupo en el que vive, y los productos de las actividades humanas en tanto se encuentran determinados por estos hábitos (KK 82).
>
> Quítale el desequilibrio hacia la «determinación», y réstale un poco el énfasis en la idea de «comunidad» y te queda una definición de lujo.

De manera que no hay cosa que, una vez tocada por el concepto de cultura, se nos presente ya aislada de cómo se produjo (una acción según reglas), y de quién la produjo (un agente social).

Has ido a la ferretería a comprar tornillos. Te hacen falta para arreglar una mesa. Lo normal es que al comprarlos te limites a usarlos, pero detente un momento a contemplarlos como quien contempla un cuadro sublime. Son cinco tornillos idénticos. Para verlos a través del concepto de cultura basta con un sencillo movimiento mental: ¿quién los hizo? ¿Para qué sirven? ¿Cómo son? Es entonces cuando esas piezas aparentemente aisladas nos incitan a ver un universo de formas y relaciones tan complejo como queramos.

Esas cinco piezas son tan parecidas entre sí como los clones. Se produjeron en un sistema de acción imposible para la mano humana. Ninguna mano podría hacerlas tan iguales entre sí. Se trata, pues, de una acción que ha de combinar necesariamente el trabajo humano de un diseñador con el trabajo de una máquina movida por algún ser humano. La relación entre los sujetos que han producido esas piezas tan idénticas es, pues, una relación mediada por un aparato industrial. Ese aparato no es sólo una máquina o un conjunto de máquinas producidas a su vez, como los tornillos mismos, industrialmente, sino también un complejo sistema de relaciones humanas, laborales, domésticas (pues las familias han de acondicionarse también a las reglas del trabajo industrial); relaciones de ocio, relaciones sociales en múltiples planos de experiencia. Imagina ahora que un arqueólogo del futuro encuentra dentro de cien mil años uno de los tornillos que tienes en tu mano. Para comprender qué es esa cosa debería comprender también qué fue, qué forma tuvo, qué relaciones encerró ese vasto conjunto de personas y cosas que llamamos «sistema industrial». Pero esos cinco tornillos que contemplas con asombro pueden decir más cosas. Alguna persona concreta diseñó su forma, pero esa forma no salió de la nada. Fue, en cierto modo, reinventada. Ahora la búsqueda de relaciones nos lleva a viajar por un tiempo histórico, una tradición que, en este caso concreto, se pierde en la noche de los tiempos. Parece fácil atornillar la pata de una mesa, pero para hacerlo es necesario poner en práctica una forma de acción compleja que da solución a un viejo problema de la humanidad: ¿qué es ensamblar dos piezas[13]? ¿Por qué no te basta con un clavo? Esas piezas que tienes en tu mano condensan miles de años de saber acerca del mundo. En realidad, estás ante un prodigio de la tecnología que se concentra en la maestría práctica sobre las fuerzas: si golpeas hacia abajo (como en la cabeza de un clavo) atas con un sólo vector: ese ensamblaje es inestable; pero si consigues una forma que combine un movimiento horizontal con otro vertical (eso es lo que hace una rosca), atas con dos vectores y por ello con una mayor estabilidad. Agentes, acciones y productos de la acciones quedan iluminados de este modo por la luz del concepto de cultura que nos lleva de la mano por la exploración de las relaciones sociales regladas entre los seres humanos, entre éstos y sus acciones, y entre éstas y sus productos.

El lugar de la cultura exige un movimiento, un *tropo*, desde las personas y las cosas hasta las *relaciones* que esas personas mantienen entre sí y con las cosas. Una vez que nos hemos situado cómodamente en este nuevo punto de vista, su lugar es bien preciso. Thomas Hylland Eriksen lo ha dicho muy bien: para ver la cultura, «las unidades de análisis no son grupos o individuos sino *contextos de interacción*»[14]. *Esos contextos, conjuntos de reglas puestas en juego, constituyen la cultura*. Por eso podemos decir, a un tiempo, que una persona que sabe hacer y usar tornillos es agente de cultura, que la acción de fabricar y utilizar tornillos es una acción cultural, y que el tornillo mismo es un producto cultural.

---

13. Puede parecer una tontería, pero hay quien ha visto en este problema del *ensamblaje* de las cosas y en el desarrollo de tecnologías de ensamblaje un apasionante campo de investigación sobre las lógicas de la relacionabilidad. Este campo sugiere investigar, conjuntamente, cómo los seres humanos se relacionan entre sí y cómo ensamblan los objetos de su mundo (cf. Reynolds, 1993). Una elaboración diferente de un problema muy similar a éste puede encontrarse en el libro de Gonzalo Abril, *Cortar y pegar. La fragmentación visual en los orígenes del texto informativo* (2003).

14. Eriksen, 1991: 131.

Las cosas tienen forma, pero sólo porque esas cosas han sido elaboradas por personas, cuyas relaciones sociales también tienen forma; de manera que esas personas a su vez han aprendido de otras personas, con sus formas sociales, a hacer cosas con forma.

Yo me detengo aquí, pero tú puedes seguir contemplando esos cinco tornillos. ¿Encontrarás entre ellos el que acaba de caer de mi cabeza?

Marilyn Strathern ha escrito algo que es pertinente recordar ahora. La ubicuidad del concepto de cultura «se convierte en un problema *cuando la cultura deja de funcionar como un término relacional*»[15]. Cuando esto sucede el concepto de cultura nos enreda en sus trampas, o, mejor dicho, quienes así lo usan. El antídoto más eficaz contra el veneno de la cultura como concepto no relacional es considerar a la cultura como un tejido relativamente blando de reglas en acción. Pues es en la acción donde las personas se relacionan con personas para hacer cosas. Al considerar que no es posible la cultura fuera de un escenario de acción humana comprendemos de inmediato que ninguna cosa es cultura por sí misma y que ninguna cultura está por encima de quienes le dan vida. De inmediato se aclara así, en el tiempo concreto de cada acción humana, el orden de las prioridades. La cultura sólo cobra cuerpo en la acción de las personas. No es la cultura la que hace a las personas (¿cómo puede una regla *hacer* algo?), sino las personas las que hacen la cultura al interpretar las reglas de la acción.

Sexta dificultad. Relación es individuo es relación

Decir individuo es decir, en nuestra especie, agente social encerrado en *un* cuerpo biológico. O sea que es hablar de un cuerpo con su cerebro, con sus piernas y sus brazos y, simultáneamente, de *un cuerpo en relación con otros*: piernas de otros, brazos de otros, otros cerebros. Aquí surge una paradoja fundacional del ser humano. Nuestro nombre nos lo han puesto otros, nuestro cuerpo se orienta hacia los otros y se carga de significados al relacionarnos con otros; nuestra mirada íntima sobre nosotros mismos cuando evaluamos nuestra belleza en un espejo es una mirada que contiene las miradas de los otros. Toda acción de un individuo humano, si es que es algo más que un reflejo motriz, es una acción relativa a algún otro; porque de él nos viene, porque hacia él se dirige, porque con él se coordina o contiene. Por eso, cuando los biólogos hablan de «individuo», *los antropólogos hablamos de «persona»: un individuo-en-relación*. La sexta dificultad consiste en entender el doble

---

15. Strathern, 1995: 157.

movimiento simultáneo que se encierra en este concepto de «persona». Es bonito saber que esta palabra latina se refirió en su día a la máscara que los actores usaban en el teatro, una máscara atravesada por la voz del actor que le daba vida, un instrumento de resonancia (*per-sonare*) que se interponía entre la acción del actor y la percepción del público[16]. La persona es un medio de representación, de expresión pública, el cuerpo del individuo *en relación con* los otros, su forma social.

> *Cuadro 12*. Una definición individualista
>
> > Goldenweiser, 1933 ↓
> > ... Si tuviéramos el conocimiento y la paciencia para analizar una cultura retrospectivamente, encontraríamos que cada elemento de ella tendría su origen en el acto creativo de una mente individual. En efecto, no hay otra fuente de la que la cultura pueda provenir, porque aquello de lo que la cultura está hecha no es más que la sustancia cruda de la experiencia, material o espiritual, transformada en cultura por la creatividad del hombre. Una análisis de la cultura conduce a la mente individual (KK 199).
>
> Nada habría que objetar a esta idea de Goldenweiser si cada vez que menciona la «mente individual» tuviera presente que esa «mente» sólo puede estar en relación con otras «mentes». La «mente» de un individuo es inviable, sobre todo en nuestra especie, sin un proceso de socialización.

La acción social humana, la acción de las personas, es siempre relación. Paul Ricoeur lo ha puesto así: «Se debe agregar a la noción de acción social la de relación social, entendiendo como tal un curso de acción en que cada individuo no sólo tiene en cuenta la reacción de los otros, sino que motiva su acción mediante símbolos y valores que ya no expresan sólo caracteres de deseabilidad privados que se han hecho públicos, sino reglas que son ellas mismas públicas»[17]. Por eso comete-

---

16. Mauss, 1979 [1938].
17. Ricoeur, 1985 [1972]: 121.

mos un error cuando, al interpretar nuestra vida, nos reducimos hasta la absurda condición de individuos aislados, cantos rodados amontonados, despojados de las relaciones que, sin embargo, nos constituyen y configuran el sentido de la vida que vivimos.

Y también cometemos un error cuando, recíprocamente, ignoramos que todo ese universo de relación que tejemos se debe a nuestra acción como individuos. Pues mis piernas son mis piernas, mis brazos mis brazos, y mi cerebro el que se encuentra dentro de mi cráneo (y no dentro del tuyo). La dificultad consiste, pues, en ver a un tiempo que Raúl Bravo juega *con* Helguera, y que Raúl Bravo juega, y que juega Helguera. Pues si no hay individuo sin máscaras, es cierto también que las máscaras no hablan solas, a menos que alguien les dé voz y movimiento. Como la posición de un jugador en un campo de fútbol, el concepto de cultura que aquí nos interesa contiene esta tensión. Exige individuos, miembros únicos e insustituibles de una especie biológica que conducen una acción de la que son los titulares. Por eso, la «cultura» por sí misma no puede ser jamás una excusa moral para una acción indigna[18]: quien produce la acción y debe atenerse a sus consecuencias eres tú, no tu cultura, inerte a menos que tú le des la vida. Pero, simultáneamente, el concepto de cultura exige contemplar a esos individuos en el sacrificio de una acción coordinada con otros, orientada a otros, relacionada con la acción de los otros. Y por eso, el único modo sensato de entender lo que tú haces —me guste o no me guste lo que haces— es entender en relación con quién lo haces. Sin individuos no hay juego; sin relación social tampoco.

* * *

Ahora ya tienes las seis llaves que te ayudarán a abrir el cofre de la cultura. Te las entrego envueltas en el bonito llavero de la figura 5.

---

18. Cf. Rapport, 2003.

UNIVERSAL — **CONCRETO**

1. Entender que toda acción social se conforma como cultura (la cultura es una propiedad universal de la acción), y, simultáneamente, toda forma cultural es concreta

ACCIÓN — **RELACIÓN**

2. Aprender a mirar la vida humana traduciendo la acción en relación

3. Adoptar una perspectiva holística, un modo de pensamiento relacional, atento a las *relaciones* que suceden por detrás de las instituciones especializadas

FORMA — **CONTENIDO**
PROCESO — **ESTRUCTURA**
AGENTE — **SUJETO**
PRÁCTICA

4. Prestar atención a las prácticas, como formas concretas de acción en el tiempo, te entrenará para ver que, simultáneamente, toda forma porta un contenido; todo proceso puede contemplarse, detenido, como una estructura; y toda persona está sujeta, en parte, a las reglas de su comportamiento y es, en parte, agente de su comportamiento

PERSONA — **ACCIÓN** — **PRODUCTO**
(COMO AGENTE DE CULTURA) (COMO PROCESO DE CULTURA) (COMO OBJETO CULTURAL)

5. Aprender a mirar, en un sólo movimiento, las relaciones sociales entre los agentes, las relaciones de éstos con sus acciones, y las relaciones de éstas con los productos de la acción

INDIVIDUO-EN-RELACIÓN

6. Aprender a mirar, de un solo golpe, que no hay acción humana sin un individuo que la lleve a cabo y que ningún individuo puede emprender una acción social completamente en solitario

Figura 5. El llavero.

4

VAMOS A USAR LAS LLAVES. UNA CRÍTICA DE ALGUNOS USOS COMUNES DE LA PALABRA «CULTURA»

Ahora toca cumplir con la promesa hecha. Abramos el cofre de la cultura haciendo uso de estas llaves y disfrutemos al comprobar que en él se encierra la recompensa de una más amplia y más generosa comprensión de la vida humana. Veamos hasta qué punto este concepto antropológico de cultura es superior en alcance intelectual y utilidad práctica cuando se compara con algunos usos comunes que circulan en nuestro mundo. Y superior, desde luego, al simple hecho de descartar el concepto mismo de cultura.

Aprender a manejar esas seis llaves es, creo yo, lo que debe ofrecerse en la formación básica de todo antropólogo profesional; pero no es imprescindible llegar tan lejos para entender en qué consiste la tarea de la antropología, y por qué esta tarea es fundamental para intentar resolver los problemas prácticos que emanan, entre otras fuentes, del conocimiento fatuo de nuestra vida colectiva.

Me he parado a considerar los fundamentos de un concepto de cultura basado en el saber que yo puedo ofrecer como antropólogo, pero, como indicó Annette Weiner en una reunión con los colegas de la profesión, «la antropología no puede seguir exigiendo derechos de propiedad sobre un concepto que forma parte de muchos otros campos e intereses»[1]. Lejos de tal exigencia, si deseo divulgar esta idea de cultura, es urgente guardar el llavero en el bolsillo, apretarlo con fuerza en mi mano y salir de la torre de marfil de la academia para escuchar lo que se dice por ahí de la cultura, cómo se usa la idea de cultura, y a qué

1. Weiner, 1995: 18.

campos e intereses —muchas veces difusos, implícitos y cándidos— responden esos usos. Esta empresa no consiste, por tanto, en apropiarse de un saber reservado a los elegidos y sabiondos de la universidad para arremeter después contra la ignorancia de las gentes. El valor del concepto de cultura que estoy mostrando no radica en lo importantes que somos quienes así lo usamos en congresos y sesudos artículos científicos. Por el contrario, mi empresa consiste en ofrecer a quienes apetezca mi saber como instrumento de apreciación de nuestro mundo. El valor de este concepto de cultura deriva de su utilidad para comprender mejor la vida que vivimos. Y si esto no es suficiente para convencer, nada podré añadir.

Tomando como referencia el concepto de cultura que he ofrecido en el capítulo 2 y las seis llaves que te he dado en el capítulo 3, ahora someteré a crítica un conjunto de usos habituales de la palabra «cultura» en nuestro lenguaje común. Saber identificar esos usos comunes es un paso importante para distinguir el concepto de cultura que resulta útil a los antropólogos, y que se separa de esas acepciones que pueden lastrar su significado.

Tal como circula en los usos ordinarios, la palabra «cultura» tiene un significado *vago* e impreciso; por el contrario, el concepto antropológico de cultura que he mostrado en las cuatro definiciones del capítulo 2 es *preciso*, aunque pueda referirse a cualquier forma de acción. En sus usos ordinarios, la palabra «cultura» apunta habitualmente hacia una entidad *espiritual* o inmaterial; el concepto antropológico de cultura apunta hacia *prácticas* concretas, que son emprendidas por personas de carne y hueso. En el lenguaje común, la palabra «cultura» se reserva frecuentemente para las cosas producidas por las élites artísticas e intelectuales, esas cosas tan *serias* que veneramos en las salas de conciertos, las bibliotecas, los museos; el concepto antropológico de cultura se aplica, sin embargo, a *cualquier acción*, sin importar quién la lleva a cabo. Frecuentemente, usamos la palabra «cultura» para indicar vestigios del *pasado*, tradiciones escleróticas que pesan sobre nosotros como piedras de molino; en el concepto antropológico la cultura está *viva y coleando* en las prácticas concretas. En nuestro lenguaje común, la palabra «cultura» indica también, a menudo, un ornamento *inútil*, y se refiere a todas esas cosas que, desterradas al ámbito del ocio, se encuentran separadas de la vida práctica, del verdadero trabajo; el concepto antropológico de cultura, al referirse a cualquier forma de acción, nos permite ver que toda práctica incorpora, de un modo u otro, dimensiones de *utilidad*. Finalmente, muchas veces usamos la palabra «cultura» para apuntar hacia lo *perverso*, hacia esas tradiciones que causan muerte y destrucción

—los horrores de la furia terrorista y la violencia dogmática. Como veremos, esta noción suele estar acompañada de la idea de que la cultura *es una colectividad* o *un pueblo*. El concepto antropológico que te ofrezco aquí niega radicalmente esa idea. Según este concepto, que permite iluminar la forma de cualquier acción humana, cada persona en su mundo de relaciones sociales *ejerce* la cultura en una vida inevitablemente llena de dificultades morales. Según este concepto, la cultura no es una fuerza ciega ni una masa embrutecida sino una propiedad de la acción que depende de quien pone en práctica la acción.

En sus usos comunes, la palabra «cultura»...	El concepto antropológico de cultura expuesto en este libro...
... tiene un significado vago	... tiene un significado preciso (capítulo 2, definiciones §1, §2, §3 y §4)
... se refiere a una entidad espiritual o inmaterial	... se refiere a prácticas emprendidas por personas de carne y hueso
... se refiere a las obras de las élites artísticas o intelectuales	... se refiere a cualquier acción, la realice quien la realice
... se refiere a vestigios escleróticos del pasado	... está viva y coleando en las prácticas concretas
... designa un ornamento inútil	... incorpora siempre dimensiones de utilidad
... muchas veces designa tradiciones perversas, y a los pueblos o colectivos que cargan con ellas	... designa la forma convencional de cualquier acción humana que, en todo caso, es ejercida por personas con alguna capacidad de decisión

Esa cosa tan vaga

Pongo la tele el 12 de mayo de 2005 para ver la Segunda Edición del *Telediario*. Ahí está Lorenzo Milá. Después de la sangre y la destrucción, y de algunos minutos dedicados al deporte, una noticia celebra con júbilo el XXV aniversario de la creación del *comecocos*. En la pantalla aparecen los primeros juegos de ordenador, esas bolitas amarillas de mi infancia, de diseño torpe e ingenuo, persiguiéndose como inofensivos tiburones. Para referirse a ellas Lorenzo usa la palabra mágica: «por aquellos años se creó toda una *cultura* en torno a esa bola amarilla».

«Toda una cultura». Así circula a veces esta palabra, que al transportar en sí la idea de una forma de vida (§1), apunta con el dedo hacia un objeto vago, difícil de concretar. Decir «toda una cultura» es decir de la cultura que es «total», muy grande, muy extensa, apenas demarcable. En el tiempo limitado que le brinda el programa a Lorenzo, no es cosa de entrar en detalles. ¿En qué cabeza cabe que un telediario se dedique íntegramente al *comecocos*? ¿A qué clase de estúpido podría ocurrírsele dedicarle un estudio minucioso? Podría ocurrírsele, desde luego, a un antropólogo, pues ya la idea de «toda una cultura» sugiere, al aplicarse a esta aparente bagatela, que el comecocos trajo consigo una posible renovación de las reglas para jugar (§3). Visto así, el asunto puede empezar a interesarnos, pues el juego y la diversión, el ocio y sus *formas*, alienta importantes preguntas sobre el sentido de nuestra vida.

Pero, puesto que los tiempos de la televisión son breves, la circulación pública de la palabra «cultura» ha de ser aquí por fuerza vaga. Ante esta situación podemos hacer dos cosas. Podemos detenernos en la vaguedad olvidando que llevamos en nuestra mano la llave de la concreción (que es la primera de nuestras seis llaves), y pasar a creer que, de hecho, la cultura es así, vaga e imprecisa. También podemos hacer uso de nuestra llave (figura 6) para, al menos, considerar que ese uso tan vago de la idea de cultura no es inevitable. Con esa llave vendrá a nuestra imaginación un conjunto de preguntas concretas, tan extenso como nuestra curiosidad: ¿quién, *en concreto*, diseñó esos primeros *comecocos* y con qué fines? ¿De qué formas *concretas* de saber se nutrió para hacerlo? ¿Quién, *en concreto*, empezó a utilizarlo y cómo lo hizo

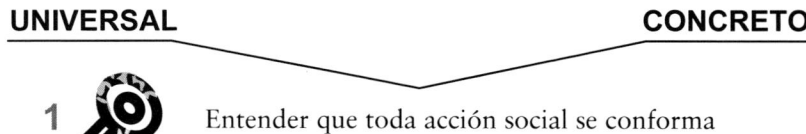

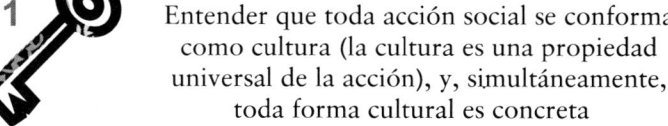

Entender que toda acción social se conforma como cultura (la cultura es una propiedad universal de la acción), y, simultáneamente, toda forma cultural es concreta

Figura 6. Contra la idea de que la cultura es una cosa vaga, esta llave te ayudará a imaginar la cultura en sus expresiones concretas.

en concreto? ¿Cuál fue la deriva *concreta* de su extensión y en qué condiciones *concretas* se produjo? ¿Por qué, *en concreto*, percibimos hoy esas imágenes con la ironía de la distancia? Con tanta pregunta se nos ha olvidado que estábamos cenando.

Esa cosa tan espiritual

A menudo, en sus usos comunes la palabra «cultura» flota en el aire como los espíritus o los fantasmas. La cultura parece estar ahí arriba, volar por encima de poblaciones enteras de una época a otra, venir de arriba como la inspiración al artista, desplazarse por su cuenta como una bruja montada en una escoba. Sólo haciendo uso de la cuarta llave (figura 7) puedes *sujetarla* para verla, y eventualmente comprenderla. O ves lo que las personas de carne y hueso *hacen* cuando juegan al comecocos, diseñan las máquinas que le dan forma, deciden instalarlas en sus locales o llevárselas a casa; cuando fijan a sus niños un horario para jugar con ellas... O sólo verás un fantasma (que es algo que hay que estar loco para ver).

No es casual que en alemán la palabra hermana de *Kultur* (cultura) haya sido la palabra *Volksgeist* (espíritu del pueblo). *Geist* significa a un

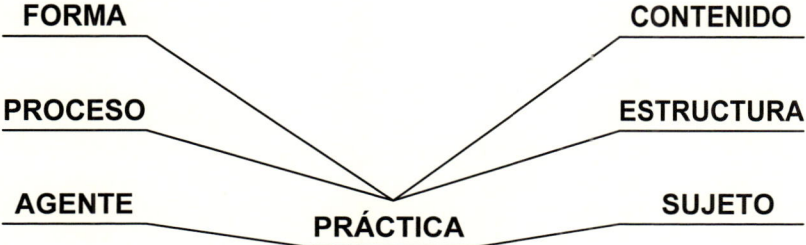

Prestar atención a las prácticas, como formas concretas de acción en el tiempo, te entrenará para ver que, simultáneamente, toda forma porta un contenido; todo proceso puede contemplarse, detenido, como una estructura; y toda persona está sujeta, en parte, a las reglas de su comportamiento y es, en parte, agente de su comportamiento

Figura 7. La cultura no es espiritual ni flota en las alturas; por el contrario, se expresa en prácticas concretas.

tiempo mente, espíritu y fantasma. Vagan así los fantasmas de la cultura por el discurso público, a veces como ángeles de lo sublime, a veces como demonios de devastación. Y aún, a veces, como figuras ambiguas que te dan con una mano las delicias del arte y te cortan con la otra la cabeza. Ese fantasma, como el humo, va para arriba, *hacia las alturas*. Y aunque ésta es su dirección más habitual en el lenguaje común, también la imaginamos frecuentemente dirigiéndose hacia cualquier clase de terminación. Representamos entonces la cultura como lo que está *al final* y se pierde en las tinieblas de su punto de fuga. Como un globo se pierde en la inmensidad del cielo, así la cultura se pierde, cuando olvidamos el llavero, hacia la terminación: hacia los últimos capítulos de los libros que enfocan la cultura como si fuera «mental», pues para comprender lo «mental» debemos comprender primero la base «material». Y así se nos dice: no se puede avanzar hacia la «superestructura», que está arriba y al final[2], sin detenerse en la «infraestructura», que está abajo y al principio. Habrás llegado por tanto al comecocos en el postre; pues es ahí, al final del telediario, en las últimas páginas de los periódicos donde encontrarás las secciones dedicadas a «cultura»; la guinda del pastel.

El concepto antropológico de cultura que expongo en este libro, por el contrario, sitúa a la cultura también *abajo y al principio, y en todo el recorrido de la acción*. Este concepto de cultura es indisociable del concepto de práctica. Allí donde alguien hace algo siguiendo reglas convencionales hay cultura. El nuestro es un pastel de guindas.

Esa cosa tan seria

Comúnmente perseguimos el fantasma de la cultura con mucha seriedad, a veces incluso vestidos de etiqueta. Lo hacemos así, sobre todo, cuando vemos en ella un fin *elevado*. En estas circunstancias, uno no se ríe de la cultura. No se ríe así como así, tontamente, como quien no quiere la cosa. Si te ríes has de hacerlo con risa inteligente, con mueca sabia, con mirada distante. De lo contrario pueden pensar que no tienes cultura, y si no tienes cultura (o sea, si de alguna manera tú mismo no te has convertido ya en un fantasma), ¿cómo vas a saber apreciarla?

Es por eso que, en esta clave, la cultura seria viene a ser calificada como «*alta* cultura»: una cultura fetén, de la buena. Un capital que cuesta conseguir y que, una vez adquirido, hay que conservar como un patrimonio (en muchos casos, un patrimonio familiar). Esa cultura está tan alta que se distingue radicalmente de la otra, la cultura que está aba-

---

2. Cf. Harris, 1991 [1988].

jo, ésa que reconocemos con la expresión de «cultura popular», la de los que propiamente no tienen cultura, o sea, cultura de la buena³. Por eso tal vez Lorenzo Milá se sonreía con franqueza al hablar de la «cultura del comecocos», pero no lo hacía de esa misma manera al presentar la ceremonia de entrega de los premios Príncipe de Asturias.

Fernando Alonso, al que cabría atribuir sin problemas la dignidad de maestro en la «cultura del comecocos» (pues su acción como piloto es en todo similar a la de esas ingenuas bolitas amarillas), aparece ese día tocado con traje de etiqueta y corbata, muy serio, elevado desde los sudores de su monoplaza. Conserva aún, en palabras de María Escario, la «espontaneidad». Pero un Príncipe de Asturias no es cosa de tomar a broma. Sin embargo, a mí me basta con abrir el cofre usando la primera llave (figura 8), la que nos recuerda que la cultura es universal, para no tomarse las cosas tan en serio.

Con nuestro concepto de cultura no podemos prejuzgar si es cultura de la buena el elegante y comedido porte de Alonso ante el Príncipe de España, o si es cultura de la buena ese desmesurado chorro de champán que vierte explosivamente sobre el segundo del podio. Ambas *formas de acción* siguen reglas convencionales y en consecuencia incorporan cultura.

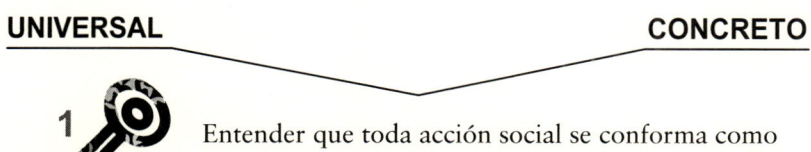

UNIVERSAL   **CONCRETO**

1 — Entender que toda acción social se conforma como cultura (la cultura es una propiedad universal de la acción), y, simultáneamente, toda forma cultural es concreta

Figura 8. La cultura es universal: cualquier ser humano es capaz de producirla y no sólo esas serias personas de las élites.

---

3. Bourdieu, 1988a [1979]. Puedes encontrar resumido el panorama teórico que trama Bourdieu en *La distinción* en el siguiente capítulo de su libro *La noblesse d'Etat*: «Los poderes y su reproducción», en Velasco, García Castaño y Díaz de Rada (eds.), 2007 [1993]. Y también en un artículo suyo de 1986 «Espacio social y poder simbólico», publicado en Bourdieu (1988b). Otras dos referencias que vienen aquí a cuento son: Bourdieu, 1988c, y Grignon y Passeron, 1992 [1982]. Después de leer alguno de estos textos es improbable que aún sigas creyendo que la distinción entre alta cultura y cultura popular es natural y sencilla.

Esa cosa tan vieja

Al subir a las alturas, a lo más alto del espíritu, la cultura se convierte en esa cosa tan seria, ese objeto de veneración que encierra un secreto sagrado y escapa a la reflexión racional como arma de profanación. Alta y seria, todo lo que podemos hacer con ella es contemplarla con la boca abierta de la admiración, y así nos está vedado convertirla en objeto de reflexión, conocimiento y crítica: «Tomó, pues, Jehová Dios al hombre, y le puso en el huerto del Edén, para que lo labrara y lo guardase. Y mandó Jehová Dios al hombre, diciendo: de todo árbol del huerto comerás; mas del árbol de ciencia del bien y del mal no comerás de él; porque el día que de él comieres, morirás»[4]. Guarda, conserva el huerto que Dios te ha dado, pero no intentes comprenderlo. No intentes transformarlo.

Situada en las alturas la cultura huele inevitablemente a rancidad. En nuestro lenguaje común la representamos como un objeto caduco, un vestigio *del pasado*. Algo muerto ante lo que nos quitamos el sombrero, o ante lo que, tal vez, perdemos la cabeza; una pesada piedra que viene hacia nosotros desde un tiempo remoto, nos golpea en la espalda y nos despeña por el barranco de la pasión: un toque de trompetas, una bandera, un himno que nos empuja ciegamente. Así concebida, la cultura nos antecede, nos empuja, y nosotros nos limitamos a sucumbir a su fuerza. Esa herencia se convierte entonces en algo más valioso que nosotros mismos.

Y al entenderla como una herencia inmutable que nos antecede y se nos impone, confundimos frecuentemente lo que viene de arriba y lo que viene de abajo: el espíritu de Dios y el espíritu del pueblo. Ambos, antepasados, nos infunden su fuerza. Ambos, unidos en la historia por el hálito romántico que transmutó conscientemente la idea de Dios en las ideas de pueblo y nación[5], coinciden en lo mismo: la cultura está muerta. Y muerta como está es ya digna de ser expuesta en esos cementerios del alma que llamamos museos. La muerte es bella y la cultura se limita a empujarnos hacia ella: hacia la belleza de la muerte[6].

---

4. *Génesis* 2, 15-17 (*La Santa Biblia*, Buenos Aires: Sociedades Bíblicas Unidas, p. 2).
5. Cf. Dumont, 1987. Especialmente los siguientes ensayos: «Una variante nacional I: El pueblo y la nación en Herder y Fichte», «Una variante nacional II: La idea alemana de libertad según Ernst Troeltsch», y «La enfermedad totalitaria. Individualismo y racismo en Adolf Hitler».
6. «La belleza de la muerte», «*La beauté du mort*», es el título del capítulo III de un espléndido libro de Michel de Certeau, *La culture au pluriel* (1974).

> **Cuadro 13.** Esa cosa tan vieja
>
> > Lowie, 1937 ↓
> > Por cultura entendemos la suma total de lo que un individuo adquiere de su sociedad —las creencias, costumbres, normas artísticas, hábitos de alimentación, y artes que le sobrevienen, no por su propia actividad creativa sino como un legado del pasado, transmitidas por medio de la educación formal e informal (KK 82).
>
> La tentación de reducir el concepto de cultura a un legado del pasado es frecuente, y constituye una de las imágenes más potentes del concepto más chabacano de *patrimonio cultural*.
> Kroeber y Kluckhohn nos recuerdan, a este respecto, unas páginas más adelante, la advertencia de Simmons (1942): «los hombres no sólo son transporte y criaturas de la cultura —también son creadores y manipuladores de cultura» (KK 94).

Pero al confundir lo que viene de arriba y lo que viene de abajo, lo que viene Dios y lo que viene del pueblo, sabemos que es lo de abajo lo que debe transformarse, convertirse en elevado, en herencia, en patrimonio. La obra del pueblo, la «cultura popular», debe ser transcrita necesariamente en los códigos de las élites letradas, debe ser convertida en *documento*, o sea, en instrumento de enseñanza; algo para ser mostrado, representado, no algo para ser vivido. La obra del pueblo debe ser extraída así de la gente concreta que la ha creado, pues sólo así puede morir con hermosura, separada ya de su raíz, para convertirse, embalsamada, en una bella pieza de cultura[7].

Al criticar la noción de cultura que a menudo utilizan las élites del nacionalismo, Lina Gaski ha expresado todas estas ideas con precisión: «La cultura es lo que fue»[8]. Habrá que recordar en este punto que llevamos en nuestra mano las claves de este enredo. Con la cuarta llave, y luego con la quinta (figura 9), abriremos ese cofre polvoriento para

---

7. Cf. Burke, 1991 [1978]. Las consecuencias de la *escritura* sobre la vida práctica han sido extensamente analizadas por Jack Goody en *La lógica de la escritura y la organización de la sociedad* (1990 [1986]).
8. Gaski, 2002: 78.

4. Prestar atención a las prácticas, como formas concretas de acción en el tiempo, te entrenará para ver que, simultáneamente, toda forma porta un contenido; todo proceso puede contemplarse, detenido, como una estructura; y toda persona está sujeta, en parte, a las reglas de su comportamiento y es, en parte, agente de su comportamiento

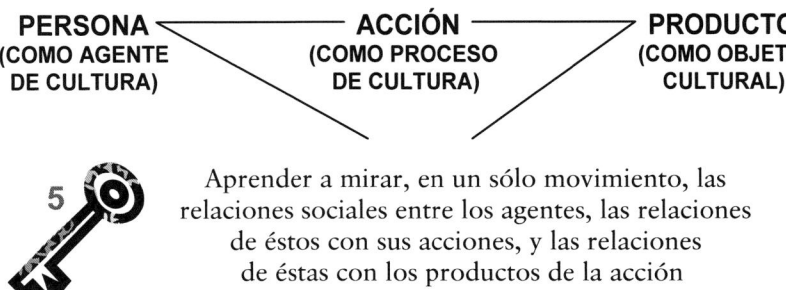

5. Aprender a mirar, en un sólo movimiento, las relaciones sociales entre los agentes, las relaciones de éstos con sus acciones, y las relaciones de éstas con los productos de la acción

Figura 9. La cultura está viva y coleando en las prácticas. Adquirimos una comprensión más extensa y detallada de los productos de la acción cuando los situamos en su relación con los procesos de acción. Así ya no contemplamos solamente esos productos, sino cómo han llegado a ser lo que son.

iluminar su contenido. La cultura es la forma de una práctica viva o no es nada; la cultura, como producto inerte, como pieza, es siempre el resultado de alguna acción. No son las personas, los agentes de la vida, quienes soportan el ciego empujón de la cultura que les antecede (y no lo son, incluso si fanáticamente se lo creen); es la cultura la que se produce o reproduce porque las personas *la hacen* día a día. Ese botijo que contemplas en el museo del pueblo, es primero botijo hecho por alguien, usado por alguien, valorado por alguien; y después, expuesto ya en el féretro de su vitrina, es pieza de museo elaborada por alguien como tal pieza, puesta ahí por alguien para que alguien la contemple y la valore, rescatada por alguien con la intención de decir algo a alguien. Y si no es todo esto, ¿qué demonios es ese botijo? Sin agentes y sin prácticas no hay cultura.

Esa cosa tan inútil

En nuestra vida cotidiana la cultura, concebida como un muerto separado de la vida práctica, es realmente marginal. No vas a un museo un miércoles a las diez de la mañana. Cuando trabajas en la caja del *Carrefour*, cuando en el taller manejas tus herramientas, cuando te reúnes con tus colegas ejecutivos en una reunión de negocios, cuando trabajas y haces la mayor parte de las cosas que ocupan tu tiempo útil, entonces no hay espacio para esa cosa tan inútil, expulsada hacia los tiempos improductivos de la fiesta, el ocio y el consumo.

Separada de quien le da vida, la cultura como *cosa* que se contempla ociosamente, o se compra y se vende (la cultura como mercancía) es esa tontería que nada tiene que ver con tu vida concreta, el último objeto que adquieres en la escala del consumo. En este concepto común de cultura se unen así, paradójicamente, lo más apreciado y lo que no tiene precio, un adorno que, puesto que sólo tiene valor para quien le concede valor, puede ser extremadamente barato y también extremadamente caro. Como cualquier cadáver, la cultura así entendida es un resto en cuyo vestido podemos emplear la opulencia de una pirámide monumental o la humildad de un poema de dos versos. Todos, ricos y pobres, estamos invitados al entierro de la cultura. Fijado el *precio* de esa mercancía inerte, nuestro consumo dependerá necesariamente de nuestra capacidad de adquisición.

Pero recuerda: aún en su inutilidad, en nuestra vida cotidiana tendemos a creer que la cultura ha de ser seria si hemos de considerarla auténtica cultura. Por eso, aunque sea inútil y por ello muchas veces divertida, sólo adquirirás cultura como *auténtico bien cultural* si estás preparado para el suplicio. Cuando dedicas tu tiempo de ocio a ir al cine, si es que quieres que tu acción sea considerada «cultural» no se te ocurra divertirte sin más. Puedes ir a ver cualquier película, claro, pero entonces lo que importa es cómo vas a verla: ¿vas a ver *Mentiras arriesgadas* sólo para echar un rato de evasión con Schwarzenneger? Eso no suena a cultura; pero si contemplas la película para examinar sesudamente la transformación histórica de los héroes cinematográficos, para currarte el visionado del montaje, o para reflexionar sobre los roles de género en la sociedad contemporánea, entonces todo esto ya es mucho más «cultural». En nuestro mundo cotidiano, la cultura es inútil y se ubica donde se ubica el ocio, pero sólo será auténtica cultura, si es que has aprendido a divertirte con dolor. Esta fusión entre diversión y dolor, que sobre todo está al alcance de quienes durante el grueso de la semana disponen de su tiempo con autonomía, de aquellos a quienes en definitiva no les duele trabajar (o al menos eso creen), conduce a crear un campo social en el que la gente se distingue con arreglo a sus modos de vivir el ocio[9]. La piedra angular sobre la que se levanta esa factoría de producir distinción social, a cuyo acabado han contribuido, cada una a su manera, tanto la élite de la derecha política como la élite de la izquierda, es un concepto de cultura alejado por completo de la mirada antropológica, producido a imagen y semejanza de quienes, con nuestros bonitos trabajos, creemos haberla *creado*.

Ahora uso la combinación de dos llaves, la primera y la tercera, para declarar como antropólogo que toda acción humana se conforma como cultura y que la vida social, como un todo, cobra forma cultural (figura 10). Afirmo así que la música de Shostakovitch no es menos «cultural», en términos antropológicos, que la acción de la cajera que vende las entradas para uno de sus conciertos; que cuando te reúnes con tus compañeros ejecutivos para planificar tu empresa de calcetines no estás poniendo en práctica otra cosa que cultura, lo mismo que si escribieras un tratado de filosofía o una novela. Obviamente un calcetín no es *La rebelión de las masas*, pero para elaborar ambas cosas hacen falta, igualmente, conjuntos de reglas con las que damos forma a una acción social (§3).

Y aún hay más, para comer con Dios hay que poner en juego la cultura en este sentido antropológico de la palabra. Al sentarnos a su mesa también hay que poner en juego unos modales, exactamente igual que para hacer cualquier otra cosa. Para definir ese espacio divino de los «cultos», ese espacio sagrado de distinción convencionalmente separado como institución especializada (la «gran cultura», el «mundo del arte») hay que tomarse el *trabajo reglado* de excluir todo lo demás. Un cuadro de Picasso es mucho más que unas manchas de pintura emergiendo del genio creativo. Está conectado por todas partes, holísticamente, a la vida real de una infinidad de personas. Para empezar él mismo, naturalmente, con su biografía social, incluyendo a quienes le enseñaron las reglas de su práctica; quienes le representaron en un espacio mercantil, comercial; quienes hacen posible con leyes, edificios y organigramas, la conservación y eventual circulación de su obra; quienes lo aprecian incluyéndolo en los libros de texto escolares, quienes imprimen sus repro-

---

9. Cf. Bourdieu, 1993. Como ideología, la característica fusión de diversión y dolor que acompaña a esta visión ordinaria de las personas ilustradas y «cultas» puede verse naturalmente contradicha por los hechos (al fin y al cabo éste es un peligro de cualquier ideología): el dolor de los seguidores del Atlético de Madrid cuando bajó a segunda es una buena muestra de ello.

UNIVERSAL   CONCRETO

Entender que toda acción social se conforma como cultura (la cultura es una propiedad universal de la acción), y, simultáneamente, toda forma cultural es concreta

Adoptar una perspectiva holística, un modo de pensamiento relacional, atento a las *relaciones* que suceden por detrás de las instituciones especializadas

Figura 10. Todo ser humano es agente de cultura, y los que creen disfrutar del privilegio de una cultura inútil sólo pueden hacerlo porque las instituciones en las que esa cultura se produce y reproduce están relacionadas, de un modo u otro, con las instituciones de la utilidad. La música de Shostakovitch no es menos «cultural», en términos antropológicos, que la acción de la cajera que vende las entradas para uno de sus conciertos.

ducciones para la oficina de ventas del museo... y un largo etcétera de agentes e instituciones relacionados que componen un tejido enorme, al menos tan intrigante como la tela pintada. Ése es el tejido increíblemente complejo de seres humanos que, con sus acciones, hacen a esa tela pintada ser lo que es. Mediante un recorte podemos limitar nuestra mirada a la tela pintada, abstrayendo el producto artístico de todas sus relaciones contextuales. Pero hemos de reconocer que si así lo hacemos, lo hacemos por preferencia personal, poniendo en juego un regla cultural más que consiste en reducir el concepto general de cultura a su expresión de arte puro, carente de contexto. Para hacer esto normalmente hay que ir a la escuela, aprender durante largos años las reglas del divorcio entre la vida y el producto artístico; y también, seguramente, hay que aprender a fumar en pipa poniendo cara sagaz, esforzando el gesto, para dar a entender a quienes nos rodean que nos hemos convertido en expertos de la contemplación. Ningún ser humano, por mucha «cultura» de la «culta» que crea tener, escapa a su condición de primate que sigue reglas exactamente como las sigue cualquier otro ser humano.

Esa cosa tan perversa

Una pandilla de asesinos, al parecer de ideología neonazi, entra a plena luz del día en una escuela y se lía a tiros con todo lo que se mueve. En marzo de 2005, como tantas otras veces, ocurrió esto en un lugar de Minnesota llamado Salt Lake. Rosa Molló, la enviada especial de Televisión Española a los Estados Unidos, incluyó en su reportaje informativo una entrevista realizada a un «experto» en este tipo de comportamientos criminales, quien no dudó en aportar la siguiente razón para hacer inteligible la barbarie: «es que estos chicos están influidos por *corrientes culturales*»[10].

En este uso común de la noción de cultura llama la atención sobre todo lo que no se dice, lo que queda implicado en el discurso del experto. Porque ¿acaso ese inteligente señor de barba blanca declararía de sí mismo que no está «influido por corrientes culturales»? ¿Acaso se vería a sí mismo, con ese carrerón intelectual, como un sujeto «sin cultura»? Si su explicación del crimen ha de tener algún sentido es precisamente porque implica que la cultura debe ser entendida en esta acepción como una cosa fea y perversa, como una losa indeseable que aplasta la voluntad de los criminales y los enajena por completo. El discurso del experto sólo puede tener sentido a costa de implicar que la corriente cultural que lo ha formado a él como especialista e intelectual, la corriente buena, es completamente diferente de la corriente cultural que enloquece a los asesinos, la corriente mala. Y, por añadidura, cuando se usa reiteradamente este recurso explicativo acaba por quedar claro que la cultura propiamente dicha (la que es explícita en la expresión «corrientes culturales») es madre de ese lastre de violencia irracional que la modernidad, con sus hermosas instituciones de convivencia, debería estar en condiciones de erradicar. A la sombra de esta nueva acepción, no hay nada peor que la cultura, esa fuente de sectarismo, intransigencia y violencia.

Pocos días antes, el 9 de marzo de 2005, unos especialistas de la UNESCO recurrían en CNN+ a un expediente análogo, a propósito de la celebración en Madrid de una *Cumbre Internacional sobre Democracia, Terrorismo y Seguridad*. En su opinión, contra la perversión de la cultura había que usar el remedio de la escuela: «lo que debe hacerse para luchar contra el terrorismo —argumentó uno de ellos— es asegurar que todos los niños vayan a la escuela, porque el terrorismo actúa movido por una cultura de la violencia». De nuevo tenemos aquí

---

10. *Telediario*, tercera edición, 23 de marzo de 2005.

esa implícita oposición radical entre cultura buena y cultura mala, y ese sutil desplazamiento de la noción de cultura hacia el segundo polo de la oposición. La escuela te emancipa, la cultura te oprime. Afortunadamente, en este caso, el experto se debió de dar cuenta sobre la marcha de que estaba diciendo una bobada, y corrigió: «aunque hay que reconocer que los terroristas no carecen de formación escolar». Yo me pregunté entonces cuántas otras bobadas espontáneas habría dicho durante los trabajos de la cumbre, si es que había soltado esa perla, seleccionada para divulgarla en los medios.

Efectivamente, el asunto de la cultura buena y la cultura mala no está nada claro. Hay que reconocer que los criminales de Salt Lake habían ido a la escuela, precisamente a *esa* escuela, tanto tiempo como los pobres chavales asesinados; y que los terroristas no sólo «no carecen de formación escolar», sino que, en general, andan sobrados de ella. Es más, ¿es posible imaginar la clase de adoctrinamiento moral de los grupos terroristas, y de cualquier otro colectivo organizado para el exterminio, en ausencia de una educación específicamente escolar? ¿Cuántas horas de doctrina abstracta sobre ideales de credo, patria o partido, hacen falta para producir a un ser humano que ha aprendido a mirar a sus víctimas con la frialdad de quien firma una condena a muerte? ¿Cuánta vida hay que emplear en aprender a administrar la muerte a los demás con arreglo a un programa burocrático? Ciertamente, la escuela es una condición de existencia de los apacibles expertos de barba blanca; pero no será la escuela quien nos salve de la crueldad ni del terror. Karel Arnaut lo ha escrito con precisión: «Puede que los genocidios no dependan tanto de ingenuos carniceros como de profesores cultivados; puede que no habiten tanto en la voz que odia, sedienta de sangre, como en el texto pulido, reflexivo e incluso aparentemente compasivo»[11].

Pero sería injusto arremeter contra los mensajeros de los medios o contra los expertos de las cumbres dejando intactos a quienes imponen su terror usando la cultura como arma de violencia. Como sería injusto obviar la responsabilidad que antropólogos y otros científicos sociales hemos tenido y tenemos en la elaboración de un concepto de cultura esencialista que puede llegar a abonar, intencionadamente o no, el adoctrinamiento moral de los asesinos: antropólogos y científicos sociales, cuando extraviamos la cuarta llave (figura 11) y olvidamos que la cultura no está *ni puede estar* por encima de los seres humanos que la ponen en práctica. O sea que no te puedes llevar por delante a los seres humanos, agentes de cultura, en el nombre del producto de su acción. O lo puedes

---

11. Arnaut, 2004: 118.

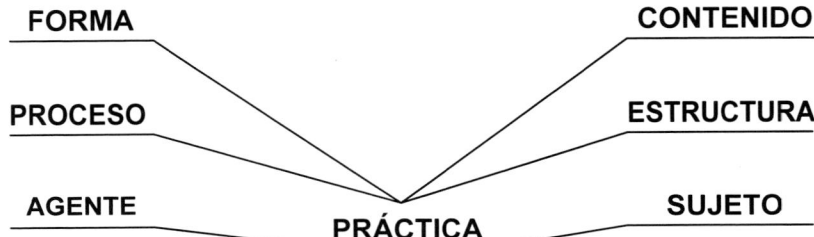

Prestar atención a las prácticas, como formas concretas de acción en el tiempo, te entrenará para ver que, simultáneamente, toda forma porta un contenido; todo proceso puede contemplarse, detenido, como una estructura; y toda persona está sujeta, en parte, a las reglas de su comportamiento y es, en parte, agente de su comportamiento

Figura 11. La cultura vive en las personas y no a la inversa. La cultura no está por encima de los seres humanos que la ponen en práctica.

hacer, pero tú sabrás en nombre de qué lo haces realmente. En 1995 Verena Stolcke nos alertó ante la imparable utilización fundamentalista del concepto de cultura como arma de exclusión social[12]. Una utilización imparable desde entonces hasta hoy, pero en todo caso bien antigua.

En este contexto de denuncia y de reconocimiento público de la responsabilidad de la antropología ganan sentido los argumentos tendentes a acabar de una vez por todas con el concepto de cultura, esa cosa tan fea y tan perversa. Es posible entender y compartir la ira del sudafricano Adam Kuper contra la retórica «culturalista» del *apartheid*[13], y ser cómplice de la ironía de Ernest Gellner, crítico implacable del relativismo cultural de pacotilla y de toda forma de nacionalismo, cuando escribió:

> Una colectividad unida en una creencia es una cultura. Esto es lo que significa el término. En particular, una colectividad unida en una creencia falsa es una cultura. Las verdades... están disponibles para todo el mundo sin excepción, y no definen ninguna continuidad establecida por fe. Pero los errores... son culturalmente específicos. Los errores tienden a convertirse en insignias de la comunidad y la lealtad. Asentir ante un

---

12. Stolcke, 1995.
13. Cf. Kuper, 2001: especialmente el Prefacio.

absurdo es un rito de paso intelectual, una vía de acceso a la comunidad definida por el compromiso con tal convicción[14].

Qué cosa tan mala es la cultura. Sin embargo, si revisas el manojo de llaves que te he dado no encontrarás en él ningún elemento que te lleve a compartir la definición que ofrece aquí Gellner del concepto de cultura. Simplemente, con arreglo al concepto de cultura cuya utilidad sostengo en este libro, la cultura *no es*, ni por asomo, «una colectividad unida en una creencia» (cf. §3 y §4).

Cuadro 14. Gellner no es el único que lo piensa

I. Bierstedt, 1938 ↓

El grupo social es la cultura, los artefactos y los rasgos son sus atributos (KK 252).

II. Kroeber y Kluckhohn, 1952 ↑

Bierstedt [...], 1938 [...] erró completamente al decir que el grupo social es la cultura, y los artefactos y rasgos sus atributos. [...]. Es difícil comprender estas extrañas acometidas de Bierstedt, como no sea que se deban a una ansiedad por extender el concepto de cultura (KK 260-261).

Efectivamente, la confusión del concepto de cultura con el concepto de grupo social se encuentra muy extendida. Uno de los propósitos centrales de este libro es disolver esta confusión. En 1952, Kroeber y Kluckhohn ya advirtieron del error, al comentar la definición de Bierstedt (I).

Gerd Baumann ha llamado la atención sobre las consecuencias de confundir los conceptos de cultura y sociedad:

---

14. Traducido de Rapport (2003: 374). El artículo original de Ernest Gellner es «Anything Goes. The Carnival of Cheap Relativism which Threatens to Swamp the Coming *fin de millénaire*» (1993a). Las posiciones de Gellner sobre el nacionalismo se encuentran ordenadas en una colección de artículos traducidos al español con el título *Cultura, identidad y política. El nacionalismo y los nuevos cambios sociales* (1993b).

Tratar a la cultura como si fuera lo mismo que la sociedad es uno de los problemas más antiguos en las ciencias sociales. En antropología colonial, eso nos llevó directamente a la mentira tribal que identifica una cultura con una población encerrada en sí misma[15].

Partir, como hace Gellner, de esa definición confusa, conduce pues inevitablemente a una mentira insostenible. Pero, como veremos con mayor detalle en el capítulo 8, esta definición encubre una mentira de mayor entidad que afecta al concepto mismo de sociedad. Pues, contra lo que pudiera parecer, tampoco el concepto de sociedad debe ser confundido en ciencias sociales con «una colectividad». Baumann nos lo hace ver, al restaurar así el pensamiento de Émile Durkheim:

> La teoría de Durkheim se expuso, y así lo ha reconocido el propio autor, para aplicarse a una cualidad completamente abstracta a la que llamó sociedad, algo que en la actualidad llamamos socialidad o sociabilidad y que se [aparta] enormemente de cualquier comunidad o cultura reificada en el sentido más estrecho del término[16].

La cultura, en el sentido que yo sostengo en este libro, capacita a los buenos y a los malos para comportarse como seres humanos, aunque podamos predicar de algunos de los malos, sin rodeos, que están como una cabra o que son unos cabrones. Capacita a los que cuentan falsedades y a los que creen estar contando verdades (el concepto de verdad siempre ha sido más difícil de precisar que el de mentira). *Una de las condiciones fundamentales para que la noción de cultura nos alumbre en la indagación de la vida humana es desproveerlo de antemano de toda connotación moral.* La cultura para el antropólogo (aunque quizás no para todos los antropólogos), como la velocidad (supongo que para todos los físicos), no es ni buena ni mala, ni verdadera ni falsa, simplemente es cualquier conjunto de reglas con cuyo uso las personas, *todas* las personas, dan forma a su acción social. Y, como en los delicados asuntos de la violencia y la muerte siempre hay que insistir para no ser malentendido, me repetiré a riesgo de ponerme pesado: la cultura, como concepto que alumbra el estudio de la vida humana, es completamente neutra, universal; aunque, como veremos al final de este libro, no lo sean en absoluto las ideas y comportamientos que, en cada caso concreto, constituyen su contenido ideológico o práctico.

---

15. Baumann, 2001: 144.
16. *Ibid.*: 159. Ahí encontrarás que el texto pertinente de Émile Durkheim es *Las formas elementales de la vida religiosa. El sistema totémico en Australia* (1982 [1915]).

En sus usos comunes, algunos puntillosamente elaborados por intelectuales fascistas, la palabra «cultura» sirve de coartada para el ofuscamiento, convirtiéndose en una neblina que nos impide apreciar la responsabilidad que cada ser humano tiene sobre sus propias acciones. No es extraño por ello que personas como Adam Kuper o Ernest Gellner, al criticar estos abusos, hayan sentido la necesidad de llevarse por delante el concepto de cultura antes de que éste nos lleve por delante. Pero el concepto de cultura que yo sostengo en este libro no es un concepto común, no es un artefacto que, como un zapato viejo e inútil, se arroja indolentemente a la basura sin mayor reflexión. Por el contrario, es un instrumento perfeccionado durante décadas de investigación antropológica. Esta investigación intenta reconocer al ser humano en toda su amplitud y complejidad. El concepto de cultura es inseparable de una finalidad ética, pues nada humano le es ajeno, pero su uso nos impide recurrir a la moral de la simplificación que, como en el mal cine, pone de un lado a los buenos y del otro a los malos. El concepto de cultura que presento en este libro puede ayudarnos a entender, en algún grado, lo que hacen *todos* los seres humanos; y, en un segundo movimiento, a precisar nuestros juicios morales. Este camino no es igual a la inversa. Nunca entenderemos lo que hacen *todos* los seres humanos, si empezamos por dividirlos en «buenos» y «malos» siguiendo un argumento moral.

En abril de 1999, Fernando Savater publicó un artículo titulado «¡Malditos pueblos!», en el que expresaba su opinión sobre la intervención militar de la OTAN en Kosovo, que se llevó a cabo sin la autorización de Naciones Unidas. Su texto ponía en juego una estrategia similar a la de Kuper y Gellner, y terminaba extendiéndose en la crítica de «los líderes que han decidido convencer a gente corriente y a menudo simpática de que pertenecen a un pueblo, esa cosa antropófaga y trascendental». Más allá de esta idea de pueblo, que ahora me importa poco, y en un exceso de su propia intención moralizante, Savater arremetía así contra algunas formas de práctica humana:

> En vez de reivindicar los derechos ciudadanos de convivencia, tantas veces conculcados... precisamente por los pueblos (tengo derecho a hablar en mi lengua, a celebrar mis fiestas, a practicar mi religión, a poseer mis símbolos políticos), [esos líderes] denuncian la traidora vocación de coexistir pacíficamente con quienes son distintos en cuatro o cinco cosas, aunque se nos asemejen en otras diez mil[17].

17. Fernando Savater, «¡Malditos pueblos!», *El País*, Opinión, 30 de abril de 1999. Por cierto que no conviene trivializar el problema de las «cuatro» o las «diez mil cosas», como hace aquí Savater de un plumazo retórico. Éste es en todo caso un problema que

Parece obvio que Savater no reparaba en que esa intervención militar se había nutrido de dos perversiones complementarias. Por una parte, el fanatismo de la pertenencia opresora, estimulada por Milosevic y sus colaboradores; por otra parte, la total indiferencia de la fuerza militar de la OTAN a cualquier vinculación real con una comunidad de pertenencia (y, por lo tanto, su completo descontrol jurídico). Perversiones ambas que conforman, en su colisión, el escenario atroz de nuestro mundo contemporáneo. Al amparo de la relajante idea de que Bush y sus *Marines* no me representan, no tienen nada que ver conmigo, no actúan «en mi nombre», puedo escribir estas líneas sentado cómodamente en mi casa mientras decenas de personas inocentes mueren a diario en Irak, previamente cercenadas en sus derechos elementales por Sadam Hussein.

El llavero de Savater —como el de Gellner o Kuper— no está completo. La pertenencia total, ciega, nos deshumaniza, porque anula nuestra competencia para comportarnos como agentes culturales. La desvinculación total, también. La aspiración ética del concepto de cultura que aquí defiendo nos obliga a un planteamiento incluyente. Los «derechos ciudadanos de convivencia», los de todos los seres humanos tomados de uno en uno, no tienen por qué negar de forma definitiva el «derecho a hablar en mi lengua, a celebrar mis fiestas, a practicar mi religión, a poseer mis símbolos políticos». Esos derechos de todos no tienen por qué negar de forma definitiva los derechos de algunos seres humanos tomados de forma relacional. Esa aspiración apunta al horizonte que se abre ante nosotros cuando combinamos las llaves dos, tres y seis (figura 12). Al basarse en la observación de la vida común de las personas de carne y hueso, el concepto de cultura alumbra el difícil camino hacia ese horizonte, el camino de la complementariedad entre mi derecho a ser yo y mi derecho a ser nosotros; que es también, naturalmente, mi derecho *a no ser* cualquiera de estas dos cosas. Pues no conozco a ningún ciudadano que haya salido de la nada social y que se mantenga completamente aislado de sus vínculos en una espléndida autonomía; y, si he de ser sincero, conozco a poca gente que no proteste, tarde o temprano, cuando le atan las manos en el nombre del pueblo.

Pero esto es todo lo que puedo exigirle al concepto de cultura y a su manojo de llaves: abrir cofres, abrir puertas, alumbrar caminos. Fijar ese horizonte ético es cosa de otros conceptos.

---

los antropólogos nos hemos tomado muy en serio, y que no siempre se resuelve satisfactoriamente *contando* formas culturales comunes y diferentes. Cf. Murdock, 1975 [1957]; Díaz de Rada, 2003.

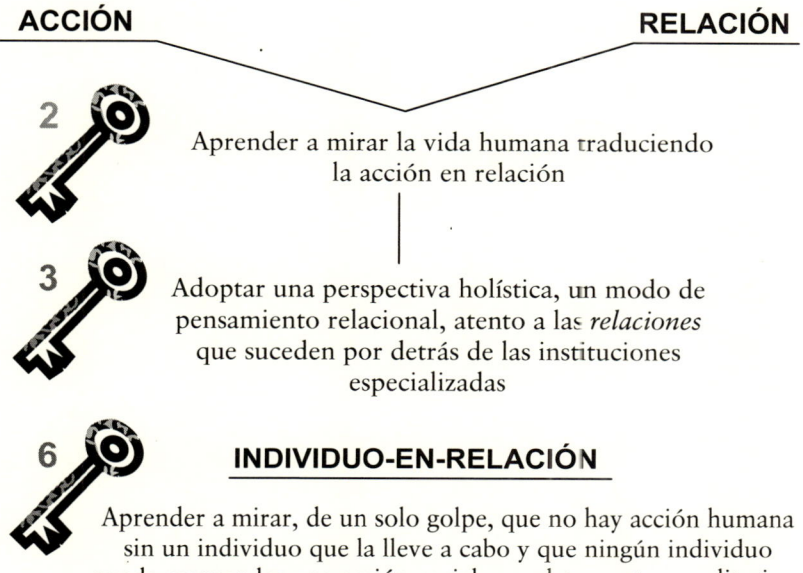

Figura 12. Estas tres llaves ayudan a comprender que toda acción humana es relacional, que toda institución humana está en relación con otras, y que cualquier individuo de nuestra especie existe en relación con otros. Estos entramados de relaciones constituyen el horizonte ético del concepto antropológico de cultura, y las dificultades morales con las que hemos de enfrentarnos cotidianamente, entre nuestra libertad de acción y nuestros compromisos de pertenencia.

5

NI «CULTURALISTA» NI «IDEALISTA»

«Culturalista», que eres un «culturalista»

En el invierno de 2006, unas caricaturas de Mahoma publicadas en un diario danés trajeron vientos medievales de guerra santa y cruzada. Un día de febrero pongo la radio del coche y ahí está Félix Herrero, el presidente de la Federación Española de Entidades Religiosas Islámicas. En algunos lugares del mundo, que es un pañuelo lleno de lágrimas, habían quemado embajadas como «reacción» a la publicación de las dichosas caricaturas: «Así como los españoles, *según su cultura*, sacan la navaja si les mientas a la madre, así también los islamistas queman las embajadas», dijo.

Excelente explicación de la barbarie. La cultura, espíritu flotante, nos tira de la nariz o nos pega una patada en el trasero para forzarnos a actuar. Viendo cómo nos las gastamos al razonar así, no me extraña que Gellner, Kuper, Savater, y muchos otros (entre los que en este caso me encuentro) la emprendan contra la «cultura». Todos ellos se hacen eco de este uso ordinario del concepto de cultura para rechazarlo.

Merece la pena detenerse a examinar esta idea de la cultura como causa del comportamiento humano. Esta idea se denomina en ciencias sociales «culturalismo». *El culturalismo es una forma de reduccionismo que consiste en creer que la cultura manda por encima de cualquier otra cosa y es la causa del comportamiento humano*[1]. Adam Kuper, al arre-

---

1. Existen usos más laxos de esta palabra, pero este uso concreto es el que me interesa discutir aquí.

Cuadro 15. Tres nociones aberrantes de cultura

I. Davis y Dollard, 1940 ↓

... La diferencia entre los grupos se encuentra en sus culturas, en su herencia social. Los hombres se comportan de forma diferente porque sus culturas son diferentes; nacen en diferentes modos de vida habituales que deben seguir porque no tienen elección (KK 91).

II. Groves y Moore, 1940 ↓

La cultura es, por tanto, la *herencia social*, el fondo de conocimiento y costumbres acumuladas a través de las cuales la persona «hereda» la mayor parte de su comportamiento e ideas (KK 91).

III. Kluckhohn y Mowrer, 1944 ↓

La faceta cultural del ambiente de cualquier sociedad es, señaladamente, un importante determinante tanto del contenido como de la estructura de las personalidades de los miembros de esa sociedad. La cultura determina ampliamente lo que se aprende: las habilidades disponibles, los estándares de valor, y las orientaciones básicas hacia problemas universales tales como la muerte (KK 91).

Entre las manifiestas simplificaciones de Davis y Dollard (I) y de Groves y Moore (II), y la idea de Kluckhohn y Mowrer (III), que entiende que se trata de «un determinante importante», hay un trecho. Sin duda alguna, la tercera definición es algo más matizada y elegante que las dos primeras, que parecen enunciadas directamente por el mismo Félix Herrero. Las ambivalencias de Kluckhohn sobre el asunto de la determinación cultural del comportamiento serán desarrolladas en este capítulo (por ejemplo, en el cuadro 17). También veremos en este capítulo que el mejor modo de evitar tales ambivalencias es afirmar rotundamente que la cultura no determina nada, y que su incidencia en el comportamiento pasa, en todo caso, por una versión no determinista del concepto de causación.

meter contra lo que él considera «los culturalistas»², parecería extender el manto de ideólogos como Félix Herrero y otros habladores mediáticos sobre los hombros de antropólogos que, en su opinión, reducen el comportamiento a la cultura. Y así, autores que con décadas de antropología profesional a sus espaldas apuestan por la utilidad del concepto de cultura son tildados de «culturalistas»³.

En el texto de Kuper, «culturalista» es una palabra que comulga confusamente con la noción «idealista», para oponerse en una confusión aún mayor a los «materialistas». Da más empaque, no cabe duda, ser «materialista» que ser «idealista» o «culturalista». Siendo «materialista» uno es como más de izquierdas; eso suena a marxismo, para qué lo vamos a negar.

La clave de esta atribución que hace Kuper se encuentra en su concepto de «lo mental». Lo «mental», que en su libro es lo «ideal», que es lo «cultural», es, según él, en esos autores que encuentran útil el concepto de cultura, algo que se opone a lo «material». Lo cierto es que el propio Kuper no aclara en qué consiste exactamente esa oposición entre lo ideal y lo material⁴, aunque esto sería imprescindible para comprender por qué le molesta tanto que a algunos el concepto de cultura les resulte útil. Kuper atribuye a esos autores un concepto de cultura que ellos de hecho no manejan; y después los acusa de «culturalistas». En rigor, atribuye ese concepto de cultura, como reducción a «lo mental», a una buena parte de la antropología norteamericana:

> Existe un acuerdo general —escribe— acerca de lo que implica la cultura en el sentido en el que han utilizado la palabra muchos antropólogos culturales norteamericanos, escribiendo sobre la cultura kwakiutl o, incluso, estadounidense, más que sobre una civilización global. En esta acepción, la cultura es esencialmente una cuestión de ideas y valores, un molde mental colectivo⁵.

Pues no. No existe un acuerdo general sobre esto, ni mucho menos. Yo, por ejemplo, no estoy de acuerdo. Y, si no me he equivocado

---

2. Kuper, 2001: por ejemplo, en la p. 38, aunque el uso peyorativo de esta palabra es constante a lo largo de la obra.
3. En concreto, «los antropólogos» a los que se refiere el ambicioso subtítulo del libro de Kuper son tres: Clifford Geertz, David Schneider y Marshall Sahlins.
4. Véase, por ejemplo, Godelier, 1989 [1984]. Como Kuper dice de Godelier que es «amigo» de Marshall Sahlins (Kuper, 2001: 209) supongo que recaerá sobre él, también, alguna atribución de «culturalismo». Sin embargo, frente a Kuper, Godelier ofrece la ventaja de razonar explícitamente sobre décadas de confusión acerca del estéril dualismo de «lo ideal» y «lo material».
5. Kuper, 2001: 262.

al leer a los autores que critica Kuper, ellos tampoco lo estarían. Como yo también encuentro necesario el concepto de cultura, corro el riesgo de ser tildado de «culturalista». Por eso voy a dedicar este capítulo a aclarar cómo es posible defender el concepto de cultura tal y como lo vengo usando en este libro, y sin embargo no creer que la cultura *determina causalmente* el comportamiento. Es decir, voy a aclarar cómo es posible sostener la utilidad del concepto de cultura sin ser «culturalista» ni «idealista». Y aún más, lo que voy a aclarar aquí es que, si uno es consecuente con el concepto de cultura que expongo en este libro y que se inspira sin duda en esa tradición «norteamericana», entonces negará toda forma de reduccionismo, empezando por el «culturalismo».

Es verdad que los llamados «culturalistas» norteamericanos pusieron un énfasis evidente en el papel de las «ideas», los «símbolos» y los «valores» para la comprensión de la vida humana. Pero ello no quiere decir, de ninguna manera, que fueran «idealistas» en el sentido de asumir que la vida humana es consecuencia de ideas no materiales[6]. Tampoco quiere decir que conferir utilidad a las ideas, los valores y los símbolos para construir nuestro conocimiento del mundo social implique creer en la existencia de un «molde mental colectivo». Estos antropólogos contra los que escribe Kuper han contribuido sin duda, entre muchos otros, a fomentar la creencia de que la cultura caracteriza colectivamente a poblaciones enteras de personas de una forma relativamente homogénea[7]. Ésta es una creencia insostenible contra la que yo mismo arremeteré más tarde. Pero entre esta creencia y la creencia de que la vida humana está determinada por ideas flotantes que vagan sin cuerpo no hay ningún hilo lógico. Ambas creencias son perfectamente independientes. Se puede creer que la cultura es una propiedad homogénea de un conjunto amplio de personas y creer, también, que son la «condiciones materiales» las que determinan el comportamiento.

Leamos al padre de la supuesta tradición «culturalista», con quien los «culturalistas», según el propio Kuper, «estaban íntimamente familiarizados» a pesar de no haber hecho demasiado por desarrollar explícitamente el concepto de cultura: Franz Boas[8]. Hay regalo asegurado para quien, en este texto de Boas escrito en 1916, acierte a ver dónde se esconden las ideas sin cuerpo, dónde está el espíritu ése que flota suelto por ahí:

---

6. En otra parte he desarrollado un argumento muy similar a propósito del concepto de «valor», tomando como referencia precisa a un exponente señalado del supuesto «culturalismo» norteamericano, Clyde Kluckhohn. Véase Díaz de Rada, 2007.
7. Cf. Baumann, 2001: 39.
8. Kuper, 2001: 79.

Cuando hablamos de arte —escribía Boas— no debemos olvidar que todo arte implica habilidad técnica. En consecuencia es un uso impropio del término hablar de arte primitivo, cuando nos referimos a objetos en los que el productor no posee la maestría técnica que hace del producto de su trabajo una obra de arte. Un cesto, un puchero, un objeto de madera toscamente hechos y de líneas irregulares, no pueden reclamar para sí la condición de productos de actividad artística. Por contrapartida, una mayor habilidad técnica conlleva que el producto de la artesanía humana entrañe valor artístico. Un cestero inexperto que no controle los movimientos de sus manos obtendrá una manufactura desigual, de costuras diferentes en tamaños y texturas, que por estas razones tendrá una superficie irregular. A la inversa, un cestero experto tendrá tal control sobre sus movimientos que realizará todas las distintas operaciones de manera automática, de forma que la intensidad del tiro y la forma de la vuelta, necesarias en estas operaciones, se realizarán con igual intensidad. Por estas razones, las costuras serán completamente regulares y la regularidad, por sí misma, provocará un efecto estético[9].

Cestos, pucheros, objetos de madera, manos que se mueven con mayor o menor destreza... A Boas le interesaban los *diseños*, las *formas*, y naturalmente las *ideas*; pero lo que aquí tenemos es un cestero haciendo cestos con su *cuerpo*. De una manera muy gráfica, lo que tenemos en este texto de Boas es el *cuerpo* (material) de un cestero moviendo *cosas* (materiales), de manera tal que ese cuerpo genera con su movimiento una *forma*, un *diseño*, quizás traducible en alguna clase de *idea*. En definitiva, lo que tenemos es una síntesis tal de materia y espíritu que resulta inapreciable dónde termina la primera y dónde empieza el segundo. ¿Es esto «idealista»? ¿Es «culturalista»? ¿Ves por alguna parte un espíritu sin cuerpo? Yo no lo veo. No lo he visto nunca. Y me parece que Franz Boas tampoco.

Kuper reconoce la inspiración que el «culturalista» Clifford Geertz obtuvo de un teórico de la literatura llamado Kenneth Burke[10], a quien se empeña en situar dentro de una tradición «idealista». Y de nuevo, se diría que el Kenneth Burke que ha leído Kuper (como el Geertz que ha leído) es distinto del que yo he leído; lo que me lleva a concluir una de dos: o Kuper no les ha entendido, o no les he entendido yo. Veamos si esto último es posible para el caso de Burke, un autor entre nosotros menos conocido. Veamos cuán «idealista» es su definición de la palabra «símbolo», eso que a Kuper le resulta tan poco «material»:

9. Boas, 2008 [1916]: 59.
10. Kuper, 2001: 102.

Podríamos resumir todo esto diciendo que la poesía, o cualquier acto verbal, ha de considerarse «acción simbólica». Pero, aunque debo usar este término, rechazo enérgicamente sostener la perspectiva etiquetada como «simbolismo». Reconozco que a la gente le gusta etiquetar, que etiquetar les *consuela* al *poner las cosas en un sitio*. Pero rechazo la etiqueta «simbolismo» porque sugiere un vínculo demasiado estrecho con una escuela particular de poesía, el Movimiento Simbolista, e implica normalmente la irrealidad del mundo en el que vivimos, como si nada pudiera ser lo que es, y debiera ser siempre algo diferente (como si una casa nunca pudiera ser una casa, y debiera ser, digamos, el sustituto oculto de una mujer [...]).

Sin embargo, hay una diferencia, y es una diferencia radical, entre construir una casa y escribir un poema acerca de la construcción de una casa [...]. Hay actos *prácticos* y hay actos simbólicos (y tal distinción, suficientemente clara en sus extremos, no debería abandonarse por el hecho de que existe un área limítrofe en la que muchos actos prácticos conllevan un ingrediente simbólico, pues uno puede comprar una determinada mercancía no sólo para usarla, sino también porque su posesión atestigua la pertenencia a un determinado estrato de la sociedad).

El acto simbólico es *el danzar de una actitud* [...]. En este accionar de las actitudes del poema, todo el cuerpo llega a estar finalmente comprometido, de maneras que han sido sugeridas por la doctrina del comportamiento[11].

¿Me he perdido algo o cuesta tanto entender que estos «símbolos» de los que habla aquí Burke no son ideas sin cuerpo? Si son ideas, que desde luego lo son, lo son *incorporadas a una acción*: la acción simbólica. Pero, ¿es la acción de un cuerpo algo «ideal» o es algo «material»? La verdad es que yo no lo sé. También ignoro cuál es el sexo de los ángeles. Lo que sí sé con certeza (y puedo decir esto de muy pocas cosas) es que ni Burke ni Boas (ni Geertz, ni todos esos «culturalistas») conciben lo «simbólico» como «no material»[12]. *Para que haya símbolo e idea debe haber cuerpo, cuerpos*; y si no, no hay nada. Debe haber cuerpos con forma que dan forma a las acciones.

Son símbolos, o al menos elementos simbólicos —escribió Clifford Geertz— porque son formulaciones *tangibles* de nociones, abstracciones

---

11. Burke, 1989 [1941]: 78-79.
12. El carácter corporal de los «símbolos» frente al concepto racionalista de las «ideas» como realidades no somáticas, ha sido puesto de manifiesto recurrentemente en antropología. Cf. Kroeber y Kluckhohn, 1963a [1952]: 139; Velasco, 2007a, y sobre todo: Turner, 1980 [1967].

derivadas de la experiencia *fijadas en formas perceptibles, incorporaciones concretas* de ideas, actitudes, juicios, anhelos o creencias[13].

Ocuparse del estudio o la comprensión de la vida humana es ocuparse de esos cuerpos y de esas acciones con forma, como nos enseñó Gregory Bateson, otro eminente «culturalista» (al que Kuper no menciona), al escribir sobre «la mente»:

> Las leyes de la conservación de la energía y la materia se refieren a la sustancia más que a la forma. Pero los procesos mentales, las ideas, la comunicación, organización, diferenciación, patrón, etcétera, son asuntos de forma y no de sustancia[14].

Cuadro 16. Noción de pauta

Kroeber y Kluckhohn, 1952 ↑

Probablemente en toda cultura, así como en el aspecto conocido como lingüística, el asunto crucial no se encuentra en el tamaño o la frecuencia, sino en cada característica concreta de una pauta concreta. Uno puede comparar esto con el principio del círculo, que no depende de la medida como tal, sino de una pautación fija, incluso si las medidas son necesarias para dibujar cualquier círculo particular sometido a especificación (KK 221).

Efectivamente, la pauta expresada en una *fórmula matemática* universal para trazar círculos produce círculos (y no cuadrados), sea cual sea el tamaño del círculo producido. Pero no olvides esto: la cultura no responde generalmente a «una pautación fija». Un modelo menos exigente de la idea de pauta es, por ejemplo, el de tu firma. Cuando firmas, lo haces siempre siguiendo *aproximadamente* la misma pauta. Por eso tu firma es reconocible, como forma, de entre todas las demás. Sobre esta noción de pauta véase también el cuadro 2 en el capítulo 2.

---

13. Geertz, 1973b: 91. Las cursivas son mías.
14. Bateson, 1976: 25.

¿Negará Kuper que las cosas «materiales» tienen forma? Y, si en su producción como cosas interviene la acción social, ¿negará que es la forma aquello que nos debe interesar, entre otras cosas? Y si no es así, ¿qué es lo que ha de interesarnos como científicos sociales? ¿Su masa, su volumen, su velocidad?

Los mayores disparates derivados de este dualismo entre «materialismo» y «culturalismo» se encuentran en una parte del ámbito de la antropología económica. Algunos de los debates que afloran en esta rama pueden dejarte perplejo, asentados como están en el prejuicio de que la economía, a diferencia, por ejemplo, del arte o la educación, es cosa «material». A veces parecería que cuando se trata de las decisiones económicas que los humanos tomamos eligiendo racionalmente entre alternativas, la ventanilla pertinente a la que debemos acudir es la de la «materia»; pero cuando entregamos o recibimos regalos en una ceremonia ritual, como una boda, la ventanilla a la que hay que dirigirse es la del «espíritu». Así, «materialista» e «idealista» se convierten en palabras cargadas de valor, como las puede usar cualquiera por la calle. Si calculas racionalmente qué presupuesto de fontanería te resulta mejor, entonces eres un maldito «materialista» (vale decir también, en anacrónico español, «pesetero»); pero si regalas a tu hermana una lavadora el día de su boda eres un generoso «idealista». Para apreciar intuitivamente la dimensión de este desvarío, basta pensar cuán maldito puede ser uno al regalar (o recibir regalos) y, recíprocamente, cuán ingenuo y tontorrón al contratar los servicios de un fontanero.

El antropólogo Chris Hann se apunta al desvarío en un comentario técnico de varios libros de antropología económica publicados en la década de los noventa. De ellos, le molesta especialmente su énfasis en el concepto de «cultura», y por eso escribe:

> El sesgo idealista de la concepción boasiana [referida a Franz Boas] debe corregirse dejando lugar para el comportamiento de individuos calculadores[15].

Es verdad que cuando hablamos de los regalos de una boda no estamos hablando (al menos directamente) de *la pasta*; y que sí hablamos de ella cuando elegimos entre dos fontaneros. Pero supongo que de un antropólogo hecho y derecho como Chris Hann podemos esperar algo más que este llano sentido común. Tan «material» como parece, *la pasta* sólo vale como valen los símbolos, *porque los seres humanos le*

---

15. Hann, 2001: 26.

conceden valor en un mundo social por medio de instituciones que, en forma de leyes escritas y otras reglas de intercambio, le asignan un valor de cambio[16]. El que un crucifijo y un billete de diez euros sean símbolos con muy distintos usos no les resta *a ambos* un ápice de su condición simbólica (ni material). Y, por otra parte, cabe preguntarse qué quiere decir ahí Hann cuando menciona el cálculo, si es que renunciamos a considerarlo como una operación con «ideas».

Cuando Chris Hann asocia a Boas con el «idealismo», o cuando lo hace Kuper para referirse a Clifford Geertz y otros autores, esa palabra se carga con un matiz denigratorio. Como indica Adam Kuper al presentarse a sí mismo al principio de su libro, parecería más honrosa (e intelectualmente más clara) la atribución de «materialista»:

> Soy un liberal, en el sentido europeo más que en el americano; [...] aunque siempre soy muy razonable, no puedo pretender estar libre de sesgos. Moderadamente materialista y con ciertas convicciones, algo endebles quizás, sobre la universalidad de los derechos humanos, presento resistencias al idealismo y al relativismo de la teoría moderna de la cultura [...][17].

Poco a poco voy dando argumentos para deshacer este lío, este barullo de Kuper con su apenas disimulada creación de los dos bandos. Los que, como él, son razonables, materialistas, y defensores de los derechos humanos; y los que, en el otro campo de juego, son idealistas y relativistas, los «culturalistas». Para deshacer este embrollo estoy precisando el concepto de cultura hasta el punto de disolver cualquier tentación de considerarlo un ente sin «materia». Estoy mostrando que esas «ideas» que arroja Kuper sobre aquéllos a quienes denomina «idealistas» no niegan ni el cuerpo ni la acción, sino que los suponen. Toca ahora aclarar por qué la defensa de la utilidad del concepto de cultura nada tiene que ver con el «culturalismo» como reduccionismo. Del relativismo me ocuparé en los últimos compases de este libro.

Con todo ello quedará quizás más claro que, cuando se juzga «idealista» o «materialista» la obra completa de un autor (o, como en el caso de Kuper, un conjunto de autores), no se comete una aberración intelectual menor que al juzgar a una población completa como «española», «nigeriana», «catalana» o «cherokee». En ambos casos, se trata de generalizaciones que oscurecen la complejidad real. Usadas de ese modo, esas palabras quieren decir poco más que cuando decimos de una can-

---

16. Simmel, 1977 [1900].
17. Kuper, 2001: 13.

ción de Bisbal que suena muy «romántica» ¿Opinaría lo mismo Franz Schubert?

«Materialista» e «Idealista» son, ambos, apelativos equívocos en ciencias sociales, como lo son las palabras «materia» y «espíritu». Además, como ilustraré a continuación, puede ocurrir que los «materialistas» se unan a los «idealistas» en el empeño de inventar el espíritu como un alma sin cuerpo. Pues es precisamente cuando se ejerce sobre la realidad la violencia de comprenderla dividida en cuerpo y alma —operación imprescindible para creer en la determinación causal de la materia sobre el espíritu o del espíritu sobre la materia—, cuando el alma aparece despojada de su cuerpo. El insostenible dualismo entre materia y espíritu es tan deseado por los «materialistas» como por los «idealistas». Todos ellos necesitan creer que el cuerpo es una cosa y que la mente es otra. Pero si piensas (como yo y como muchos de esos antropólogos a los que Kuper denomina «culturalistas») que, cuando se trata de cosas como símbolos y reglas, cuerpo y mente *son la misma cosa*, entonces no te hace falta creer en fantasmas.

Los «materialistas» que a menudo se reconocen como tales necesitan de ese dualismo como del aire que respiran. Mira lo que escribió Marvin Harris, el autor que consolidó el materialismo cultural[18], para instruir a los estudiantes de antropología:

> Ninguna confusión se deriva de la definición más inclusiva [del concepto de cultura], siempre que se tenga cuidado en indicar si se habla de las ideas culturalmente determinadas pertenecientes a la vida mental de la gente, de las actividades culturalmente determinadas que realizan con sus cuerpos, o de ambas cosas[19].

Pero, ¿hay alguna idea que no sea realizada por un cuerpo? ¿Es acaso posible no hablar de ambas cosas a un tiempo y decir algo con sentido? Y, más aún, ¿es que acaso la cultura puede *determinar* algo?

«Superorgánico». La cultura que flota en el vacío

Siglos de tradición apuntalan el dualismo entre la materia y el espíritu. En antropología, la formulación del concepto de cultura más claramente asentada en este dualismo fue expresada en un texto de Alfred Kroeber, publicado en 1917, «Lo superorgánico»[20]. El resultado de este texto

---
18. Harris, 1987 [1979].
19. Harris, 1991 [1988]: 145.
20. Kroeber, 1917. Hay una versión de este texto en español, en la edición de Kahn

fue el establecimiento de la siguiente idea: el lenguaje y las acciones simbólicas, propias del comportamiento humano, producen la cultura, un orden de realidad que, en sí mismo, posee principios de organización perfectamente separables de los principios físicos, químicos, mecánicos y biológicos de la vida. Aunque estos principios físicos, químicos, mecánicos y biológicos son necesarios para la producción de la obra cultural, entre ellos y los principios de organización de la cultura no existe una relación intrínseca. Para comprender rápidamente en qué consiste esa separación, puede ser ilustrativa esta reflexión de Kroeber sobre el problema de la herencia o la transmisión:

> La tradición, lo que 'se transmite', lo que se pasa de uno a otro, sólo es un mensaje. Por supuesto, debe transportarse; pero a fin de cuentas, el mensajero es extrínseco a la noticia[21].

Kroeber se las apañó en el texto para desligar su noción superorgánica de la cultura del dualismo del cuerpo y la mente del individuo, pero lo hizo a costa de fundar la idea de un orden trascendente de la cultura que podía ser interpretado por el antropólogo como un orden autónomo. Un orden de realidad que, una vez producido, se encuentra liberado tanto de las condiciones «materiales» como de los procesos «mentales» o psicológicos de las personas de carne y hueso. Ya no era pues un dualismo estricto entre cuerpo y mente, sino algo aparentemente más sofisticado, pero mucho más fantasmagórico: un dualismo entre la sociedad y la cultura.

> La mente y el cuerpo no son más que facetas del mismo material orgánico o actividad: la sustancia social —o el tejido inmaterial, si se prefiere la expresión—, lo que nosotros denominamos civilización, lo trasciende por mucho que esté enraizada en la vida[22].

Esta civilización o cultura flotando en el vacío quedaba así establecida en la literatura antropológica para dar que pensar a sesudos intelectuales. Más allá del ámbito de la academia y la universidad, donde le damos vueltas a todo, y donde el propio Kroeber se debatió durante

---

(comp.), 1975. En su revisión conceptual de 1952, el propio Kroeber, en colaboración con Clyde Kluckhohn, reconocía que este concepto superorgánico de cultura fue en realidad un desarrollo de las ideas previas de Herbert Spencer (Kroeber y Kluckhohn, 1963b: 5).
21. Kroeber (1917), en Kahn (comp.), 1975: 58.
22. *Ibid.*: 83.

Cuadro 17. Una de cal y otra de arena

KROEBER Y KLUCKHOHN ADVIERTEN DEL RIESGO DE REIFICAR LA CULTURA ↑

El peligro del concepto de cultura como un nivel emergente radica en la tendencia consecuente a reificar o hipostasiar la cultura, a contemplarla como una sustancia distintiva o como un superorganismo real, y a asumir que actúa a través de fuerzas autónomas e inmanentes (KK 290).

KROEBER Y KLUCKHOHN ADVIERTEN DEL RIESGO DE EXAGERAR ↑

Tomar conciencia de la utilidad pragmática y del necesario reconocimiento de niveles distintivos conlleva el riesgo de conducirse hacia el exceso. En este caso, los aspectos o propiedades de cada nivel se exageran y se comprenden como trascendentes, al ser entendidos como entidades o tipos de realidad en un sentido substantivo: vida, mente, sociedad, cultura. A veces, esta hipóstasis o reificación viene motivada por el ardor de una nueva actitud. A veces es el residuo de viejos conceptos precientíficos, como el alma (KK 370).

SIN EMBARGO, KROEBER Y KLUCKHOHN INSISTEN, EN EL MISMO TEXTO, EN EL CARÁCTER EXTRASOMÁTICO DE LA CULTURA ↓

[...] Para 1952, en la ciencia la palabra cultura ha adquirido también un sentido nuevo y específico [...]. Este significado es el de un conjunto de atributos y productos de las sociedades humanas, y con ellas de la humanidad, que son extrasomáticos y que se transmiten por mecanismos diferentes de la herencia biológica [...] (KK 283-284).

Y ELLO A PESAR DE QUE EN UN TEXTO *ANTERIOR*, DE 1948, ALFRED KROEBER, HABÍA ENTONADO EL SIGUIENTE *MEA CULPA* ↑

Hace mucho tiempo fui atacado, por Boas y por Benedict, debido a mi misticismo, y después por Bidney, debido a mi idealismo, al reificar el concepto de cultura. White ha citado estas diferentes críticas. Aprovecho esta oportunidad para retractarme formal y públicamente de cualquier extravagancia o exageración de la que haya podido ser culpable por un exceso de ardor en mis convicciones, en mi «*Superorganic*» y desde entonces. En 1948, me parece tanto innecesario como causante de nuevas dificultades asumir la existencia de cualquier entidad, sustancia, tipo de ser o conjunto de fuerzas separadas, autónomas y completamente autosuficientes, para dar cuenta de los fenómenos de la cultura. Sin embargo, creo que he sido ambiguo, y que he escrito algunos pasajes que pueden ser interpretados de este modo y que probablemente contienen implicaciones en esta dirección (Alfred L. Kroeber, 1948: 407).

décadas para aclarar si la separación del orden superorgánico estaba en el mundo o sólo en la interpretación de los antropólogos, se impuso una cruda evidencia. La cultura superorgánica no era sino una versión del viejo «espíritu del pueblo», en cuyo nombre millones de personas fueron asesinadas durante la barbarie del nacionalsocialismo alemán. Ante semejante evidencia, Kroeber reculó, aunque no sin ambigüedad, como vemos en los textos del cuadro 17. Pese a todo, la cultura siguió flotando por ahí, y aún lo hace hoy en día, como una peligrosa aparición que obra ante intelectuales y políticos. Es urgente acabar con esta alucinación, de una vez por todas.

El violinista

Kroeber se equivocaba. *El mensajero no es extrínseco a la noticia.* Los agentes culturales no se comportan con sus cuerpos como trabajadores de una empresa de mensajería, llevando de un lado a otro sobres cerrados con mensajes que ni les van ni les vienen. La relación entre un agente cultural de carne y hueso y su acción con forma cultural, que da lugar a objetos con forma cultural, es tan intrínseca como pueda serlo la relación entre el cuerpo de un atleta y sus saltos, o la relación entre el cuerpo de un músico y sus interpretaciones musicales.

Mi amigo Pablo, que es violinista, lo sabe muy bien. Mañana tendrá que interpretar un concierto de Mozart. Sabe muy bien que no lo hará llevando las partituras metidas en un sobre y repartiéndolas al público. Si fuera a hacer sólo eso, ¿para qué se habría pasado veinticinco años hasta ganar maestría con el violín, y largas horas practicando con su cuerpo ese texto que Mozart escribió? El conjunto «superorgánico» —cultural— formado por el texto que escribió Mozart (con sus reimpresiones y reediciones), los libros que mi amigo Pablo ha estudiado para aprender primero a tocar el violín y después a interpretar a Mozart, las reglas de la interpretación musical, y los planos arquitectónicos del auditorio en el que tocará mañana; va inextricablemente unido al conjunto «orgánico» —cultural— formado por el cuerpo de Mozart con su cerebro entrenado para la composición y la escritura musical, los soportes materiales en los que esa escritura queda inscrita, el cuerpo de Pablo con sus manos, su cerebro y su cuello.

Es posible escoger de cualquiera de esos dos conjuntos una parte cualquiera, y ofrecer un análisis de sus principios o procesos internos. Es posible tomar un conjunto de partituras escritas por Mozart y estudiarlas hoy para intentar comprender la lógica de su obra. Hay que notar, sin embargo, que aún en este extremo es necesario tomar *algo* como objeto, *algo* escrito, inscrito o incorporado en una *forma material*. Además, *alguien* con su cuerpo tendrá que hacer la tarea, partiendo de la base, claro está, de que Mozart con su cuerpo ya hizo la suya propia. El hecho de que esto sea necesario está muy lejos de indicar que la cultura anda suelta como un espíritu flotante.

Sin embargo, en su mayor parte los comportamientos humanos poco tienen que ver con esa erudita actividad del musicólogo ocupado solamente en estudiar los textos de Mozart. Tienen más que ver con lo que hace mi amigo Pablo cuando afina su violín y luego, para calentar, practica unas escalas. Al hacerlo, la integración que Pablo pone en juego entre los aspectos que Kroeber consideraría «orgánicos» y «superorgánicos» es tal, que difícilmente podemos entender el dualismo. Como cualquier instrumento de cuerda, un violín está hecho de forma tal que su estructura física es una versión más del sonido que emite. Las notas son más altas, relativamente, cuanto más te acercas al arco con tu mano izquierda (si es que llevas el arco en la derecha); las cuatro cuerdas están afinadas en notas progresivamente más altas cuanto más se separan de tu cuello. Cualquier violinista practica durante años para *incorporar* en su acción los principios que constituyen la relación de sonidos en ese objeto. Cuando Pablo practica la escala de Do Mayor después de afinar el instrumento, sus dedos se mueven con destreza en las posiciones requeridas por la estructura material del violín. La escala que practica es una convención cultural que puede ser escrita en un papel y olvidada en un vagón de metro, pero sólo cobra *forma sonora* al ser convertida en sonido por el cuerpo de mi amigo con su objeto material. Es evidente que al tocar esa escala mi amigo Pablo está teniendo en cuenta multitud de elementos *externos a su propio organismo biológico*. Eso es verdad hasta el punto de que, al tocar la escala de Do Mayor, puede *desafinar*. La regla que estipula, para Do Mayor, esta secuencia de tonos y medios tonos

Do Re Mi Fa Sol La Si Do

existía mucho antes de que Pablo naciera, y responde a un sistema musical en cuyo interior se enuncia esta regla general:

Una escala heptatónica (compuesta por siete tonos) en el
modo mayor se construye así:
Das la primera nota (Do)
Avanzas un tono completo y das la segunda (Re)
Avanzas un tono completo y das la tercera (Mi)
Avanzas medio tono y das la cuarta (Fa)
Avanzas un tono completo y das la quinta (Sol)
Avanzas un tono completo y das la sexta (La)

Avanzas un tono completo y das la séptima (Si)
Si continúas, has de avanzar sólo medio tono para dar de
nuevo Do

A su vez, esta regla musical es válida para construir todas las escalas mayores, de manera que, si haces lo mismo empezando por la nota Re, obtienes la escala de Re Mayor:

Das la primera nota (Re)
Avanzas un tono completo y das la segunda (Mi)
Avanzas un tono completo y das la tercera (Fa#)[23]
Avanzas medio tono y das la cuarta (Sol)
Avanzas un tono completo y das la quinta (La)
Avanzas un tono completo y das la sexta (Si)
Avanzas un tono completo y das la séptima (Do#)
Si continúas, has de avanzar sólo medio tono para dar de
nuevo Re

Convenciones de esta clase dan como resultado un sistema musical que, en relación con mi amigo Pablo es, desde luego, *extrasomático*: ese sistema se encuentra *fuera de* su cuerpo biológico. Tanto ese sistema como el violín de mi amigo estarán ahí, casi seguro, cuando él haya muerto. Y si el violín está en buen estado y bien construido (en relación con esas convenciones tonales), mi amigo Pablo desafinará al poner sus dedos en lugares no previstos por esa referencia externa. Si sube algo más de un tono o medio tono, o si se queda corto en los lugares indicados, desafinará.

Nada hay de extraño en asumir que existen realidades que, producidas culturalmente con arreglo a formas convencionales, son extrasomáticas en relación con agentes concretos. *Lo que sí es absurdo es asumir cualquiera de estas dos cosas: (a) que esas realidades, como las partituras o los sistemas armónicos, no han sido nunca producidas por cuerpos humanos, y existen completamente al margen de sus soportes materiales; (b) que esas realidades tienen vida propia hasta el punto de producir efectos, actuar o interactuar por su cuenta.*

Dicho sea de paso, también es bastante extraño, al menos lo es para un antropólogo, que alguien pueda querer limitar voluntariamente su mirada al sistema musical aislado, con lo bonito que es escuchar a Mozart a través del cuerpo de mi amigo Pablo. Eso es cuestión de gustos y afinidades. Sea como sea, esa limitación de la mirada no permite traba-

---

23. Fa# se lee «Fa sostenido», que es la nota que se sitúa medio tono por encima de Fa.

jar con el concepto antropológico de cultura que explico en este libro. Para un antropólogo, la cultura, o es cultura en acción o no es cultura en absoluto.

Excesos culturológicos

No fue el «idealista» Kroeber quien perfiló el concepto más acabadamente superorgánico y extrasomático de cultura, sino el «materialista» Leslie White. Estas palabras suyas expresan el absurdo que he mencionado hace dos párrafos, en el punto b): que esas realidades tienen vida propia hasta el punto de producir efectos, actuar o interactuar por su cuenta.

> La cultura —escribió White en 1949— se convierte en un continuo de elementos extrasomáticos. Se mueve de acuerdo con sus propios principios, sus propias leyes; es una cosa *sui generis*. Sus elementos interactúan los unos con los otros, formando nuevas combinaciones y síntesis. Nuevos elementos son introducidos en esa corriente de vez en cuando, y viejos elementos desaparecen[24].

Y lo hace todo solita o, como mucho, de esa forma tan impersonal: «nuevos elementos son introducidos». ¿Por quién?

Leslie White, que también nos ofreció una teoría de la evolución cultural basada de forma casi exclusiva en el concepto de energía («material») y en su organización institucional[25], no pareció hallar contradicción alguna entre su firme orientación «materialista» y ese «idealista» concepto de cultura extrasomática. En el mismo año vieron la luz ambas aportaciones, la segunda en un famoso artículo titulado «El concepto de cultura», en el que escribió lo siguiente:

> Volvamos ahora a la clase de cosas y acontecimientos que consisten en la simbolización o dependen de ella: una palabra, un hacha de piedra, un fetiche, el evitar la madre de la esposa, la repugnancia de la leche, la hisopación de agua bendita, un cuenco de porcelana, decir una oración, elegir un voto, la santificación del sabbath [...]. Todos ellos son lo que son: hechos y cosas que dependen del simbolizar.
>
> [...] Cuando cosas y acontecimientos que dependen del simbolizar se consideran e interpretan en términos de su relación con los organismos humanos, es decir, en un contexto somático, entonces propiamente pueden denominarse *conducta humana*, y la ciencia correspondiente:

24. White, 1949: 374.
25. White, 1959.

psicología. Cuando estas mismas cosas y acontecimientos que dependen del simbolizar son considerados e interpretados en términos de contexto extrasomático, es decir, en términos de su mutua relación más bien que de su relación con organismos humanos, podemos entonces llamarlos *cultura*, y la ciencia correspondiente: *culturología*[26].

Y así, nos ofreció esta definición:

> Cultura es, pues, la clase de las cosas y acontecimientos que dependen del simbolizar, en cuanto son consideradas en un contexto extrasomático[27].

Ante semejantes excesos «idealistas» en un «materialista», no es extraño que el «materialista» Marvin Harris se sintiera perplejo, y que en su historia de la antropología expresase esa perplejidad con estas palabras:

> El más decidido apoyo a lo superorgánico de Kroeber llegó de un ángulo totalmente inesperado[28].

No dudo de que haya algo válido en la explicación aportada por Marvin Harris para dar sentido a su perplejidad. En su explicación, Kroeber se presenta poco menos que como un embaucador y el acercamiento de White a Kroeber se justifica como consecuencia de la soledad intelectual del primero[29]. Sin embargo, no es claro por qué Harris considera ese apoyo «inesperado», cuando él mismo, como hemos visto hace algunas páginas, vio posible hablar, aisladamente, de «las ideas *culturalmente determinadas* pertenecientes a la vida mental de la gente»[30].

Más allá de los estilos personales y los problemas afectivos de Kroeber y de White, mi interpretación es que ambos, a dúo, escenificaron un drama en el que nunca estuvieron separados, el dualismo entre la materia y el espíritu, en el que han de coincidir necesariamente tanto los «idealistas» como los «materialistas».

La cultura que parece flotar en el vacío no viene del vacío

La idea de una cultura fantasmagórica, extrasomática, que va haciendo cosas por ahí, no es sólo una ocurrencia alucinatoria de estos y otros

---

26. White, 1975 [1959]: 134.
27. *Ibid.*: 139.
28. Harris, 1983 [1968]: 287.
29. *Ibid.*: 287-288.
30. Harris, 1991 [1988]: 145. La cursiva es mía.

autores. Su fundamento político en la noción del espíritu del pueblo, tan necesaria para la constitución de los modernos estados nacionales, es hoy en día difícilmente discutible. Pero su origen se encuentra también en una tradición intelectual que debemos tomarnos en serio. No es, en este segundo sentido, una idea simplemente mística, para la que tarde o temprano habremos de remontarnos a la mano divina, a Dios o a la Nación (que vienen a ser la misma cosa con diferentes nombres). Esa tradición intelectual, denominada *emergentismo*, es en realidad una tradición evolucionista, y fue condensada con mucha precisión en un importante libro de 1923, escrito por C. Lloyd Morgan: *Evolución emergente*[31]. En esta tradición coexistieron sin problemas conceptuales importantes Kroeber, White, y muchos otros. El mejor y más breve resumen del contenido conceptual del emergentismo se encuentra en un texto que Alfred Kroeber escribió comentando un artículo de Leslie White titulado «La expansión del ámbito de la ciencia»[32]:

> Los fenómenos pueden ser vistos, estudiados, e interpretados en una serie de niveles —las 'dimensiones' o niveles orgánico, psíquico, social, y cultural— cuyo reconocimiento en la historia del conocimiento es sucesivo, gradual, y empírico[33].

Esta imagen del mundo de los fenómenos se encuentra hoy en día bastante extendida, hasta el punto de que probablemente no es necesario insistir mucho en ella. Naturalmente, como toda imagen filosófica que aspira a ponerlo todo en orden, es discutible, empezando por el problema que se suscita al escribir en una sola frase los verbos «ver», «estudiar» e «interpretar». El primero sugiere que el mundo está *de hecho* ordenado en niveles emergentes; el último dice que *lo interpretamos así* y que así lo hemos ido conociendo históricamente.

Con todo, hay que reconocer que esta imagen encierra una cierta razonabilidad. Una vez explorados los perfiles más extravagantes y alucinatorios de lo «superorgánico» no parece descabellada la idea de que la cultura se sitúa en el orden más complejo de realidad, al emerger de los demás órdenes. Esa idea es, desde luego, un posible punto de partida[34]. Entre otras cosas, porque, al considerarla así, al menos tenemos en cuenta que la cultura no viene del vacío o de una efusión mística.

---

31. Morgan, 1927 [1923].
32. White, 1947b.
33. Kroeber, 1948: 405.
34. Lo que no quiere decir que sea el mejor punto de llegada. Clifford Geertz ha identificado con precisión el problema que conlleva esa comprensión emergentista de los

Lo superorgánico o extrasomático, esa partitura que lee mi amigo Pablo con su violín, queda ahora comprendido en un *proceso de producción* que, por una parte, permite establecer una conexión causal limitada entre los niveles menos complejos y los más complejos, y que, por otra parte, permite hablar de relaciones que son inteligibles sólo dentro de cada porción o nivel de realidad:

> Regularmente, algunos de los fenómenos de un nivel son explicables en términos de factores del nivel o los niveles inferiores. [...]
> Con la misma regularidad, sin embargo, ciertos fenómenos de cada nivel se resisten obstinadamente a la reducción. Estos fenómenos permanecen inexplicables y sin sentido al ser explicados en los términos del nivel inferior, mientras que, en su propio nivel, pueden ajustarse en relaciones inteligibles[35].

Este modelo emergentista se encuentra en la base del acuerdo entre White y Kroeber. Dejando a un lado sus excesos alucinatorios, y más allá de las etiquetas «materialista» e «idealista», ambos fueron dos antropólogos preocupados por la inteligibilidad científica de la cultura y por su forma de existencia en nuestro mundo.

Puesto que esa forma de existencia con su específica complejidad puede hacernos ver fantasmas por caminos muy diferentes, conviene hacer una breve pausa para buscarle los matices a lo superorgánico, no sea que por un defecto de reflexión acabemos demonizándolo y con ello, inopinadamente, cayendo en su red.

Superorgánicos

Como casi todas las ideas de las ciencias sociales, la idea de lo superorgánico presenta en antropología muchos matices. Todos estos matices son consecuencia de la idea general de una cultura extrasomática o extracorporal. Puesto que me estoy esforzando en criticar duramente esta idea raíz, cae de su peso que cualquier noción de lo superorgánico habrá

---

fenómenos en estratos de progresiva complejidad, mostrando cómo la idea emergentista contribuyó a asentar la búsqueda de una supuesta esencia de la naturaleza humana. En particular, en la búsqueda de los universales culturales, «la antropología podría determinar las dimensiones culturales en un concepto del hombre en conformidad con las dimensiones suministradas de análoga manera por la biología, la psicología o la sociología» (Geertz, 1973a: 47). De esa forma, sin necesidad de reducir los fenómenos culturales a fenómenos de un nivel «inferior», la antropología podía llegar a definirse como una ciencia de las esencias universales, ignorando con ello la tensión entre universal y diverso.
35. Kroeber, 1948: 405-406.

de ser evaluada, primero, teniendo en cuenta esta prevención general, ya enunciada:

> Lo que es absurdo es asumir cualquiera de estas dos cosas: (*a*) que esas realidades, como las partituras o los sistemas armónicos, no han sido nunca producidas por cuerpos humanos, y existen completamente al margen de sus soportes materiales; (*b*) que esas realidades tienen vida propia hasta el punto de producir efectos, actuar o interactuar por su cuenta.

Lo que es absurdo es seguir manteniendo un dualismo estéril entre el cuerpo y el alma. Y así, es absurdo imaginar la cultura como una mente separada del cuerpo social.

(*a*) Mente y cultura

El cuadro 18 recoge cuatro textos en los que se hace ese supuesto dualista por la vía de asociar el concepto antropológico de cultura al concepto psicológico de personalidad. Éste fue un punto de vista habitual en la antropología norteamericana durante los años treinta del siglo pasado. El problema de partida en todas estas definiciones, que tiendo a considerar poco fértiles, es que se apoyan en dos presunciones. Primera, que existe en el individuo humano un dualismo entre cuerpo y mente, cuerpo y personalidad; segunda, que ese dualismo es análogo en los grupos humanos al que se supone entre sociedad y cultura. La denominada escuela de Cultura y Personalidad trabajó profusamente con estas presunciones, discutidas posteriormente por los sucesores de esa misma escuela[36].

Para mi gusto, la peor de todas estas definiciones es la III (Faris, 1937). Primero, porque en su retórica da por sentado un «se asume» que encubre lo que en realidad fue una apasionada discusión en la historia de la antropología. Esta definición es desastrosa porque cae explícitamente en la clase de riesgo político que cualquier padrino de lo superorgánico debe tener bien presente: la idea de que el concepto de cultura puede aplicarse sin problemas a «*un* pueblo» en su totalidad. En el capítulo 8 de este libro encontrarás una argumentación detallada para comprender por qué soy tan enemigo de esta idea.

A la definición IV (Mandelbaum, 1941) le he puesto una doble flechita. El motivo es que esta definición habla de la personalidad y la cultura sin referirlas a «tipos individuales» o «pueblos». Es decir, es una definición que no utiliza los conceptos de cultura y personalidad

---

36. Véase por ejemplo, Shweder (ed.), 1991; Bock (ed.), 1994.

> **Cuadro 18. Mente y cultura**
>
> ---
>
> **I. Katz y Schank, 1938** ↓
> La cultura es a la sociedad lo que la personalidad es al organismo. La cultura recoge el contenido institucional particular de una sociedad (KK 117).
>
> ---
>
> **II. Benedict, 1932** ↓
> Las configuraciones culturales sirven para comprender el comportamiento del grupo como los tipos de personalidad sirven para comprender el comportamiento individual (KK 198).
>
> ---
>
> **III. Faris, 1937** ↓
> Se asume que cultura y personalidad son términos correlativos; que conocer la cultura de un pueblo es conocer los tipos de personalidades que encontraremos en él; y que conocer las personalidades es comprender la cultura (KK 204).
>
> ---
>
> **IV. Mandelbaum, 1941** ↕
> Una ponderación graduada de pautas, una jerarquía de valores, es característica de los fenómenos que llamamos culturales, así como del comportamiento que denominamos personal. La conformación de la cultura, cuando exploramos su naturaleza esencial, empieza a parecerse más y más a la estructura de la personalidad (KK 208).

para aventurarse en esta clase de esterotipia: igual que los «neuróticos» tienen sentimientos de culpa, los «andaluces» tienen gracejo y sentido del humor. Más bien su argumento va en la dirección de afirmar que las pautas que encontramos en los fenómenos culturales son análogas a las que encontramos en el comportamiento individual. Se trata, por tanto, de una visión más abstracta y menos decididamente estereotípica. De todos modos, no es para tirar cohetes, en la medida en que el concepto mismo de «personalidad» es un concepto debatible como realidad superorgánica.

(*b*) Cultura sin tiempo

He aquí la peor definición posible del concepto de cultura como concepto superorgánico:

> Los sistemas culturales se distinguen de los otros dos [los sistemas naturales y los sistemas de acción social] en que son tanto no-espaciales como atemporales. Consisten, como dice el profesor Whitehead, en objetos *eternos*, en el estricto sentido de la palabra eterno; objetos no de una duración indefinida, sino a los que la categoría de tiempo no es aplicable. Son objetos no insertos en 'procesos'[37].

Para decir esta estupidez Parsons (y Whitehead) debieron haber extraviado todo el llavero. Esta estupidez está en la base de muchos equívocos contemporáneos acerca de la cultura, ese eterno destino de las naciones. Tiene delito especialmente en el caso de Talcott Parsons, pues la enunció con obstinación, una y otra vez en las sucesivas ediciones de su obra, a pesar de que, entre 1937 cuando *La estructura de la acción social* vio la luz, y esta edición que yo cito de 1968, sus propios discípulos le advirtieron del desvarío, aunque para mi gusto con demasiados miramientos:

> Interpretamos que esto significa que las cosas esenciales en la cultura son sus formas, y que éstas *pueden* ser consideradas atemporalmente. [...] En esto estamos de acuerdo; pero también sostenemos que ése no es el único modo o el modo necesario de aproximarse a la cultura. Las culturas particulares existen en lugares particulares, y su interconexión espacial y temporal, en cuanto al contenido y a la forma, puede ser estudiada al igual que sus formas abstractas, consideradas aisladamente. De hecho, en esto consiste la historia de la cultura[38].

No sería necesario interpretar lo que Parsons *quiso decir* si lo hubiera dicho, simple y llanamente. Parsons no dijo explícitamente lo que Kroeber y Kluckhohn creen leer en sus palabras porque necesitaba un extremado concepto superorgánico de cultura que justificase el monumental disparate en el que se asienta toda su doctrina: que por un lado va el sistema de acción social, y por otro lado la cultura.

---

37. Parsons, 1968 [1937]: II, 763.
38. Kroeber y Kluckhohn, 1963a [1952]: 265.

(c) Configuración

El concepto de configuración cultural es, en gran medida, una consecuencia de la filosofía evolutiva emergentista. Básicamente consiste en la creencia de que cada uno de los niveles de descripción de los fenómenos (orgánico, psíquico, social y cultural) debe prestar atención a las rela-

---

Cuadro 19. Configuración

I. Boas, 1938 ↑

La cultura tiene, en sí misma, muchas dimensiones. Incluye la multitud de relaciones que se establecen entre el hombre y la naturaleza; la obtención y preservación del alimento; la seguridad del refugio; los modos en que los objetos de la naturaleza son usados como implementos y utensilios; y todas las variadas formas en las que el hombre utiliza o controla, o es controlado por su entorno natural: los animales, las plantas, el mundo inorgánico, las estaciones, el viento y el tiempo meteorológico (KK 184).

II. Firth, 1939 ↑

La mayor parte de los autores modernos coinciden, explícitamente o no, en ciertos supuestos muy generales sobre la naturaleza del material que estudian. Consideran las acciones de los individuos, no como individuos aislados sino como miembros de la sociedad y denominan a la suma total de esas formas de comportamiento 'cultura'. Igualmente, están impresionados por la interrelación dinámica entre los elementos de una cultura, cada uno de los cuales tiende a variar en relación con la naturaleza de los otros. Reconocen, también, que en cualquier cultura hay ciertos elementos que son comunes a todas ellas: grupos como la familia, instituciones como el matrimonio, y formas complejas de práctica y creencia que pueden agruparse bajo el nombre de religión. Sobre esta base, sostienen la existencia de factores y procesos universalmente comparables, cuya descripción y explicación puede ofrecerse por medio de leyes sociológicas o principios generales de la cultura (KK 163-164).

ciones que los diferentes elementos de ese nivel mantienen *entre sí*; y, si es posible, con los elementos de otros niveles. Puesto que se predica que parte de las relaciones entre los elementos de un nivel son irreductibles explicativamente a los elementos de otro nivel; y puesto que el orden de los fenómenos «físicos» se encuentra en la base del sistema, esta idea de configuración comparte el halo de lo superorgánico. Sin embargo no se trata de una idea fantasmagórica de la cultura. Afirmar que existen relaciones entre los comportamientos y objetos culturales, y que esas relaciones, descritas teóricamente por el investigador, constituyen un objeto importante del estudioso de la cultura, no tiene por qué implicar que la configuración resultante haya de ser entendida como un alma sin cuerpo. El pensamiento relacional que persigue configuraciones es, por otra parte, la esencia del holismo en antropología. Con su intención holística, el estudioso de la cultura aspira a ofrecer una imagen de las relaciones entre los comportamientos y las instituciones humanas que, hasta cierto punto, dote a esos comportamientos e instituciones de inteligibilidad[39].

Como puedes apreciar en las dos definiciones que te ofrezco en el cuadro 19, cuando los antropólogos han trabajado con esta idea de configuración (que es muy a menudo), lejos de ofrecer la idea de una cultura sin cuerpo, han insistido en las relaciones entre «naturaleza» y «cultura»; o, expresado de un modo no dualista, han insistido en que la cultura como conjunto de formas convencionales de comportamiento e institución es un vehículo fundamental para la producción material, la producción de sociedad, o la reproducción biológica (por ejemplo, a través de las instituciones familiares).

La definición I (Boas, 1938) es algo más endeble; y comete el exceso de poner aquellos fenómenos que el ser humano controla con su acción en el mismo nivel cultural que aquellos fenómenos (no culturales) que controlan la acción del ser humano. Obviamente, esto es un exceso culturalista que parece llegar a incluir bajo el concepto de cultura hasta al huracán *Katrina*.

La definición II (Firth) es impecable en lo que respecta al concepto de cultura que defiendo en este libro[40].

---

39. Velasco y Díaz de Rada, 2009 [1997]; Díaz de Rada, 2003.
40. La definición tiene, como siempre, aspectos discutibles en el estado de desarrollo de la antropología contemporánea: la universalidad de conceptos como «familia» (entendida en singular), o el impulso abiertamente universalizante de la teorización; pero esos aspectos no enturbian la excelente imagen que ofrece Firth de la cultura como proceso práctico y relacional.

(d) Ambiente o entorno cultural

La idea de que la cultura es una configuración constituida por comportamientos e instituciones en relación contiene un matiz muy importante, que se refleja en esta interesante reflexión de Leslie White:

> Un símbolo puede definirse como una cosa cuyo significado está determinado por quienes lo usan. Sólo el ser humano tiene la capacidad de usar símbolos. El ejercicio de esta facultad ha creado para esta especie una clase de ambiente que no posee ninguna otra especie: un ambiente cultural. La cultura es una organización tradicional de objetos (herramientas y cosas hechas con herramientas), ideas (conocimiento, saber popular, creencia), sentimientos (actitudes hacia la leche, el homicidio, la suegras, etcétera), y el uso de símbolos. La función de la cultura es regular el ajuste del ser humano, como especie animal, a su ambiente natural[41].

Esta reflexión funcional es claramente dualista, al plantear dos esferas u órdenes de ambiente —el cultural y el natural. En la práctica, sin embargo, estas dos esferas se encuentran tan profundamente imbricadas, que merece la pena suscitar una duda: ¿hasta qué punto, en qué casos y con qué consecuencias merece la pena separarlas? Esta duda, bastante contemporánea, no puede llevarnos a negar el mérito de Leslie White en su esfuerzo por articular el concepto de cultura en el concepto, más vasto, de ambiente, o como diríamos algunos hoy, *entorno*. También podrían arrojarse serias dudas sobre la idea de que sólo el ser humano vive en entornos constituidos por cultura. Pero si hay una especie de primates que, cuando se despierta por la mañana (y seguramente también mientras duerme), vive constantemente en un mundo hecho de comportamientos y objetos con forma convencional, esa especie es sin duda la nuestra.

(e) Forma, porte, disposición

Una consecuencia del concepto de configuración se presenta en el cuadro 20.

Dejando a un lado excesos como el del texto I (Sapir, 1937), poblado de personificaciones, en el que Sapir nos habla de una «mente humana» que trabaja colectivamente (¿la mente de quién?), estos tres textos apuntan hacia la misma propiedad del concepto de cultura como confi-

---

41. White, 1947a. Citado en Kroeber y Kluckhohn, 1963a [1952]: 186.

Cuadro 20. Forma, Porte, Disposición

I. Sapir, 1949 [1937] ↕

Siempre que la mente humana ha trabajado colectiva e inconscientemente, ha procurado y a menudo ha conseguido obtener una forma única. La cuestión importante es que la evolución de la forma se ha movido en una dirección; que busca un porte, un equilibrio, y que resiste, relativamente, una vez que lo ha encontrado (KK 360).

II. Kroeber y Kluckhohn, 1963 [1952] ↑

Puesto que las formas culturales genuinas con arreglo a las cuales los individuos pautan inconscientemente la mayor parte de su comportamiento, tienen, por decirlo así, una lógica propia, ninguna ley psicológica o investigación del continuo cultura-personalidad que intente reducir la cultura a la psicología llegará nunca a explicar todo el extenso conjunto de principios del cambio cultural (KK 360-361).

III. Murdock, 1949 ↑

El fenómeno del cambio lingüístico presenta numerosos paralelismos estrechos con la evolución de la organización social, por ejemplo, la limitación en las posibilidades del cambio, una tensión hacia la consistencia, cambios de un estado de equilibrio relativamente estable a otro, reajustes internos compensatorios, resistencia a cualquier influencia procedente de una difusión que no es acorde con el cambio... La presente investigación ha producido la conclusión de que la organización social es un sistema semi-indepediente comparable en muchos aspectos al lenguaje, y, similarmente, caracterizado por una dinámica interna propia. Sin embargo, no se trata de un sistema cerrado, puesto que puede demostrarse que cambia en respuesta a acontecimientos externos, y de formas identificables. No obstante, su estructura propia parece actuar como un filtro en relación con las influencias que llegan a afectarle (KK 361-362).

guración. Imagina que llevas un cántaro lleno de agua sobre tu cabeza. Es improbable que de una sola vez alcances a sostenerlo y a transportarlo con la elegancia de esas mujeres que van a la fuente, y que lo han hecho durante años hasta adquirir un porte, un gesto estilizado. Tendrás que practicar como lo han hecho ellas y, con el tiempo, tu cuerpo alcanzará una particular disposición. La primera vez que intentes llevar el cántaro sobre tu cabeza probablemente te inclinarás demasiado a la derecha, la segunda vez demasiado a la izquierda (ya has roto dos cántaros); con el tiempo aprenderás a controlar la oscilación de tu cuerpo a izquierda y derecha hasta alcanzar el *porte*, el *equilibrio* del que habla Sapir en la definición I. Ese porte o equilibrio es resultado de una *configuración* de los miembros de tu cuerpo. Quizás, en esos ajustes de los miembros de tu cuerpo, llegarás a notar que es mejor dejar de sujetar el cántaro con una mano, puesto que cada anclaje del objeto, aparentemente un seguro de sujeción, no es sino una nueva posibilidad de transmitir cualquier desequilibrio. La conformación de tu gesto se convierte entonces en una configuración relativamente estable o equilibrada de tu cuerpo, que tenderás a reproducir cada vez que realices de nuevo la tarea. Análogamente Sapir, en ese texto I del cuadro 20, entendía la cultura como una progresiva equilibración en las formas de los comportamientos humanos, conducente, con la experiencia, a una cierta estabilidad resistente al cambio.

La idea fundamental de ese punto de vista de Sapir es que cada configuración cultural (cada entramado de relaciones entre los diversos conjuntos de reglas que componen la cultura), muestra una inevitable resistencia al cambio y una inevitable tendencia a la reproducción. En este sentido, como indican Kroeber y Kluckhohn en el texto II, la cultura tiene una «lógica propia», una «estructura propia». Esa lógica o estructura propia es, hasta cierto punto, independiente de otras lógicas y estructuras, pues las relaciones entre los elementos de una configuración cultural pueden reconfigurarse hasta cierto punto cuando penetran elementos externos, volviendo de nuevo a adoptar una configuración muy similar a la inicial. Si tropiezas con tu cántaro en la cabeza y el tropiezo no es tan fuerte como para llevarte al suelo, tu cuerpo absorberá esa fuerza imprevista con una acción de recolocación, como cuando un equilibrista reajusta el movimiento de sus brazos al tambalearse en la cuerda floja. Hay ahí una disposición interna de los miembros del cuerpo en equilibrio inestable que, ante cada nueva interferencia externa, lleva al equilibrista a reconfigurar su porte original.

Kroeber y Kluckhohn extraen en ese texto II una consecuencia de la existencia de una «lógica propia» en las configuraciones culturales. Puesto que esas configuraciones son entramados de relaciones entre conjuntos de reglas culturales, su *composición concreta* no puede reducirse por completo al plano de los procesos psicológicos. La configuración cultural, como proceso producido por individuos-en-relación social, no puede reducirse por completo a los procesos de cada individuo tomado aisladamente. Esto se entiende volviendo al ejemplo del cántaro. El porte de tu cuerpo es un fenómeno que ha de describirse hablando de los miembros-de-tu-cuerpo-en-relación, y no puede explicarse por completo dando cuenta de la acción de cada miembro tomado por separado. La consecuencia adicional que extraen Kroeber y Kluckhohn en el texto II es que reducir la configuración cultural a los procesos psicológicos de cada individuo aislado es especialmente inadecuado si lo que pretendemos es dar cuenta del *cambio cultural*. Es razonable pensar así, pues, desde la perspectiva de Kroeber y Kluckhohn, el cambio en una *configuración cultural* es el cambio *en la disposición de las relaciones entre sus elementos* o *la aparición de nuevas relaciones*; es decir, que lo que cambia son las *relaciones* no necesariamente (o no sólo) las cosas en relación. Y así, si entendemos que las relaciones sociales entre los individuos son una parte fundamental de una configuración cultural (§2), para comprender el cambio cultural no deberíamos prestar únicamente atención a los procesos psicológicos de cada individuo aislado, sino hacerlo en todo caso teniendo en cuenta el entramado de sus relaciones sociales.

Además, como advierte Murdock en el texto III del cuadro 20, la relación interna de los elementos de una configuración cultural no forma nunca un universo enteramente cerrado al exterior. Si la fuerza de tu tropiezo es muy grande, la configuración de los miembros de tu cuerpo se va al garete y el cántaro al suelo. Y si un vecino te muestra que ganarás en equilibrio poniéndote una pequeña colchoneta en la cabeza no dudarás en hacerlo, introduciendo así nuevos elementos (y nuevas relaciones entre elementos) en la configuración inicial.

Es preciso advertir que, al avanzar en estos matices del concepto de «superorgánico» lo que va cobrando relieve no es la separación de cuerpo y alma (perfectamente prescindible en el ejemplo del cántaro que te acabo de poner), sino, por el contrario, *la relación interna entre las partes o elementos de la acción*. Tanto más extremamos la opinión de que esa relación interna constituye un sistema cerrado, una cultura cerrada, tanto menos probable es que podamos comprender cada proceso cultural concreto, con sus tropiezos y sus nuevas incorporaciones. Y por eso, un concepto de cultura adecuado y razonable ha de incluir entre sus requisitos la sensibilidad hacia toda clase de relaciones, sin prejuzgar inicialmente si se trata de relaciones «internas» o de relaciones «externas». Pues el concepto de cultura deja de ser útil cuando lo usamos únicamente para acceder a la forma esencial de la vida humana, y presta todo su servicio cuando lo usamos para entender, sencillamente, la forma de cada acción con todas sus circunstancias. Análogamente, el concepto de holismo es útil cuando nos ayuda a perseguir todo el conjunto significativo de relaciones que se ponen en juego en una acción, y deja de serlo cuando lo usamos para certificar sólo aquellas que, de manera clausurada y esencial, parecen definir *una* cultura aislada. Eso no existe ni ha existido nunca.

(*f*) Los restos de un naufragio o la imagen del depósito

Con los matices señalados, el concepto de configuración conlleva un riesgo que ha sido puesto de relieve intensamente por los antropólogos de las últimas décadas. Ese concepto de configuración transporta inevitablemente una idea excesivamente coherente del concepto de cultura. Al usarlo, hay que advertir constantemente que no se trata de un orden de relaciones perfectamente equilibrado y armónico. En las últimas décadas hemos llegado a invertir este razonamiento con la esperanza de retratar de un modo más adecuado lo que sucede en la vida concreta. La cultura es forma *en formación*. *La forma equilibrada no es el punto de partida, sino más bien el pretendido (y generalmente idealizado) punto de llegada de la convivencia humana.* Así hemos llegado a darnos cuenta de que las descripciones de una vida social en perfecto equilibrio representan en realidad los principios morales de un orden perfecto; imágenes que, como la proverbial del buen salvaje, reflejan en mayor grado los principios morales de quien describe que las acciones sociales concretas que forman el supuesto objeto de la descripción. El conflicto y la negociación, el desajuste y el reajuste, la fractura y la eventual recomposición son propiedades permanentes del *proceso* cultural. Los seres humanos dan forma convencional a su experiencia y a su acción, pero no lo hacen a partir de un orden prefigurado ya como orden perfectamente coherente. Michael Carrithers lo ha contado en este hermoso texto:

> Una imagen persistente y anterior fue la de la cultura como una casa, a la que la gente se mudaba al nacer y abandonaba al morir, pero que en sí misma trasciende a la muerte y perdura. Hoy la imagen no es tan sencilla. Quizás deberíamos pensar en los restos de un naufragio sobre una isla desierta, de cuyo abandono dependemos; una miscelánea de herramientas herrumbrosas y de construcciones desvencijadas que hemos

de reparar para su uso, es decir, la cultura y la estructura social. Sería mejor, sin embargo, dejar a un lado esta elaborada imaginería y adoptar un vocabulario que debo a James Fernandez (1986) y a otros colegas [...]. El primer término es *incoado*, es decir, lo que no tiene forma, lo que está sin categorizar, lo que, por el momento, es caótico. Fernandez usa la idea de lo incoado para captar ese aprieto en el que, en general, se ven envueltos los seres humanos: la continua amenaza de la incertidumbre, la oscuridad, y el peligro, lo que todavía-no-está-a-mi-alcance, «la oscuridad al fondo de la escalera», como él lo dice. Ante esto, la gente responde aplicando el conocimiento nativo y los ingenios de la cultura, que extrae de un depósito común, para *hacer un movimiento* que la aleje de lo incoado, y que yo entiendo como un movimiento hacia el sentido y la acción planificada, hacia una interpretación de la situación y hacia un plan[42].

Vemos así que la imagen de la cultura como una casa que trasciende a la vida y la muerte, una realidad superorgánica, ha cedido el paso en nuestra imaginación a la idea de la cultura como un depósito común, que, usado para conferir sentido a la experiencia, no garantiza de antemano ninguna clase de coherencia hipostasiada. La consecuencia de este planteamiento, que se inspira en las anteriores imágenes de coherencia para superarlas, es una visión decididamente política (y ética) de la cultura. No es la cultura la que predetermina la acción planificada de los seres humanos, sino que son éstos, al planificar su acción en escenarios concretos de convivencia, los que forman la cultura. La cultura no es una casa que habitar y que trasciende nuestros cuerpos socializados, sino una casa que intentamos construir, cotidianamente, con nuestras propias manos. No me resisto a continuar un poco más con la cita de Carrithers, que expresa esta idea en el lenguaje de James Fernandez:

> Este movimiento de la mente conduce entonces a una actuación social [*performance*], a una acción y reacción. Esto es, por decirlo así, una psicología esquemática para uso de los antropólogos, pero no se trata de una psicología individual, pues ese «hacer un movimiento» es tan interpersonal y social como puede ser individual. Aquí es fundamental la idea de *persuasión*: al utilizar los recursos conceptuales disponibles la gente presiona para llegar a interpretaciones y políticas tanto en ellos mismos como en los otros[43].

---

42. Carrithers, 2005: 442; Fernandez, 1986; versión en español en Fernandez, 2006.
43. *Ibid.*: 442.

Sostener la utilidad del concepto de cultura no es ser «idealista»

Para sacar el mayor partido al concepto de cultura debemos imaginar que en él no hay cuerpo sin alma ni alma sin cuerpo, y entender que ese dualismo nos condena a la ignorancia.

Adam Kuper ha escrito un libro sobre el concepto de cultura en el que arremete contra el supuesto «idealismo» de quienes defienden su utilidad[44]. Es posible que Kuper sepa lo que es el «idealismo», pero, siguiendo la estela de otros «materialistas» más o menos moderados, Kuper prescinde por completo de hacer una caracterización seria de lo que son las «ideas», los «símbolos» y todas esas cosas que a él le parecen tan espirituales (pero no, desde luego, a quienes él etiqueta de «idealistas»). Kuper prescinde por completo de la semiótica, que es la ciencia de los signos y las representaciones simbólicas[45]. Al prescindir de la semiótica es sencillamente imposible entender qué dijeron Kenneth Burke y una buena parte de esos antropólogos «norteamericanos» que tan antipáticos le caen. Considerando su propio sentido común como universalmente evidente, Adam Kuper cuestiona los dos principios fundamentales de la semiótica, al criticar la obra del sociólogo Talcott Parsons como abono de «culturalistas»:

> La 'conexión entre un símbolo particular y su significado es siempre arbitraria en el sentido causal', escribía Parsons. 'El único elemento intrínseco común a los símbolos y a sus significados es el orden. Y éste nunca se puede captar a partir del estudio aislado de algunos símbolos en particular, sino según sus relaciones mutuas dentro de sistemas' (y hacía notar que el reconocimiento de lo que característicamente denominaba *'este hecho'* era una fuente principal del organicismo del pensamiento social alemán).
> De ahí sólo hay un paso a argumentar que la relación entre el símbolo y la realidad puede ser el reverso de lo que asume el sentido común[46].

Pero el asunto central es si podemos estar en desacuerdo con los dos argumentos que sostiene ahí Parsons: (*a*) que la conexión entre un símbolo y sus significados es arbitraria en el sentido causal[47], y (*b*) que los símbolos sólo pueden interpretarse por su relaciones con otros sím-

---

44. Kuper, 2001.
45. Se puede leer, por ejemplo, Eco, 1977; Hodge y Kress, 1988.
46. Kuper, 2001: 90. La cursiva es mía. La obra de Parsons que cita aquí Kuper es *The Structure of Social Action: A Study in Social Theory with Special Reference to a Group of Recent European Writers* (Parsons, 1968 [1937]).
47. Véase el cuadro 4 en el capítulo 2.

bolos. Más allá de ironizar sobre la verdad de este «hecho», arrojando dudas sobre su naturaleza de «hecho», Kuper elude aclarar por qué, para él, esto no es un «hecho». ¿Hay acaso alguna relación causal entre el aire que se mueve con forma al decir «unah cañitah» y la cerveza contenida en cuatro vasos de cristal? Kuper no se molesta en aclararlo, porque sencillamente *no hay una relación causal*. O sea que Parsons tiene razón[48], junto con una legión de estudiosos de los signos. *Es un hecho que esa relación es arbitraria (o convencional)*. Si, en lugar de haber nacido en Sevilla, Paco hubiera nacido en Manchester, habría movido el aire con sus cuerdas vocales de otra *forma*: «Jordi, can you give us a couple of pints?»[49]. Nadie ha podido demostrar que la diferencia entre ambas formas expresivas

Unah cañitah – A couple of pints

pueda explicarse tomando como causa la «materia» que se contiene en los vasos que nos sirve Jordi[50].

Por otra parte, ¿es acaso posible entender la expresión «cañitah» sin conocer un vasto conjunto de relaciones entre ese signo lingüístico y otros signos con los que contrasta? *No lo es*. Parsons vuelve a tener razón, por mucho que Kuper se ría de lo que dice. Jordi entiende lo que acaba de decir Paco (al mover el aire con su cuerpo) precisamente porque sabe que «cañitah» no es «carahiyoh» no es «chatoh» no es «copah» no es «entrecós»... Tal como lo formula Talcott Parsons, este segundo argumento encierra claramente un exceso semiótico: el supuesto de que la interpretación de los símbolos *sólo* puede hacerse en términos de sus relaciones con otros símbolos. Naturalmente que pueden incorporarse muchos otros elementos en cualquier interpretación simbólica, desde las apetencias psicosomáticas de Paco hasta su posición en un campo de distribución de bienes económicos. Pero el contexto de relaciones entre los signos que produce al hablar y los signos que *no* produce y que se encuentran en el léxico de la lengua que habla, funcionará siempre como un marco necesario para comprender lo que, de hecho, está haciendo Paco al pedir su ronda.

---

48. Tiene razón *en esto*, aunque no en todas las cosas que escribió acerca del concepto de cultura, como hemos visto en la sección «Cultura sin tiempo».
49. «¿Nos pones un par de pintas?».
50. En otro orden causal, aunque es imprescindible considerar que Paco necesita una masa cerebral para decir cualquiera de esas dos cosas, el carácter *funcional* de la actividad neurofisológica del habla sitúa el problema de la correlación entre forma hablada y función somática muy lejos de una grosera relación entre «materia» y «espíritu» (o «cuerpo» y «mente»).

Con el matiz señalado al segundo argumento de Parsons, ambos argumentos describen hechos tan grandes como pianos, seas «idealista» o «materialista». Si los pasas por alto, o si dudas de su carácter de hechos, simplemente eres tú el que inventa una realidad que no existe en ninguna parte. En ese texto Kuper añade que, si piensas como Parsons, estás a punto de invertir lo que nos dicta el sentido común acerca de la relación entre el símbolo y la realidad: que la «realidad» está antes que el «símbolo» y no a la inversa. De eso nada. Sostener los principios de arbitrariedad y relativa sistematicidad de los códigos de símbolos convencionales es compatible con sostener que existe un mundo que *no* se rige por convenciones y que también es fundamental para comprender la vida humana y la acción social. Si me bebo lah cañitah con mis amiguetes y me atenaza de golpe un dolor de hígado por el exceso de alcohol, mi comportamiento, siendo humano, *no* es convencional. Para interpretar esa parálisis repentina de mi cuerpo no hay que recurrir a un código convencional de símbolos. Para atenuar ese dolor no usaré en principio un código convencional, sino un analgésico[51].

El *hecho* es que los seres humanos vivimos en un complicado mundo de cosas que son convenciones y cosas que no lo son. El *hecho*, también, es que cada ser humano construye en sociedad un universo de convenciones tan real como su propia vida; y que, desnudo como nace, construye ese universo en su relación con cosas que son y que no son convenciones: sonajeros, muñecos regalados, pañales absorbentes, corrientes de aire, mocos, palabras. Y también es un *hecho* que el ser humano combina prodigiosamente en cada momento de su vida ambos tipos de cosas. Si me retuerzo como consecuencia de un dolor repentino de hígado, es muy probable que desencadene en mis amiguetes un conjunto de interpretaciones convencionales acerca de la naturaleza de mi retortijón; y también es probable que yo mismo intente, hasta donde me permita mi hígado, manejar mi expresión pública del dolor siguiendo reglas cuya naturaleza no depende del dolor mismo. Seguramente no me arrojaré a bote pronto sobre el suelo del bar dando golpes con los puños, y si grito lo haré entrecortadamente. No me pondré de golpe a dar voces como un loco. Todos estos son *hechos*[52]. Y, hasta donde llega el texto citado de Parsons, es Parsons quien tiene razón, y no Kuper.

---

51. No obstante, en nuestra especie ya la percepción misma del dolor, su percepción subjetiva derivada de una biografía, y su recepción social, modean de algún modo la experiencia somática, y la hacen susceptible de toda clase de maniobras convencionales.
52. A diferencia de Kuper, Parsons se tomó la molestia de definir con precisión qué entendía él por «hecho», de manera que podemos saber lo que decimos al hablar de Par-

En lo que se refiere a lo que Talcott Parsons pensaba acerca de la palabra «idea», y que Kuper ignora olímpicamente al tacharlo de «idealista», su planteamiento fue muy explícito:

> Las ideas, para los propósitos de esta discusión, son 'conceptos y proposiciones, susceptibles de interpretación inteligible en relación con intereses humanos, valores y experiencias'[53].
> [...]
> Mi intento consiste en analizar este tipo de entidades en elementos más simples cuya clasificación atraviesa los límites de la dicotomía marxista entre los factores 'ideales' y 'materiales'[54].
> [...]
> El problema del papel de las ideas [en la acción social] [...] Implica el análisis teórico sistemático de la acción, de la relación de las mismas variables con situaciones concretas muy diversas[55].

La palabra «idea» encierra siempre la trampa del intelectualismo. Es decir, puede conducir a contemplar la vida humana como un entramado de visiones intelectuales de la realidad, como un universo de representaciones conscientes acerca del mundo; y ello, desde luego, puede conducir al idealismo, es decir, a una filosofía reduccionista en la que asumimos que *todo* lo que está ahí se debe a nuestra capacidad consciente de ideación. Pero estos excesos no son necesarios, y, a pesar de que Talcott Parsons pudo haber escrito enormes estupideces, desde luego que es encomiable su intención de atravesar «los límites de la dicotomía marxista entre los factores 'ideales' y 'materiales'»[56]. Mucho más encomiable resulta su empeño cuando, al releer ese texto que acabo de citar reparamos en que su idea de lo que es una «idea» encierra los siguientes elementos: (*a*) cualquier idea está vinculada al interés y a la experiencia de un sujeto concreto, (*b*) cualquier idea exige comprender que el mundo social no se divide en «ideal» y «material», y (*c*) cualquier idea está vinculada a una diversidad de situaciones concretas de *acción* social. Yo no veo en esto ningún fantasma.

---

sons, pero no podemos saberlo con la misma exactitud al hablar de Kuper. Un «hecho» es una «afirmación verificable empíricamente acerca de fenómenos, en términos de un esquema conceptual» (Parsons, 1968: 79).
53. Parsons, 1954: 20.
54. *Ibid.*: 23-24.
55. *Ibid.*: 31.
56. Godelier, 1989 [1984].

6

¡QUE VIENE EL ESPÍRITU! UNA CRÍTICA DE LA SIMPLIFICACIÓN DEL CONCEPTO DE CAUSA

¿Quién habla sólo de causas?

En el capítulo anterior he mostrado que sostener la utilidad del concepto de cultura en antropología y en ciencias sociales no implica asumir un punto de vista «culturalista». Tampoco implica asumir un punto de vista «idealista».

Cuando sugiere eliminar el concepto de cultura del vocabulario de las ciencias sociales, Adam Kuper sugiere también que, si sostienes la utilidad de este concepto, has de sostener de inmediato que la cultura determina causalmente el comportamiento:

> Se continúa asumiendo que la gente vive en un mundo de símbolos. Las ideas, quizás inconscientemente, dirigen a los actores y configuran la historia. [...] La corriente central de la antropología cultural americana está todavía en manos de un idealismo omnipresente[1].

Supongo que con «todavía» quiere indicar que los «culturalistas» no han probado aún las delicias del progreso intelectual que trae consigo el auténtico pensamiento causal: el pensamiento causal «materialista».

Como muchos de los acusados por Adam Kuper de ser «culturalistas», sostengo que el concepto de cultura es fundamental y necesario; pero sostengo también que *la cultura no determina causalmente el comportamiento*, en el sentido habitual que concedemos a la palabra causa

---

1. Kuper, 2001: 38.

y que inmediatamente explicaré bajo el rótulo «causa eficiente». En este grosero sentido, la cultura no determina causalmente nada.

> La cultura no es una fotocopiadora gigante que produce clones, sino que es la capacidad más sensible de unos seres humanos que lo único que pueden provocar son cambios incluso cuando eso signifique producir estabilidad[2].

Recuerdo ahora algunas cosas que he escrito más atrás: «decir que la cultura es un conjunto de reglas —has leído en la sección *Palabras muertas y palabras vivas*— no quiere decir que sea un reglamento rígido de normas compulsivas». Más adelante has leído: «Las reglas de la cultura se encuentran doblemente indeterminadas. Se encuentran indeterminadas en cuanto a su grado de explicitud lingüística y se encuentran indeterminadas en cuanto a su grado de correspondencia con la acción concreta». Y aún más adelante: «la cultura se encuentra indeterminada en cuanto al grado de sistematicidad y coherencia con que se presentan las relaciones entre las reglas; y en cuanto al grado de limitación del repertorio de reglas que es tomado en consideración». También he traído esta precisa formulación de Michael Jackson: «[La cultura] es un vehículo de vida intersubjetiva, pero no su fundamento o su causa final». Y también, más adelante he escrito: «No hay práctica social sin regla, pero no hay regla que pueda predecir, de una vez por todas, cómo será una práctica». Finalmente, en la reflexión sobre *el lugar de la cultura*:

> Al considerar que no es posible la cultura fuera de un escenario de acción humana comprendemos de inmediato que ninguna cosa es cultura por sí misma y que ninguna cultura está por encima de quienes le dan vida. De inmediato se aclara así, en el tiempo concreto de cada acción humana, el orden de las prioridades: la cultura sólo cobra cuerpo en la acción de las personas. No es la cultura la que hace a las personas (¿cómo puede una regla hacer algo?), sino las personas las que hacen la cultura, al interpretar las reglas de la acción.

Estamos tan acostumbrados a pensar que saber auténticamente acerca de algo es saber acerca de sus causas, que la defensa de un modo de conocimiento que no apela al concepto de causa nos resulta perturbadora. Y frecuentemente tendemos a pensar, sirviéndonos de la entelequia del progreso, que un saber que no es saber acerca de causas no es *toda-*

---

2. Baumann, 2001: 165-166.

vía un auténtico saber. Ciertamente, el saber acerca de causas es una forma importante de saber; pero no es la única[3].

Buscar causas como única estrategia para dar cuenta de las reglas del comportamiento humano es como pretender entender la gramática del español con la única ayuda de una calculadora de sumar y restar. No se puede, porque el instrumento es inadecuado y raquítico para tal fin. Piensa en una regla aparentemente muy sencilla: la que te permite asociar tantas veces como quieras, cuando hablas español, los impulsos de tus cuerdas vocales

Unah cañitah

con esos vasos de cerveza que nos ha servido Jordi. La relación entre esas dos cosas (lo que dices y lo que se representa al decirlo) *no es causal*. Es una relación de asociación convencional diferente en cada lengua, en cada *código*.

Esto no quiere decir que el concepto de causa haya de excluirse por completo para comprender la situación en ese bar. Podemos preguntarnos, desde luego, *por qué* has pedido unah cañitah, y ofrecer cuantas causas de ese comportamiento nos parezca oportuno. Pero en ese comportamiento tuyo hay una clase de cosas cuya realidad no es abordable desde el concepto de causa. Y esa clase de cosas es, precisamente, la que define de manera precisa esa situación como una situación de comunicación entre seres humanos: reglas, convenciones irreductibles a una representación exclusivamente causal. Es comprensible que nos inquiete ese misterio, el misterio de la convención, el misterio de las reglas, pero nada ganaremos pasándolo por alto. Por otra parte, el misterio no es total. Décadas de estudios en semiótica, teoría lingüística, antropología cognitiva y simbólica y otros campos del saber acerca de los signos, los símbolos, y las prácticas expresivas han abierto parcialmente la puerta de su conocimiento[4]. Ignorarlas nos incapacita para comprender el concepto de cultura (y, dicho sea de paso, para hacernos antropólogos).

Causa eficiente y regla

Lo primero que hay que advertir es que el concepto de causa no es unitario. Hay diversos modos de interpretar cómo es que una cosa interviene en la producción de otra cosa. Esto lo sabemos al menos desde el

---

3. Velasco y Díaz de Rada, 2009 [1997]: 228 ss.
4. Velasco, 2003 y 2007a.

viejo Aristóteles, de quien Alfred Kroeber se sirvió, a través de Bidney[5], para poner este ejemplo:

> Si se trata de una casa, la 'causa material' sería su madera; la 'formal', el plan o el diseño del edificio; la 'eficiente', el carpintero; la 'final' el objetivo del refugio[6].

Al poner este ejemplo, Kroeber quiso indicar que desde Aristóteles puede pensarse en cuatro modos diferentes de causalidad; es decir, podemos recurrir a cuatro formas diferentes de dar respuesta a la siguiente pregunta: *¿por qué esa casa ha llegado a ser lo que es?* Independientemente del valor que le demos a la clasificación aristotélica en cuatro tipos de causas, es difícilmente cuestionable que el problema de la causalidad es complejo, que exige al menos una noción plural de formas de causalidad, y que cualquier respuesta del tipo «esa casa ha llegado a estar ahí *sencillamente* porque la ha hecho el carpintero (causalidad eficiente)» es una simplificación (el que sea o no además una simpleza depende de lo que queramos decir con esa simplificación).

Puesto que tenemos a mano al menos cuatro formas diferentes de causalidad, es una cuestión de elección reducir el concepto de causa sólo a una de esas formas (la causa eficiente), y afirmar, como hace en este texto Marvin Harris, que cualquier otra forma de causalidad es irrelevante para la ciencia:

> Reconociendo su deuda con Bidney, [Kroeber] señaló la pertinencia de la distinción aristotélica entre causa 'formal' y causa 'eficiente'. Los individuos son las causas eficientes, la cultura es la causa formal. Bien entendido, sigue diciendo Kroeber, que la causa formal no se parece en nada al tipo de causas de las que se ocupa la ciencia[7]. Y efectivamente no se parece. Porque el único sentido que [...] puede atribuirse a la afirmación de Kroeber de que la cultura es una causa formal, es que la cultura es cultura[8].

Para comprender lo que dijo ahí Kroeber, y lo que está diciendo Marvin Harris, hay que pensar en los siglos de industrialismo que separan a Aristóteles de Bidney y Kroeber, y en la configuración histórica de la noción de «ciencia», que nos lleva a asociar esta palabra fundamentalmente con la búsqueda de causas mecánicas como antecedentes que

---

5. Bidney, 1942.
6. Kroeber, 1948: 410.
7. Esto no es verdad. Esto es lo que interpreta Marvin Harris. No es exactamente lo que siguió diciendo Kroeber.
8. Harris, 1983 [1968]: 288.

determinan inmediatamente la existencia de un fenómeno. El científico que practica esa forma de ciencia busca ante todo, efectivamente, causas eficientes. Y hace muy bien. Gracias al conocimiento de esa forma de causalidad, entre otras, podemos hoy viajar en avión, prevenir una gripe, o construir un rascacielos; aunque no por ello, basándonos exclusivamente en esa forma de racionalidad causal, podemos impedir que alguien utilice un avión para estrellarlo contra un rascacielos.

Sin embargo, la riqueza de matices en el concepto de causa aludida por Bidney y Kroeber (e iniciada por Aristóteles) sigue intacta, para bien de otros científicos que como *los lingüistas* o *los antropólogos* (entre muchos otros) podemos entender la pertinencia de diferenciar entre el agente antecedente que determina inmediatamente la existencia de un fenómeno, y el programa de acción que ese agente sigue para determinarlo. Puede que a Marvin Harris ese segundo tipo de interviniente en el fenómeno le resulte irrelevante, y que le parezca circular: «la cultura es la cultura». Sin embargo, por poner sólo un ejemplo, los científicos que se ocupan de la ciencia computacional han de contar no sólo con impulsos eléctricos o dedos que pulsan teclas, sino con *programas* constitutivos de las acciones que esos impulsos y que esos dedos desencadenan. Esos científicos ven en el matiz aristotélico un aspecto fundamental de su ejercicio científico. Además, no deberíamos olvidar que esos programas computacionales, que son causas formales como los *planes* y *diseños* de la casa del ejemplo, también hacen hoy, en parte, volar a los aviones. Nada te impide retroceder veinticinco siglos en el tiempo histórico y manejar, con Marvin Harris, un concepto de causalidad más torpe y simple que el enunciado por Aristóteles; pero entonces te verás envuelto en la paradoja que atenaza a buena parte de la moderna sociedad industrial: su progreso tecnoinstrumental puede ir de la mano de un evidente *regreso* en cuanto a la comprensión de las complejidades de la existencia.

Toca ahora distinguir con la mayor precisión posible el concepto de regla, que he adoptado aquí como concepto básico, del concepto de causa eficiente, en el sentido aristotélico.

Las reglas no deben ser confundidas con las causas eficientes. En su libro *Actos de habla*, John Searle propuso distinguir entre los *hechos brutos* y los *hechos institucionales*. Esta distinción conviene para precisar la diferencia entre causa eficiente y regla. La cultura permite ver la vida humana como un conjunto de hechos institucionales, es decir, hechos cuya naturaleza consiste en convenciones de comportamiento. Reducir toda la descripción de la vida humana a causas eficientes es interpretarla como un conjunto de hechos brutos.

Cuando conduces tu coche y te detienes ante un semáforo en rojo pones en marcha tu acción en dos planos diferentes. Por una parte, tu ojo percibe una luz que activa un circuito neuronal que activa tus músculos que activan tu esqueleto que activa el pedal del freno que activa los discos de frenado que detienen las ruedas. Esta secuencia de causas eficientes puede traducirse en un lenguaje de fuerzas y de masas, y es, en sí mismo, independiente de las instituciones o las convenciones humanas. Un robot construido sobre esos principios físicos puede hacer lo mismo que tú tantas veces como su dispositivo se active de ese modo.

Por otra parte, y aquí aparece la cultura, cuando percibes una luz roja situada en un semáforo, sabes, debido a tu aprendizaje social, que debes detenerte. Has aprendido a asociar, convencionalmente, precisamente ese color rojo con la acción de frenado, el color verde con la acción de seguir adelante y el color ámbar con la acción de desacelerar. Este sencillo sistema de tres colores de luz asociados convencionalmente a tres acciones constituye un código, un hecho institucional. Al comportarte con arreglo a ese código cuando conduces eres agente de una institución humana.

A simple vista puede parecer que en ambos casos hablamos de lo mismo. La regla convencional por la que asociamos el color rojo a la acción de detenerse (y no, por ejemplo, el verde) podría también entenderse, en cierto sentido, como una causa de la detención de tu coche. Así puedes decir: «me he parado *porque* el semáforo está en rojo»; como podrías decir: «hoy llueve *porque* el vapor de agua de la atmósfera se ha condensado y enfriado» o «los discos de frenado se han activado *porque* han recibido una fuerza x». Sin embargo, puesto que la asociación entre el color rojo y la acción de detenerse es un hecho institucional, ese hecho está siempre sometido a la posibilidad de una transgresión. Esa asociación establecida por el código institucional es frágil porque, como conductor, siempre puedes saltarte el semáforo. Y también puedes acelerar cuando ves un semáforo en ámbar, como sin duda harás frecuentemente. Esto no sucede con los hechos brutos movidos por causas eficientes. Cuando el vapor de agua de la atmósfera se condensa y enfría en cierto grado, simplemente llueve; no puede no llover. Y por mucho que haya que complicar el modelo de predicción de la lluvia con otras variables, produciendo una explicación *multicausal*, nunca se tratará de convenciones humanas. Cuando se aplica una fuerza x o mayor que x sobre el pedal del freno, si el dispositivo está bien construido, el coche frena; no puede no frenar. Esa asociación causal es una asociación dura, determinante, porque una cosa se sigue inevitablemente de la otra.

La vida social humana es una combinación compleja de hechos brutos y hechos institucionales, de hechos brutos y de cultura. Cuando la reducimos a hechos brutos, hacemos el bruto; cuando la reducimos a cultura, la idealizamos sin remedio. La cultura es un hecho institucional, un hecho de convención, un conjunto de reglas *socialmente construidas*. Hace falta una convención humana, por ejemplo el *Tratado de Kyoto*, para que las acciones de los seres humanos se configuren de manera tal que se reduzca la emisión de gases contaminantes. Como hecho cultural, como institución humana, se puede transgredir el *Tratado*; pero un motor Diesel encendido emitirá gases sin remedio; y esos gases, sin remedio, afectarán al ciclo de las lluvias (en la medida en que esa conexión causal haya sido convenientemente formulada). Para poder ser interpretados, los hechos institucionales exigen tener a mano las llaves cinco y seis de nuestro llavero: una acción de individuos-en-relación. No siempre es así la existencia de los hechos brutos.

Cuadro 21. Individuos-en-relación

Bidney, 1947 ↕

La cultura se refiere a formas adquiridas de técnica, comportamiento, sentimiento y pensamiento de individuos en sociedad, y a las instituciones sociales en las que cooperan para el logro de fines comunes (KK 83).

Como suele suceder a menudo esta idea responde a una visión demasiado coherente, integrada y ordenadita de la vida social, bajo la noción idílica del «fin común». Pero el énfasis está puesto en la idea de *individuos en sociedad*, que es la que ahora nos interesa. De hecho, aún cuando los seres humanos colisionan con intereses divergentes, lo hacen siguiendo generalmente *reglas comunes*, en-relación. Y, si esto no sucede, al menos lo hacen siguiendo alguna clase de regla en referencia a alguna sociedad de pertenencia.

John Searle, a quien también agradan los ejemplos deportivos, nos da el siguiente:

Imaginémonos un grupo de observadores altamente preparados que describen un partido de rugby haciendo solamente enunciados sobre hechos brutos. ¿Qué podrían decir a modo de descripción? Bien, dentro de ciertas áreas podrían decirse bastantes cosas e incluso podrían formularse ciertas 'leyes' utilizando técnicas estadísticas. Por ejemplo, podemos imaginar que después de un período de tiempo nuestro observador descubriría la ley de la agrupación periódica: a intervalos estadísticamente regulares organismos con camisetas del mismo color se agrupan de una manera aproximadamente circular (la *melé*). Además, a intervalos igualmente regulares, la agrupación circular es seguida por una agrupación lineal (los equipos se alinean para jugar), y el agrupamiento lineal es seguido por el fenómeno de la interpenetración lineal. Tales leyes tendrían carácter estadístico y no hay nada malo en ello. Pero no importa la cantidad de datos de esta clase que imaginemos que recogen nuestros observadores y tampoco importa la cantidad de generalizaciones inductivas que imaginemos que ellos hacen a partir de los datos; con todo, no habrían descrito el juego del rugby. ¿Qué es lo que falta [en] su descripción? Lo que falta son todos aquellos conceptos que están respaldados por reglas constitutivas, conceptos tales como *touchdown*, fuera de juego, partido, puntos, etc., y consecuentemente, lo que falta son todos los enunciados verdaderos que pueden hacerse sobre el juego del rugby usando esos conceptos. Los enunciados que faltan son precisamente lo que describe el fenómeno que se desarrolla en el campo *como un partido de rugby*[9].

La complejidad del asunto radica en la combinación de esos dos tipos de hechos. Y la comprensión adecuada del concepto de cultura pasa por intentar capturar esa complejidad sin desvirtuar el carácter mutuamente irreductible de ambos. Así, si las reglas son irrenunciablemente convencionales, y con ello lo es la cultura, las causas eficientes son irrenunciablemente determinantes de consecuencias. La acción humana, la práctica, es un guiso que combina los dos ingredientes y, si somos buenos gurmés, sabremos apreciarlo en toda su riqueza de matices. Por eso hay reglas más duras que otras. O, dicho de otro modo, no todas las reglas son igualmente frágiles. Si lo que buscas es contener un líquido, *deberás* fabricar un objeto cóncavo (intenta atrapar un café poniendo la taza boca abajo). Pero, si quieres fabricar ese objeto, deberás convenir reglas en cuanto a la forma concreta o diseño. Si quieres jugar al fútbol

---

9. Searle, 1980: 60-61. Este texto continúa con un exceso que no comparto: «Las otras descripciones, las descripciones de los hechos brutos, pueden explicarse en términos de hechos institucionales. Pero los hechos institucionales pueden explicarse solamente en términos de las reglas constitutivas subyacentes» (p. 61). Es necesario recurrir a reglas para explicar los hechos institucionales, pero los hechos brutos —como tu dolor de hígado en el bar— no siempre son reducibles a hechos institucionales.

o al rugby, *deberás* acordar que tu contrario no se quede esperando en su puerta o en su línea de fondo, conviniendo una regla de fuera de juego que te impida situarte por delante de su último defensor. Sin esa regla o convención, la imagen resultante sería la de dos equipos inmóviles bajo su puerta o en su línea de fondo, o la de dos equipos situados constantemente en el fondo contrario. Hay reglas que, una vez estabilizadas en un código coercitivo, producen efectos imperiosos, como la orden del tribunal: «te condeno a muerte». Y otras, como el *Tratado de Kyoto*, que parecen haber nacido para ser transgredidas o ignoradas. Pero todas son reglas porque se constituyen como convenciones humanas, hechos institucionales.

Clifford Geertz, ese «culturalista», utilizó un par de conceptos ideados por Sorokin para hacer comprensible la distinción entre reglas y causas eficientes (de donde se deriva que no entendía la cultura como causa eficiente de nada). Esos conceptos son «integración lógico-significativa» e «integración causal-funcional», y traducen de un modo muy preciso la distinción aristotélica entre «causa formal» y el resto de los conceptos de causa.

> La integración lógico-significativa es esa clase de integración que encontramos en una fuga de Bach, un dogma católico, o la teoría general de la relatividad; se trata de una unidad de estilo, de implicación lógica, de significado y de valor. Por integración causal-funcional [...] entendemos la clase de integración que encontramos en un organismo, donde todas las partes están unidas por un único tejido causal; cada parte es un elemento de un anillo causal que [...] «mantiene el sistema en funcionamiento»[10].

Al usar las reglas que constituyen la cultura, *asociamos* cosas con significados, cosas con cosas, significados con significados; y a las personas socializadas con otras personas socializadas, con cosas y con significados. *Una cultura es básicamente un conjunto de códigos constituidos por reglas de asociación*[11]. *Decir de una acción humana que es acción cultural es decir que esa acción tiene la forma de uno o varios de esos códigos.* Los códigos, las reglas, no producen la acción. La acción —nunca lo repetiré lo suficiente— la producen las personas. Los códigos, las reglas, no causan la acción. No lo hacen en el sentido de las causas eficientes. Al ser utilizados por las personas, los códigos y las reglas constituyen la

---

10. Geertz, 1957: 34.
11. Para toda la discusión que sigue ten presente lo que he escrito en la nota 17 del capítulo 2.

forma de la acción. El ejemplo clásico nos lo aporta el lenguaje. Un código de reglas fonológicas no produce ni causa el habla. Es el hablante quien habla, no el código. El código es el conjunto de reglas *conforme a las cuales* el hablante produce su habla, y eventualmente juzga su adecuación tomando la perspectiva de una comunidad de hablantes que se entienden entre sí, o aspiran a entenderse. Ese código nos faculta, en primer lugar, para realizar el conjunto de asociaciones que nos llevan a entender como idénticas estas dos expresiones diferentes:

Una*h* cañita*h* – Una*s* cañita*s*

Y en segundo lugar, al usar ese código nos asociamos los unos con los otros en una unidad social, en ese bar.

La asociación específica que se establece en los códigos es convencional; es decir, no es causal. Cuando te unes a tu esposo en matrimonio, tú no causas a tu esposo ni él te causa a ti (al menos eso espero). Os unís, representándoos el uno al otro para determinados fines sociales y jurídicos. Por tus ojos penetran ahora las ondas de luz sobre el papel en blanco que desprende este significante

CASA

Cuando estas ondas[12] se asocian en tu mente (y de otro modo en la mía) a un conjunto de significados sedimentados a través de nuestra experiencia con las «casas» al alquilarlas, venderlas, habitarlas o abandonarlas; ese significante no causa el significado (ni a la inversa). Ambos están simplemente asociados por yuxtaposición. Este simple hecho, el de la yuxtaposición convencional de los elementos asociados en un código, es el que parecen no entender obstinadamente autores como Kuper o Marvin Harris. Pero es un hecho, un hecho firme; tan firme como el hecho de que el agua está compuesta por un átomo de oxígeno y dos de hidrógeno[13]. Si hay otros elementos ya no es agua; si no hay convenciones *asociativas y no causales* ya no hay vida social humana. La firmeza de ese hecho es precisamente la base de la fragilidad del mundo social. Sus partes no se unen entre sí con la fuerza causal de un lazo atómico. Y, dicho sea de paso, la firmeza de ese hecho es también la base de la fragilidad de nuestras ciencias sociales. De nada servirá hacernos los duros ignorando ese hecho fundamental.

---

12. En otra modalidad sensorial, habrían penetrado por tus oídos las ondas sonoras producidas por el pulso sonoro /*kása*/; o los impulsos táctiles correspondientes en el sistema Braille.
13. Mientras no se demuestre lo contrario, naturalmente.

Lazos causales

He anticipado que hay dos posibles modos de enfocar los lazos causales al tratar el concepto de cultura[14]. El primer modo, concebir toda la vida humana bajo el prisma de una burda reducción al funcionamiento de causas eficientes es absurdo, porque pasa por alto la condición convencional de las asociaciones, lazos o vínculos, entre significantes y significados, y entre los seres humanos.

El segundo modo es más interesante y ha sido desarrollado en los últimos años por Dan Sperber en su libro *Explicar la cultura. Un enfoque naturalista*[15]. Sperber propone que la unidad básica de la cultura son las «representaciones» con las que operan los seres humanos, por ejemplo, los «conceptos» o las «creencias»[16]. Sperber está preocupado por dos problemas fundamentales. En primer lugar, cómo es que esas representaciones, en el proceso comunicativo entre personas, son difundidas, distribuidas y asentadas en determinadas comunidades humanas. La metáfora explícita para comprender el enfoque que da Sperber a este primer problema es naturalista en el sentido de tomar como referencia un modelo muy concreto de la ciencia: la epidemiología, basada en una de las formas de racionalidad médica y demográfica. En relación con este problema, explicar la cultura es, según Sperber, explicar la epidemiología de las representaciones, es decir, su distribución y las condiciones que producen en algunos casos un asentamiento persistente de unas representaciones en detrimento de otras, que gozan de menos *éxito*. En segundo lugar, Sperber está preocupado por formular un lenguaje de la cultura que nos permita imaginar los procesos representacionales teniendo constantemente presentes los correlatos neurofisiológicos que se encuentran en relación causal con ellos. Este lazo causal es, desde luego, bien interesante, y por eso merece la pena darle alguna vuelta[17].

Dan Sperber parte de una crítica al lenguaje conceptual de la antropología que, al incorporar en su léxico básico nociones como «sacrificio», «jefatura» o «matrimonio», cuya condición de existencia es fundamentalmente institucional (o, en nuestros términos, convencional), no puede garantizar un *compromiso ontológico* adecuado con «la realidad». Es decir que, al incorporar nociones como «sacrificio», «jefatura»

---

14. Véase en el capítulo 5 la nota 50.
15. Sperber, 2005 [1996].
16. *Ibid.*: 70 ss.
17. He desarrollado esta misma crítica en «The Concept of Culture as an Ontological Paradox» (Díaz de Rada, en preparación).

o «matrimonio», un antropólogo sólo puede enunciar ya hipótesis locales sobre cómo una comunidad concreta con sus formas concretas de sacrificio, jefatura o matrimonio opera con tales categorías de su propio mundo institucional; pero no puede hablar, universalmente y de forma descriptiva, de un fenómeno «real» del mundo. Sperber entiende por tal un fenómeno dado independientemente de cualquier forma institucional concreta[18], o, expresado en sus propios términos, un fenómeno presente «en el mobiliario del mundo».

> Si tengo razón al decir que el vocabulario antropológico es interpretativo [por oposición a «descriptivo»[19]], las explicaciones antropológicas están maravillosamente libres de compromisos ontológicos. Del mismo modo que el uso apropiado que un antropólogo hace de «trasgo» no nos dice nada de la existencia de los trasgos, el uso adecuado de «matrimonio», «sacrificio» o «jefatura» no nos dice si los matrimonios, los sacrificios o las jefaturas forman parte del mobiliario del mundo[20].

Al hacer esta crítica, Sperber elige una variante del concepto de «realidad» que yo desde luego no daría por sentada. No parece satisfecho con la posibilidad de que «matrimonio», «sacrificio» o «jefatura» formen parte del «mobiliario del mundo» *precisamente como hechos convencionales, hechos institucionales*, en los que cobran una realidad bien real cosas tan reales como la propiedad económica, la legitimidad de la descendencia, o la sucesión hereditaria de los bienes. A mí estas cosas me parecen bastante reales; y el hecho de que haya que recurrir a una comprensión local de esas reglas en cada sociedad concreta no les resta un ápice de realidad. Es decir, su condición eventualmente local no las hace menos reales. Dan Sperber elige una variante del concepto de realidad que puede ser fructífera, sin duda, para el avance de nuestro saber acerca de la cultura, pero no carece de limitaciones. Sperber prefiere, en sus propios términos, un análisis causal a un análisis interpretativo:

> Podríamos escoger como tema de estudio estas cadenas causales constituidas por representaciones mentales y públicas e intentar explicar cómo pueden los estados mentales de los organismos humanos causar la modificación de su medio, en particular produciendo signos, y cómo

---

18. Un debate similar se encuentra en Cruces y Díaz de Rada, 2004.
19. No entraré aquí a realizar una crítica de esta oposición conceptual de Sperber. Véase para ello Velasco y Díaz de Rada, 2009 [1997]: capítulo 2.
20. *Ibid.*: 26-27.

esas modificaciones de su medio pueden causar una modificación de los estados mentales de otros organismos humanos[21].

Desde luego que podríamos hacer eso, y estará bien hecho, pero también podríamos hacer otras cosas sin detrimento de que nuestra comprensión analítica del mundo pudiera ser igualmente sagaz. Esa indagación que propone Sperber será muy útil para comprender la realidad de los procesos causales, pero será probablemente muy poco útil para comprender la realidad (igualmente real) de la institucionalización de las convenciones. Centrarnos en las «representaciones» ya instituidas como unidades de análisis no conducirá automáticamente a la visión naturalista de la cultura que el enfoque de Sperber promete. No lo hará, a no ser que decidamos también pasar por alto el importante detalle de que muchas de las «representaciones» son actos de convención cuya conexión esencial, la del significante con el significado, no es causal, como mostró el mismo Sperber espléndidamente en su libro *El simbolismo en general*[22], sirviéndose de la tradición de estudios en semiótica de la que, por otra parte, es un gran conocedor.

El enfoque de Sperber presenta también una limitación en lo que se refiere al concepto mismo de «representación». No se trata fundamentalmente de que los ejemplos de representación que él mismo reconoce haber seleccionado —«conceptos», «creencias», «narrativas»— remitan a una forma de apropiación característicamente individual, y no necesariamente social[23], sino de otro problema mucho más importante. Todos esos ejemplos hablan de una forma muy particular de representar que consiste en *referir* objetos del mundo a través del lenguaje verbal. Fuera de ellos quedan todas las reglas y convenciones prácticas, que, como el saludo, la acentuación o la etiqueta, *ni son verbales ni son referenciales*; y que, más que poner en vinculación causal cadenas de fenómenos ponen en vinculación social a las personas, por medio de lazos expresivos. La «representación», en el sentido verbal-referencial que da Sperber a esta palabra, no es sino un caso especial, limitado, del concepto de regla, a su vez un caso especial de concepto de convención[24].

Una limitación adicional del enfoque de Sperber tiene que ver con una vieja discusión en antropología social y cultural. Su compromiso

---

21. *Ibid.*: 33.
22. Sperber, 1978 [1975].
23. *Ibid.*: 74. Todas esas formas de representación pueden ser igualmente entendidas como operaciones de un individuo-en-relación.
24. Lewis, 2002 [1969]: capítulo 4.

ontológico se cifra, como he señalado, en una epidemiología de las representaciones culturales que permita construir un mapa en el que apreciar cadenas causales. La descomposición de la cultura en elementos que, como las representaciones de Sperber, son extraídos de su contexto local y puestos en relación con elementos de otros contextos, es una empresa con una larga tradición intelectual en antropología[25]. En este procedimiento se asienta la lógica de la comparación cultural, que permite, entre otras muchas cosas, establecer hipótesis correlacionales entre diferentes elementos institucionales. Por ejemplo, tomando una muestra de sociedades humanas, es posible fragmentar sus formas de vida en tipos institucionales como la forma de producción, la forma de matrimonio, la forma de la vivienda, la forma del derecho, etcétera, para producir después hipótesis acerca de qué tipos institucionales se relacionan entre sí más frecuentemente, y, eventualmente, indagar en las causas de esas correlaciones. Este enfoque es importante y su lógica subyacente imprescindible, explícita o implícitamente. Lo queramos o no, el único modo de comprender qué sucede en una sociedad concreta es practicar alguna clase de comparación con lo que sucede en otras. Sin embargo, la práctica analítica de extraer elementos institucionales de su contexto exige siempre una gran prudencia, fundamentalmente porque si algo caracteriza a una institución humana es que, constitutivamente, cobra su sentido *en un contexto*, es decir, en una configuración concreta de convenciones. Dan Sperber reconoce una limitación en su epidemiología:

> Mientras que los agentes patógenos, como los virus y las bacterias, se reproducen en el proceso de transmisión y sólo ocasionalmente sufren una mutación, las representaciones se transforman casi cada vez que se transmiten y sólo permanecen estables en ciertos casos restrictivos[26].

Estoy de acuerdo. Pero además, a diferencia de una bacteria o un virus, que se agrega individualmente a otros funcionalmente equivalentes, una «representación» (o cualquier otra clase de regla o convención humana) es lo que es precisamente por su relación con otras, *que no son funcionalmente equivalentes a ella*, en una configuración concreta. No es lo mismo el matrimonio de personas del mismo sexo, *en relación* con una ley de sucesión igualitaria (independiente del sexo de los contrayen-

---

25. Por ejemplo, Murdock, 1963 y 1967. Puede encontrarse un ejemplo de su trabajo en español en Murdock, 1975 [1957]. Para un enfoque del mismo tipo aún más próximo al de Dan Sperber, véase Schwartz, 1978. Es sorprendente que ninguna de estas referencias sea mencionada por Sperber a lo largo de su libro.
26. Sperber, 2005: 33.

tes) y *en relación* con una ley igualitaria de asignación de patria potestad, que el matrimonio de personas del mismo sexo en un sistema político que no garantiza esos derechos. O, dicho de una manera más clara, el matrimonio de personas del mismo sexo es una cosa cuando lo consideramos fuera de su contexto (y esa cosa puede ser muy útil para determinados propósitos comparativos), y es otra cosa cuando lo consideramos, localmente, en su contexto concreto de relaciones (y esa otra cosa puede ser muy útil para comprender otras dimensiones del fenómeno).

Por debajo de toda la argumentación de Sperber se extiende la definición de una clase de autenticidad, y así se ve en el título del primer capítulo de su libro: «Cómo ser un auténtico materialista en antropología»[27]. Parte de la estrategia de Dan Sperber para reducir toda forma de conocimiento científico al conocimiento causal (de causas eficientes) consiste en elegir una forma de «realidad» que él presenta como la única posible. Pero pronto llegamos a entender que bajo esa elección hay otra de mucha mayor potencia: la elección acerca de lo que debe ser considerado la auténtica «materia». La auténtica materia del auténtico materialista —sugiere Sperber— es *solamente* aquella que se describe en el lenguaje de los procesos neurofisiológicos. ¿Por qué? Eso Sperber no lo explica.

Yo sin embargo sugiero que se puede ser «materialista» (en caso de que se desee, claro está) teniendo presente un concepto mucho más amplio de «materia». Y ello aunque, sinceramente, yo no sé muy bien lo que es la «materia» como concepto pertinente en ciencias sociales; y prefiero no saberlo, si es que ello me ha de abocar a creer, automáticamente, en alguna cosa que «no es materia». No dudo de que los procesos neurofisiológicos son «materiales», pero creo que también son «auténticamente materiales» cosas como las siguientes: la *práctica* de pegarle una patada a un balón en un partido de fútbol, la *práctica* de contraer matrimonio institucional con otra persona, la *práctica* de abrazarla en la noche de bodas. También considero «auténticamente material» un *puente de piedra*, construido en la *práctica* con arreglo a un diseño, por el que he de pasar si quiero trasladarme *en la práctica* al otro lado del río.

El enfoque de Dan Sperber es prometedor si lo que queremos es encontrar correlatos neurofisiológicos para las representaciones humanas. Que eso hará avanzar nuestro saber acerca de lo que se encierra en el concepto de cultura es difícilmente discutible, pero no a costa de prescindir del orden de realidad que hace de esas representaciones, precisamente, hechos institucionales.

27. *Ibid.*: 20 ss.

Yuxtaposición, asociación, representación, sustitución

Una cultura es un conjunto complejo de códigos. Esos códigos están constituidos por reglas convencionales que las personas concretas ponen en juego cada vez que actúan en el mundo. En ese mundo también intervienen causas eficientes. Te presentas en una boda con tu traje nuevo y, al ir a saludar al novio, te da una punzada en el lumbago. No podrás sustraerte a la consecuencia del dolor. Ese dolor imperioso intervendrá inevitablemente en tu cuidado gesto de etiqueta. Intentarás con todo tu corazón mantener el gesto, como dictan las convenciones, mantener la cara[28], pero finalmente, si el dolor es serio, sucumbirás a él; o te retorcerás levemente y saldrás del paso como puedas.

Al decir de la cultura que es un conjunto complejo de códigos es importante tener en mente que no se trata de códigos que funcionan rígidamente, siempre del mismo modo. La cultura no se puede reducir a un código perfecto de sustituciones entre significantes y significados, como en un problema de matemáticas. Tampoco se puede reducir a un conjunto de reglas con el que se pretende una homogeneidad completa de las acciones, como en el código penal. (Aunque tanto un sistema de ecuaciones como un código legal son hechos institucionales, culturales.) La cultura es un conjunto de códigos formados por una combinación muy compleja de convenciones, reglas, que presentan grados muy diversos de rigidez y estabilidad.

Podemos entender la noción de código de un modo muy estricto para referirnos a aquellos conjuntos de reglas que establecen *una relación constante de sustitución* entre significantes y significados. Como aquí:

(*a*) Regla 1: 1 euro vale *siempre* 166,386 pesetas.

(*b*) Mi coche consume 6 litros de carburante cada 10 kilómetros.

(*c*) Regla 2: 1 litro de carburante cuesta 1 euro.

(*d*) ¿Cuántas pesetas cuesta viajar con mi coche 70 kilómetros?

(*e*) Sustitución 1: Sustituye la cantidad de kilómetros por el consumo en litros de carburante: Si 10 kilómetros *son* 6 litros, 70 kilómetros *son* 42 litros.

(*f*) Sustitución 2: Sustituye la cantidad de litros por su precio en euros: Si 1 litro *es* 1 euro, 42 litros *son* 42 euros.

---

28. Goffman, 1971 [1959].

(g) Sustitución 3: Sustituye el precio en euros por el precio en pesetas, aplicando la Regla 1: Si 1 euro *es* 166,386 pesetas, 42 euros *son* 6.988,212 pesetas.

El código utilizado aquí consiste en un conjunto de reglas que permiten sustituir *perfectamente* un conjunto de significantes por un conjunto de significados:

Código A	
SIGNIFICANTE	SIGNIFICADO
1 euro	166,386 pesetas
1 litro	1 euro

Puesto que en este sistema de reglas cada uno de los elementos de la izquierda sustituye *perfectamente* a cada uno de los elementos de la derecha, el problema de la representación de unos por otros es realmente trivial. Tanto da hablar del problema con los elementos de la izquierda como hacerlo con los de la derecha. Unos representan a otros completamente, de manera que unos y otros pueden operar, en relación con todos los demás, como significantes o como significados. Evocar a cualquier elemento en cualquier fila o columna de ese código es evocar, *completamente*, a cada uno de los demás elementos.

No descubriré América si digo que los problemas de la vida concreta entre seres humanos son mucho más complejos. Veamos el siguiente, que presento aquí ya enormemente simplificado:

(*p*) Regla 1: España *es* un estado democrático de derecho.

(*q*) Regla 2: Un estado democrático de derecho *es* un sistema político tal que hay unos representantes políticos legitimados para decidir por sus conciudadanos.

(*r*) Regla 3: Don Manolo, como resultado de un proceso político, *es* un representante de los ciudadanos españoles.

(*s*) ¿Qué debe hacer don Manolo si tiene el plan de aumentar, como presidente del gobierno de España, el precio de los carburantes?

¡Qué fácil y transparente sería nuestra vida si don Manolo pudiera resolver este problema (*s*) aplicando un código de sustituciones perfectas como el que nos ha ayudado a resolver el problema (*d*)! Las reglas tejidas en torno a ambos problemas expresan convenciones más o menos flexibles. Las convenciones expresadas por el primer conjunto de reglas (Código A) son consideradas inflexibles; se trata de *identidades* de las que se espera sean identidades absolutas (a no ser que don Manolo consiga su propósito). Las convenciones expresadas por el segundo conjunto de reglas son relativamente flexibles, *no son identidades absolutas*. Aquí está la clave de esa diferencia: ambos conjuntos de reglas no trabajan con el verbo «ser» de la misma manera.

En el primer conjunto de reglas, «ser» significa, invariablemente, «sustituir a». En el segundo conjunto de reglas, «ser» significa muchas cosas diferentes:

> (*p*) expresa con el verbo «ser» una *sinécdoque*: toma una parte o un aspecto parcial del conjunto de significados que porta «España» y lo identifica con ese conjunto. Porque si es cierto que España es un estado democrático de derecho, *no es cierto* que el significado de España se agote totalmente en tal definición. Esa entidad llamada «España» tiene también muchos otros significados.

> (*q*) expresa con el verbo «ser» una *definición* universal, y en este caso, mientras la aceptemos y operemos con ella, «ser» significa llanamente «sustituye a», como sucedía con el primer conjunto de reglas.

> (*r*) expresa con el verbo «ser» una *representación política*. Esta representación social no es simple[29], porque en ella caben como verdaderas al menos todas estas posibilidades:

>> Don Manolo está, para determinados propósitos precisos (por ejemplo, negociar en Bruselas), *en lugar de* los ciudadanos españoles,

>> Don Manolo *no está en lugar de* los ciudadanos españoles para cualquier propósito imaginable (por ejemplo, si tu esposo es «español» no dormirías con don Manolo simplemente por ser el presidente del Gobierno),

>> Don Manolo *es, en cierto modo*, «España», por aplicación de la regla (*p*); pero precisamente por aplicación de esa misma regla, don Manolo *no es* España en su totalidad.

Valga este botón de muestra para ilustrar que el código formulado a propósito del problema (*d*) sobre el precio del carburante es muy diferente de este código, planteado para pensar, también, sobre el problema (*s*) del precio del carburante:

---

29. Cruces y Díaz de Rada, 1996.

Código B	
SIGNIFICANTE	SIGNIFICADO
«España»	Estado democrático de derecho
«Estado democrático de derecho»	Sistema político representativo
«Don Manolo»	Ciudadanos españoles

Ambos códigos se componen de reglas, pero el código A trabaja, en general, *cerrando* la relación entre significantes y significados, mientras que el código B trabaja, en general, *abriéndola*. Los significantes del código A significan, inequívocamente, solamente los significados con los que se asocian. Pero los significantes del código B (salvo en la regla [*q*]) apuntan o sugieren un significado incompleto, parcial, multívoco. Por eso la decisión de don Manolo siempre correrá el riesgo de ser impugnada. Las reglas en las que se sustenta su ejercicio de representación no son inequívocas. Están sometidas inevitablemente a un proceso de interpretación[30]. Y por eso está muy bien decir de los políticos que interpretan, como los actores en un escenario, su papel de representación.

Muy frecuentemente, la cultura se nos presenta como un conjunto de reglas más similar al código B, donde sólo algunas, muy pocas relaciones de significación son inequívocas o completas.

Una combinación de las cuatro posibilidades que te ofrezco a continuación puede dar una idea aproximada de la magnitud de esa complejidad. En cualquier sociedad humana funcionan a diario convenciones que fijan reglas de *sustitución*, como las que se nos presentan en el periódico en esas tablas de cambio de divisas o de tipos de interés; funcionan también, cotidianamente, convenciones que fijan reglas de *representación*, como las que te encuentras cada vez que vas a votar o cada vez que hablas en nombre de otros; y también, reglas de *asociación*, como las que dan forma a la vinculación con tus hijos, tus padres, tus vecinos, tus compañeras de piso. Y también, reglas de *yuxtaposición*, como las que ordenan las secuencias del montaje del telediario que verás esta noche o los capítulos de este libro, y que, como un capricho del autor, esconden argumentos, relatos abiertos a una infinidad de interpretaciones. Pero *ninguna de estas convenciones, ni una sola, pone a los*

---

30. Cf. Eco, 1977 y 1992; Sperber, 1978.

elementos que conforman sus códigos en relación causal, en el sentido de las causas eficientes.

Ese inmenso conjunto de convenciones cohabitará en cualquier sociedad humana con causas, determinaciones brutas que, como tu dolor de lumbago, afectarán con su propia complejidad a la acción concreta de las personas. Pero ni cuando te retuerces disimuladamente debido a tu lumbalgia se trata sólo de una convención (qué más quisieras), ni cuando saludas chocando los cinco debido a tu buena educación se trata sólo de un movimiento producido por causas eficientes.

El retorno del Jedi

La vida social humana está llena de situaciones como la que he mostrado en el ejemplo del presidente don Manolo. Sin embargo, una y otra vez tendemos a interpretarla como si se tratase de un conjunto de fuerzas causales determinantes. Y una y otra vez nos comportamos como unos brutos al interpretarla así. Este arte de la brutalidad ha llegado a instalarse en nuestro sentido común, especialmente por el influjo de esos discursos rápidos que circulan en los medios de la política y la prensa (ambos medios se necesitan recíprocamente para sobrevivir).

Esa brutalidad conduce a una constante *naturalización* de los fenómenos culturales, institucionales, que pasan a ser concebidos como hechos brutos. Pon la tele, lee cualquier periódico, escucha una rueda de prensa, y estarás expuesto constantemente a esa clase de retórica: «sube la *tensión* en el Líbano», «llega una nueva *ola* de inmigrantes. El PP lo interpreta como una consecuencia del *efecto llamada*», «en las últimas semanas, Bagdad se ha convertido en el *epicentro* de la violencia». Todos estos ejemplos nos sugieren que las sociedades humanas funcionan como un tendido eléctrico (¿acaso llevan los periodistas en el Líbano un voltímetro para medir la *tensión?*); que los grupos humanos concretos son como las olas del mar o como gaviotas que eventualmente sucumben bajo sus aguas al responder a una llamada instintiva; que la violencia y la guerra, emprendidas y planificadas en realidad por personas concretas en instituciones concretas, son como un terremoto inevitable. Este razonamiento sobre hechos brutos que borra a las personas concretas con un golpe de magia es también recurrente en antropología, cada vez que olvidamos el llavero de la cultura para hablar de las *fuerzas*:

> La larga asociación del concepto de cultura con grupos separados contemplados como intrínsecamente diferentes debido a sus *espíritus populares* inconmensurables, y la creciente tendencia a usar el término de este

modo fuera de la academia (y en otras disciplinas dentro de la academia), me conduce a concluir que ha llegado la hora de tirarlo por la borda. Simplemente es un concepto demasiado ajado. Las explicaciones que privilegian la cultura pasan por alto demasiado frecuentemente las *fuerzas* sociales, económicas y políticas responsables de las pautas de las acciones y el pensamiento humano[31].

Sugiramos pues a los físicos, con Chris Hann, que arrojen por la borda el concepto de energía, que tan mal se usa fuera de la academia (y en otras disciplinas dentro de la academia); o el concepto de masa, que tan agraviado resulta en manos de los panaderos; o, ¿por qué no? el concepto mismo de fuerza, tan erróneamente popularizado en *La guerra de las galaxias* y en el uso que hace de él, en ese mismo texto, el antropólogo Chris Hann. Al grito «¡que viene el espíritu!», huimos del espíritu para caer en una mistificación mucho más dañina, que nos devuelve una identidad de científicos naturales completamente inadecuada para nuestra empresa como científicos sociales. Huimos del espíritu para caer dormidos en los brazos de «las fuerzas». Pero los antropólogos (académicos o no) trabajamos en una disciplina que, como cualquier otra, nos hace corresponsables de nuestro propio lenguaje. Si cada disciplina desechase sus conceptos fundamentales debido al maltrato que reciben fuera de la disciplina, la ciencia sería imposible. No es el concepto de cultura el que debe ser arrojado por la borda, sino nuestra desidia cuando se trata de sacarle el lustre que merece para devolverlo, de nuevo, las veces que haga falta, a las voces del mundo social que de nuevo lo desgastarán, lo ajarán, a buen seguro. La *tontería* no se encuentra en el concepto de cultura, sino en nuestra indolencia como profesionales del lenguaje. De esa indolencia los antropólogos somos los principales responsables[32].

---

31. Hann, 2001: 27. La cursiva es mía.
32. Este mismo problema de desgaste del concepto de cultura ya estaba de moda en los años cincuenta del siglo pasado, cuando, del mismo modo que yo acabo de hacer, Kroeber y Kluckhohn afirmaron: «La falta de claridad y de precisión es en gran medida responsabilidad de la antropología» (Kroeber y Kluckhohn, 1963a: 69).

7

LA CULTURA COMO RECONOCIMIENTO Y COMO DISCURSO

> De hecho, cada persona habla su propia lengua, y a medida que disminuyen los conceptos con significado común, se hace más difícil comunicarse con los demás.
>
> Paul Auster, *El país de las últimas cosas*

Veo mi trabajo como el de un restaurador: alguien que se sirve de la memoria y de sus instrumentos para recomponer desde su propia sensibilidad una palabra usada. Como cualquier palabra, la palabra «cultura» está para ser usada, y todo el que la usa goza de libertad para hacerlo a su antojo. Con el uso las palabras se erosionan, se fragmentan, a veces ganan sentidos nuevos, y también pueden llegar a llenarse de herrumbre como el ancla de un barco abandonado a su suerte. Nada hay que decir sobre el uso de esa libertad. Como profesor de antropología me pagan para cuidar de las palabras que definen mi oficio, para restaurarlas a mi manera y devolverlas a otras personas. En el uso de su libertad, esas personas harán de ellas lo que crean conveniente hacer. El punto de partida es que hay una memoria: ésa que yo he acopiado en mis estudios de lo que otros me dieron.

Esa memoria de nuestro lenguaje es todo lo que tenemos los científicos sociales. Si queremos llegar a entendernos de algún modo, hemos de comprender que no son aquéllos a quienes no pagan por hacerlo quienes deben cuidar de su lenguaje, sino nosotros mismos. En nuestras manos está, y sólo en nuestras manos, evitar que nuestra sociedad científica se convierta en el país de las últimas cosas. Hay así dos paisajes en la circulación de palabras como «cultura»: el de la gente que se limita a usarlas, y el de la gente a la que aquella otra paga por intentar restaurarlas.

Pero, por otra parte, una sociedad científica no debería ser una iglesia. Restaurar no debería significar entre nosotros recuperar las palabras para otorgarles el valor de una verdad de fe. Nos guste o no nos guste, la palabra «cultura» ha acompañado históricamente a la antropología social y cultural desde sus orígenes[1]. Soy de los que opinan que esa palabra sigue siendo una de las palabras fundamentales, si no la fundamental de nuestro vocabulario analítico. Todas las disciplinas científicas tienen palabras de esta especie. Estas palabras no deberían ser entendidas como portadoras de significados cerrados. Más bien, habría que entenderlas como espacios para el debate. Renunciar a ellas es renunciar a la empresa crítica de la ciencia, pero usarlas en una sociedad de científicos no debería conducir a anular su mejor cualidad: propiciar el disenso comunicativo. Son palabras en tensión porque cada autor ha de partir del supuesto de que su contribución a su definición, esclarecimiento o restauración será inevitablemente una contribución *parcial*; pero, a la vez, ningún debate es posible sin contar con que quien participa en él tendrá la *pretensión* de convencer a los demás de que su intento analítico es el correcto.

La debilidad que algunos ven en la palabra «cultura», debido a la aparente pluralidad de significados que encierra, es precisamente su mejor virtud. Este argumento es importante cuando se trata de pensar en los usos de la palabra «cultura» por parte de otros especialistas científicos, es decir, aquéllos a quienes se paga por cuidar de sus lenguajes analíticos. Hace unos años asistí a un congreso sobre «patrimonio cultural intangible» organizado en mi universidad por el profesor Honorio Velasco. A esa sesión asistimos trabajadores de diferentes disciplinas. Ante mi insistencia en la idea de que es importante conocer los contenidos analíticos que encierra la palabra «cultura» en antropología social para poder siquiera empezar a entender lo que se encierra en el concepto «patrimonio cultural», un jurista exclamó: «¡es que los antropólogos no os ponéis de acuerdo en el significado de la palabra cultura!» Esta exclamación venía a ser una justificación para su completa ignorancia de nuestra tradición intelectual[2]. Los antropólogos que hemos tenido el placer de compartir espacio con especialistas de otros campos estamos acostumbrados a este tipo de mensajes[3]. Tal argumento es sencillamente

---

1. Véase a este respecto el excelente ensayo de semántica histórica escrito por Alfred L. Kroeber y Clyde Kluckhohn (1963b [1952]). Y, más recientemente, Stocking (ed.), 1996.
2. Esta ignorancia es perfectamente evitable, como lo ha demostrado Jesús Prieto en un excelente examen jurídico de la presencia de la palabra «cultura» en la constitución española (Prieto de Pedro, 1995).
3. Mi trabajo en el ámbito de la antropología de la educación y de la escuela, en relación con los usos pedagógicos del concepto de cultura es uno de los motivos centrales

inadmisible. Como indiqué en el capítulo 4, puedo estar de acuerdo con Annete Weiner cuando declaró:

> La antropología no puede seguir exigiendo derechos de propiedad sobre un concepto [el concepto de cultura] que forma parte de muchos otros campos e intereses[4].

Sin embargo, mi acuerdo con esta idea depende de qué entendemos aquí por la expresión «otros campos e intereses». Si se trata del uso que hace de este concepto una madre de familia, o un rockero, entonces, como he indicado, nada hay que objetar. Pero si se trata de personas que viven precisamente de la única empresa de tener cuidado con lo que quieren decir con sus palabras, como los juristas, los pedagogos o los sociólogos, entre muchos otros, entonces, sin necesidad de utilizar la antipática expresión «derechos de propiedad», hay que decir esto con total claridad: en ninguna disciplina se ha elaborado con mayor esmero, precisión y cuidado el concepto de «cultura» como en la disciplina antropológica. El jurista puede hacer lo que quiera con la palabra, naturalmente, pero cuando tenga que influir en la confección de una ley sobre «patrimonio cultural» *en el ejercicio de su profesión* es muy probable que sea sencillamente incompetente; o que, como suele ser habitual, al contribuir con su ignorancia a esa ley, descubra algún *Mediterráneo* navegado décadas atrás por los antropólogos. Es verdad, los antropólogos no nos ponemos de acuerdo en lo que significa la palabra «cultura», pero en el camino de ese acuerdo que, como he indicado, no tiene por qué llegar a alcanzarse por completo, muchos antropólogos han invertido millones de horas de esfuerzo que han conducido, como muestro en este libro, a resultados bien concretos. Al fin y al cabo, ¿me permitiría a mi un jurista intervenir como antropólogo en la interpretación *profesional* de las leyes sólo por el hecho de que entre los juristas no existe un acuerdo general sobre el concepto de «justicia», o sobre la compleja relación conceptual entre «justicia» y «legalidad»? Preferiría que no, por el bien de los afectados.

---

de estos párrafos. Véase Velasco, García Castaño y Díaz de Rada (eds.), 2007 [1993]; y en ese libro, muy particularmente, el ensayo de Harry F. Wolcott, «Sobre la intención etnográfica», pp. 127-144. Véase también Díaz de Rada y Velasco, 1996; Díaz de Rada, 2007 y 2008a.
    4. Weiner, 1995: 18.

Cultura y exclusión

Volvamos a esa fuente de ejemplos que fue el Fòrum celebrado en Barcelona. En su entorno se reunió el *Foro de las Autoridades Locales*. En un artículo titulado «La Agenda 21 de la Cultura propone políticas contra la exclusión social», Lluís Pellicer escribió:

> El Foro de las Autoridades Locales (FAL) de Porto Alegre aprobó ayer en asamblea la Agenda 21 de la Cultura, por la que los representantes municipales presentes en la reunión se comprometieron a luchar por la inclusión social de los ciudadanos a través del *acceso a la cultura*[5].

He ahí una imagen frecuente de la cultura como espacio separado por una puerta cerrada que es preciso abrir con políticas públicas para brindar el acceso de la gente. Esa imagen dibuja un estado del mundo. Están los que se encuentran ya *en* la cultura, y luego están todos los demás, fuera de ella. Esa imagen dibuja también una idea de la cultura como espacio exclusivo y excluyente, en el que se encuentran las poblaciones alfabetizadas y escolarizadas, los artistas reconocidos, los hombres y mujeres que se han hecho valer en una u otra rama de los saberes públicos puestos en circulación a través de libros, artículos científicos, cuadros, películas, sinfonías, muebles, edificios, vestimentas, leyes, etcétera.

Esta imagen del mundo y de la cultura no consta nunca de una sola puerta, porque detrás de cada puerta siempre encontrarás otra que te separará de un nuevo espacio de exclusividad y exclusión. La cultura es concebida aquí como un bien que te faculta para avanzar en la carrera de la vida, hasta llegar, puerta tras puerta, por las empinadas escaleras del ascenso social, a los lugares de las élites. Las mejores intenciones, esas que palpitan en el trabajo del *Foro de las Autoridades Locales*, no pueden ayudarnos a sobreponer el ímpetu de exclusividad y exclusión que se encierra en esa imagen. Esa imagen del concepto de cultura transporta inevitablemente el acuerdo con el juego de las élites. Condescendientemente, graciosamente, las élites entregan las llaves de sus elevadas estancias a quienes están abajo, a quienes están fuera. Pues sólo puede accederse a un lugar si es que aún no se está en él. Es imposible, cuando se ve así el mundo, resistirse a jugar el juego que va incluido en el paquete de tal concepción de la cultura.

Para mí, como antropólogo social, la cultura no es eso. El juego es otro. Y este otro juego obliga a *precisar, con todo detalle, a qué se accede*

---

5. *El País*, 9 de mayo de 2004, p. 39. La cursiva es mía.

en concreto al atravesar cada puerta. *En la cultura ya estamos todos.* Todos los seres humanos ponemos en juego esos conjuntos de reglas que aquí vengo denominando cultura. El hecho de estar alfabetizado o no, el hecho de estar escolarizado o no, el hecho de saber o no saber componer o apreciar sinfonías nada tiene que ver con el hecho de ser un agente de cultura. El *Foro de las Autoridades Locales* puede brindar escolarización, alfabetización, competencias y recursos para contemplar cuadros, escuchar sinfonías o interpretar leyes. Todas ésas son competencias culturales, ciertamente; todas facultan para jugar con diversos conjuntos de reglas [§2 y §3]. Pero no se puede decir de quienes no han aprendido esas competencias que no son agentes culturales. *Lo son.* Su vida social, la que viven cotidianamente cuando hablan, aman, odian, trabajan, cocinan, comen, sueñan... sería imposible si no fueran agentes de cultura.

La consecuencia de jugar con un concepto exclusivo de cultura es, generalmente, dar por sentada la idea de que son *exclusivos* quienes se encuentran *en* la cultura. La consecuencia es moral: esa cultura exclusiva de los exclusivos los ha conducido por el camino de la perfección, los ha hecho más humanos. Y así, no sólo llegamos a pensar de quien ha aprendido en la escuela a leer y escribir que ha perfeccionado precisamente esa competencia específica; llegamos a pensar que esa persona es más humana[6]. Nada importa si otra persona ha aprendido en determinados espacios de su vida diaria las técnicas para cultivar lechugas, confeccionar zapatos o pastorear renos. Esas cosas no son tan elevadas (creemos, naturalmente, los que jamás nos hemos puesto a hacerlas).

Pero, antes de ser moral, la consecuencia de jugar con un concepto exclusivo de cultura es analítica, o sea nos arrastra a la ignorancia. Al usar un concepto exclusivo de cultura levantamos una puerta, una escalera, entre esos saberes *especiales* y la idea tan humana del saber. Desconectamos ciega y arbitrariamente el mundo de la vida ordinaria[7] de la burbuja de la «cultura». Escritores, artistas, científicos, etcétera, mueren así en vida pagando el precio de su propia insensatez. Sus personas llegan a ser sustituidas por sus obras. Esa atrofia del concepto de cultura nos devuelve una imagen desoladora. Por una parte, tenemos personas

---

6. Véase Franzé, 2002: 315.
7. Este concepto de «mundo de la vida» (*Lebenswelt*) fue trabajado ampliamente por Alfred Schütz y Thomas Luckmann, y definido así: «Por mundo de la vida cotidiana debe entenderse ese ámbito de la realidad que el adulto alerta y normal simplemente presupone en la actitud de sentido común. Designamos por esta presuposición todo lo que experimentamos como incuestionable; para nosotros, todo estado de cosas es aproblemático hasta nuevo aviso» (Schütz y Luckmann, 2001 [1952]: 25).

vivas, mas no suficientemente humanas; por otra parte, tenemos seres demasiado humanos que, cuanto más se acercan al ideal de humanidad, más mueren. El concepto de cultura de nuestra tradición antropológica es taxativo a este respecto: todos somos seres igualmente humanos, todos estamos vivos, todos sabemos hacer cosas (mejor o peor), unos unas y otros otras. A un museo se accede pagando una entrada (o redistribuyendo un impuesto), a la cultura se accede siempre, sin pagar. Basta con haber nacido, tener un cuerpo, y unas cuantas personas alrededor.

Nuestro concepto antropológico de cultura ha de incitar también a resolver el problema de las enormes desigualdades a escala planetaria. Es urgente tomarse en serio el propósito del *Foro de las Autoridades Locales*:

> Rescatar 'bienes comunes de la humanidad', de los que millones de ciudadanos han quedado excluidos a causa de los 'desequilibrios' que ha originado la globalización económica[8].

Pero esto sólo será posible con una imagen horizontal, no jerarquizada, de todos los millones de seres humanos que pueblan la tierra. Pues flaco favor hará la idea de cultura al reparto igualitario de los bienes comunes, si esa misma idea conduce a presuponer, *de antemano*, que se puede ser más o menos ser humano.

Los zapatos de Jodie Foster. La cultura como reconocimiento

En *El silencio de los corderos*, la aún inexperta policía encarnada por Jodie Foster visita por primera vez, en la cárcel, al despiadado Aníbal el caníbal. Ambos cruzan miradas a través del vidrio de seguridad. Luego comienzan a hablar. El asesino, con su gesto aristocrático, sabe matar también con sus palabras. Toda la autoridad de la joven policía se viene abajo cuando él, en un alarde de ojo clínico, pone en evidencia su vergonzante origen de clase: ¿de dónde ha sacado esos horrendos zapatos baratos? La crudeza de ese juicio estético y moral, una forma de juicio a la que, expresa o íntimamente, estamos todos acostumbrados, pone de relieve el problema del que ahora me ocuparé: el *reconocimiento*, la *apreciación* y la *valoración*, como parte del concepto antropológico de cultura. Apreciación y reconocimiento se encuentran en la base de cualquier jerarquía social construida a través del concepto exclusivo de «cultura».

---

8. *El País*, 9 de mayo de 2004, p. 39.

Hace tiempo has leído:

§3. Cultura es el conjunto de reglas con cuyo uso las personas dan forma a su acción social

Una parte de ese conjunto de reglas consiste en el repertorio de las que utilizamos para relacionarnos con las reglas mismas. Al relacionarnos (regladamente) con las reglas que se ponen en juego en nuestro universo social sometemos a juicio, de un modo u otro, las formas de vida de las personas que en él habitan, incluidos nosotros mismos. Al ponerse esos zapatos, la tierna agente del FBI da cuerpo a un modo de vestir, a un modo de entender lo que es «ir vestida», y ese modo incorpora su genuina sensibilidad estética, su biografía y su origen social. Viste usando las reglas que aprendió a lo largo de su vida. Cree ir elegante porque así lo creyó al ponerse esa clase de zapatos en su mundo social. Lo mismo sucede cuando calzamos calcetines impecablemente blancos con impecables mocasines negros, creyendo que esa pareja impoluta de complementos nos toca de elegancia. Entonces podemos tropezar con el portero de una discoteca que, considerándose exclusiva, nos negará la entrada: «no se admiten horteras». Para entender este fenómeno, Jean-Claude Passeron nos dio una concisa definición del concepto de cultura:

> Una cultura es tanto un sistema de relaciones con las reglas como un sistema de reglas[9].

La cultura no consiste sólo en las reglas para llevar a cabo una acción, sino también en el conjunto de *relaciones regladas* que los agentes mantienen con esas reglas, el conjunto de *disposiciones* que ponen en juego al interpretarlas. Los agentes sociales, a través de sus propias disposiciones aprendidas en relación con su mundo social, mantienen relaciones con las reglas básicamente de dos modos: (*a*) al percibir, apreciar y reconocer, las prácticas que realizan *los demás*; y (*b*) al realizar *ellos mismos* sus propias prácticas. Ninguna acción social es, en este sentido, unidimensional. Cuando un relojero ajusta el minutero de un reloj no sólo usa reglas para su acción, sino que, sobre la marcha, usa reglas para valorar la adecuación de su acción. Ninguna acción social es en este sentido una mera acción sobre el mundo exterior al agente que la realiza, es también una acción sobre su mundo subjetivo, sobre las reglas a través de las que cobra forma su propia acción. Por eso es preciso dar

---

9. Passeron, 1983: 22.

ahora un nuevo paso en la progresión de nuestras definiciones. Desde esta definición, establecida en el capítulo 2:

§3. Cultura es el conjunto de reglas con cuyo uso las personas dan forma a su acción social

progresamos hacia esta otra:

§5. Partiendo de la definición §3, cultura es el conjunto de reglas para relacionarse con las reglas de §3 en cada situación concreta

Esas nuevas relaciones son inteligibles como un conjunto de *reglas de apreciación, reconocimiento o interpretación* de las reglas del juego social; por ejemplo, la interpretación que pone en práctica Aníbal el caníbal al juzgar los zapatos de la joven policía. La figura 13 ilustra el enunciado de la definición §5, mostrando sus componentes y exponiendo tres ejemplos con algunas variantes.

Este nuevo nivel de comprensión del concepto de cultura puede entenderse mejor si pensamos en el lenguaje y en las diferentes maneras de estudiarlo[10]. Una posibilidad es estudiar el lenguaje como un conjunto abstracto de reglas fonológicas, morfológicas, semánticas y sintácticas. Esa imagen del lenguaje se puede contener en un par de libros escritos. En primer lugar, un diccionario lingüístico que incluya la suficiente información fonológica, morfológica y semántica; o sea, un catálogo de palabras con la representación de sus pronunciaciones (plano fonológico), la mención de si se trata de sustantivos, artículos, verbos, etcétera (plano morfológico), y la definición de sus significados (plano semántico). En segundo lugar, una gramática, en la que se nos diga cómo esos diferentes tipos de palabras se combinan sintácticamente para componer frases bien formadas. La gramática es un conjunto de reglas de composición de oraciones bien formadas que nos dice, por ejemplo, que esta frase está mal compuesta: «León vuela fucsia el por aire»; pero esta otra, aunque onírica, está bien compuesta: «El león fucsia vuela por el aire»[11].

Otra posibilidad, bastante más compleja, es estudiar el lenguaje observando sus *usos prácticos*, es decir el conjunto de reglas con las que los agentes concretos que leen, escuchan, escriben y hablan un idioma,

---

10. Una formulación concisa del mismo problema en la comparación entre cultura y lenguaje se encuentra en Passeron (1983: 22). Un libro para disfrutar con la diferencia entre esos niveles de comprensión es el siguiente: *¿Qué significa hablar?* (Bourdieu, 1985).

11. El ejemplo clásico con este mismo formato se encuentra en la obra de Noam Chomsky *Estructuras sintácticas* (1978 [1957]: 29).

LA CULTURA COMO RECONOCIMIENTO Y COMO DISCURSO

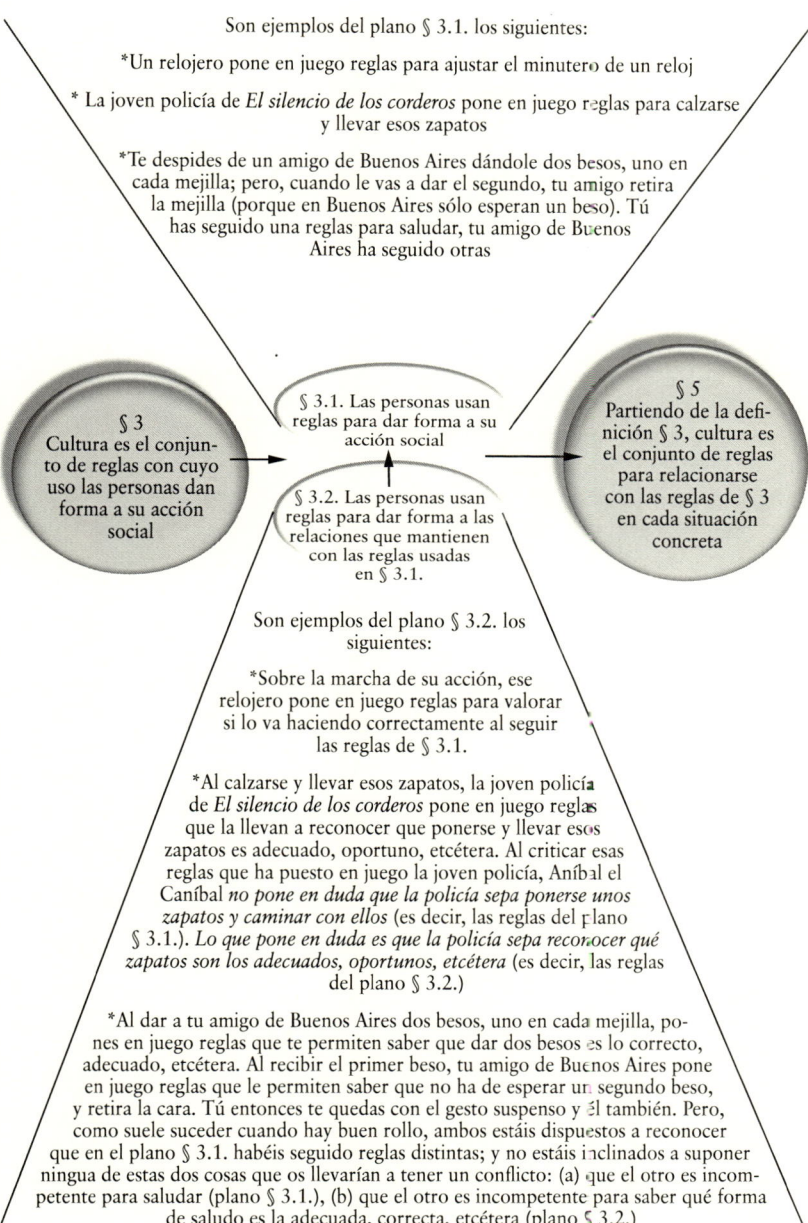

Son ejemplos del plano § 3.1. los siguientes:

*Un relojero pone en juego reglas para ajustar el minutero de un reloj

* La joven policía de *El silencio de los corderos* pone en juego reglas para calzarse y llevar esos zapatos

*Te despides de un amigo de Buenos Aires dándole dos besos, uno en cada mejilla; pero, cuando le vas a dar el segundo, tu amigo retira la mejilla (porque en Buenos Aires sólo esperan un beso). Tú has seguido una reglas para saludar, tu amigo de Buenos Aires ha seguido otras

§ 3
Cultura es el conjunto de reglas con cuyo uso las personas dan forma a su acción social

§ 3.1. Las personas usan reglas para dar forma a su acción social

§ 3.2. Las personas usan reglas para dar forma a las relaciones que mantienen con las reglas usadas en § 3.1.

§ 5
Partiendo de la definición § 3, cultura es el conjunto de reglas para relacionarse con las reglas de § 3 en cada situación concreta

Son ejemplos del plano § 3.2. los siguientes:

*Sobre la marcha de su acción, ese relojero pone en juego reglas para valorar si lo va haciendo correctamente al seguir las reglas de § 3.1.

*Al calzarse y llevar esos zapatos, la joven policía de *El silencio de los corderos* pone en juego reglas que la llevan a reconocer que ponerse y llevar esos zapatos es adecuado, oportuno, etcétera. Al criticar esas reglas que ha puesto en juego la joven policía, Aníbal el Caníbal *no pone en duda que la policía sepa ponerse unos zapatos y caminar con ellos* (es decir, las reglas del plano § 3.1.). Lo que pone en duda es que la policía sepa reconocer qué zapatos son los adecuados, oportunos, etcétera (es decir, las reglas del plano § 3.2.)

*Al dar a tu amigo de Buenos Aires dos besos, uno en cada mejilla, pones en juego reglas que te permiten saber que dar dos besos es lo correcto, adecuado, etcétera. Al recibir el primer beso, tu amigo de Buenos Aires pone en juego reglas que le permiten saber que no ha de esperar un segundo beso, y retira la cara. Tú entonces te quedas con el gesto suspenso y él también. Pero, como suele suceder cuando hay buen rollo, ambos estáis dispuestos a reconocer que en el plano § 3.1. habéis seguido reglas distintas; y no estáis inclinados a suponer ningua de estas dos cosas que os llevarían a tener un conflicto: (a) que el otro es incompetente para saludar (plano § 3.1.), (b) que el otro es incompetente para saber qué forma de saludo es la adecuada, correcta, etcétera (plano § 3.2.)

Figura 13. En cada situación social existen al menos dos planos de reglas.

hacen uso de su lengua para producir efectos sobre los demás, sobre ellos mismos, y en general, sobre el mundo. Estudiar el lenguaje de este modo implica prestar atención al plano pragmático, es decir, práctico; e implica *situar* el uso del lenguaje en situaciones concretas de utilización.

Estás en una sala de teatro, se apagan las luces y aparecen en el escenario dos personas que se dicen lo siguiente: «deja que te bese en los labios con pasión». La obra prosigue en el escenario cuando de pronto, tu vecino de butaca, un desconocido, te dice al oído: «deja que te bese en los labios con pasión». Ambas expresiones son idénticas si se contemplan desde la primera perspectiva de estudio del lenguaje: en ese sentido, ambas son frases impecables. Sin embargo, ambas expresiones son completamente diferentes desde la segunda perspectiva de estudio: la perspectiva pragmática. La primera perspectiva de estudio entiende el lenguaje como un conjunto de reglas de producción de frases; en ella se implica, por tanto, un sólo nivel de reglas, por complejo que éste pueda ser. La segunda perspectiva entiende el lenguaje también así, pero añade el estudio de las reglas con cuyo uso las personas definen cómo usar las reglas del primer nivel, apreciándolas, reconociéndolas, interpretándolas.

Fácilmente caerás en la cuenta de que esta complicación se parece mucho a la que te expuse cuando te arrojé al abismo de la cultura. La capacidad de los seres humanos para definir, apreciar, reconocer, interpretar reglas, y en definitiva para relacionarse con las reglas en múltiples niveles, es increíble. Ninguna descripción de la cultura es del todo adecuada hasta que llega a incorporar esta complicación; a la que también se refirieron Alfred Kroeber y Clyde Kluckhohn: para hablar de cultura, no basta con la noción de «hábito» (o cualquiera que la sustituya):

> La palabra «hábitos» [...] es demasiado neutral; un grupo nunca es afectivamente indiferente a su cultura[12].

Escuchar de tu vecino de butaca la expresión «deja que te bese en los labios con pasión» te ha dejado de piedra. Pero entonces un foco se dirige hacia vosotros y os ilumina, de manera que todos los demás espectadores pueden ver que estás al lado de un actor más, compartiendo escenario. Sigues de piedra, claro. Pero de otra manera. Entonces, levantando el volumen de la voz para que todos puedan oírlo, el que era tu vecino de butaca dice a todos los presentes, iluminado por una potente luz: «¡deja que te bese en los labios con pasión!»

---

12. Kroeber y Kluckhohn, 1963a [1952]: 116.

> **Cuadro 22.** Algo más que reglas
>
> > Firth, 1944 ↑
> > La antropología social es el estudio científico de la cultura humana. Su interés se centra en la diversidad de reglas, comportamientos y creencias del hombre en los diferentes tipos de sociedad, y en la uniformidad que subyace a todas las sociedades (por ejemplo, en lo que respecta a la organización familiar básica). No se ocupa sólo de las diferentes formas de las costumbres en todo el mundo, sino también del significado que estas costumbres tienen para la gente que las practica (KK 185).
>
> Ese orden de «significado» es el que se expresa en nuestra definición §5. Un detalle: cuando Raymond Firth se refiere aquí a «la organización familiar básica», sólo indica que toda sociedad humana tiene alguna forma de organización familiar.

Al hacer cosas que exigen de algún modo el ajuste a reglas ejercitamos una doble competencia cultural. En un primer nivel, damos forma a nuestras acciones y relaciones, y, en un segundo nivel, damos forma a la relación que mantenemos con ese primer ejercicio. A su vez, las acciones de ese segundo nivel pueden ser objeto de un nuevo reconocimiento, como cuando se evalúa a un evaluador, y así sucesivamente. Como me comentó en cierta ocasión mi amigo Fernando Monge, que solía jugar al rugby años atrás: «una cosa es jugar al rugby, y otra cosa es *ser* jugador de rugby». Es decir, una cosa es conocer las reglas de un juego y ponerlas en práctica de alguna manera, y otra cosa muy diferente es ejercitarlas con tal soltura que puede decirse que esa persona ha incorporado, literalmente, las reglas del juego: las ha imprimido en su cuerpo. Solemos reservar ese juicio de identidad —*ser* jugador de rugby— para *reconocer* que la relación que la persona mantiene con el conjunto de las reglas de su acción es sólida, consistente, y se debe a una experiencia de larga trayectoria. Y también solemos apreciar las inseguridades que saltan a la vista en nosotros mismos o en los demás cuando la relación de una persona con las reglas de su acción es titubeante; o podemos hacer que el otro flaquee al poner en evidencia pública, como Aníbal el caníbal, la inadecuación de sus competencias culturales en una situación determinada. La clave es que, al hacerlo, también jugamos con reglas convencionales, también ejercitamos cultura. No podemos valorar la acción, construyendo así *jerarquía* entre lo adecuado y lo inadecuado, lo mejor y lo peor, lo bueno y lo malo, al margen de todo juego cultural. *Cualquier ejercicio de jerarquización se produce en algún campo de juego, por medio del uso de algún conjunto de convenciones humanas.*

Regla y tiempo. La cultura como discurso

Ha llegado el momento de hacer un leve cambio de rumbo, un desvío sutil pero fundamental en el tratamiento del concepto de cultura. Este desvío ha sido señalizado tiempo atrás en nuestro viaje, en el capítulo 3, al tratar de la cuarta llave del llavero: la llave de la práctica y el proceso.

Sobre las definiciones anteriores (§2 a §5) pesa gravemente la expresión «conjunto de reglas». Y por muchos matices que introduzcamos para aligerar esa carga, por mucho que nos preguntemos, como hicimos, «¿cómo puede la blandura de la vida referirse con la noción de regla?», e intentemos flexibilizar ese duro instrumento de medida, la palabra «regla» acabará por imponernos una cierta tiranía. Esa palabra terminará haciéndonos escribir en negrita la noción de estructura, mientras dejamos sin relieve la noción de proceso. Es preciso, por tanto, desprenderse poco a poco de ella, y encontrar alternativas más equilibradas entre lo que viene preformado en la acción humana y lo que *se está* formando durante su curso.

Los zapatos de Jodie Foster también llevan a este problema, al introducir en nuestro concepto de cultura *un quinto plano de indeterminación*. Más arriba escribí: las reglas de la cultura se encuentran indeterminadas en cuanto a su grado de explicitud lingüística y se encuentran indeterminadas en cuanto a su grado de correspondencia con la acción concreta; la cultura se encuentra indeterminada en cuanto al grado de sistematicidad y coherencia con que se presentan las relaciones entre las reglas, y en cuanto al grado de limitación del repertorio de reglas que es tomado en consideración.

Aníbal el caníbal nos hace ver que *las reglas de la cultura se encuentran indeterminadas también en cuanto a su adecuación concreta a cada situación social concreta*. No importa cuál sea mi expectativa acerca de la adecuación de mi acción para una situación social dada, puesto que esa situación es social, mi acción sólo tendrá un sentido y una interpretación *en el curso concreto de su realización ante los otros, en su decurso, en su discurso.* Mi acción sólo tendrá una forma cultural una vez que ha sido, no sólo realizada, sino también valorada, reconocida, interpretada, por los otros —incluido yo mismo como espectador de mi propia acción, y como jugador. Para ello, esa acción ha de cobrar cuerpo en un tiempo social concreto, en una situación social concreta: ha de *formarse* ante los ojos, los oídos o el tacto de los que ahí se encuentran, formarse ante la sensibilidad de los que entran en relación conmigo, como agente en ese escenario concreto. *Esa acción es indeterminada en lo que respecta al resultado concreto de un conjunto de actos de jerarquización, actos de poder, entendido éste como la capacidad para hacer efectiva la definición de la realidad social*[13]. Me apropio así de la agudeza de Gerd Baumann, cuando escribió:

> Hemos progresado desde una noción reificada de la cultura y luego procesual hasta llegar a una comprensión discursiva[14]

Y arribo a un nuevo puerto:

> §6. La cultura es el discurso, el decurso, de un conjunto de reglas convencionales puestas en práctica en el tiempo de las situaciones sociales.

* * *

Con esta formulación tenemos ya las seis definiciones del concepto de cultura que propongo

> §1. Cultura es una forma de vida social.

> §2. Cultura es el conjunto de reglas con cuyo uso las personas dan forma a la relación que las personas mantienen entre sí, en su vida social.

> §3. Cultura es el conjunto de reglas con cuyo uso las personas dan forma a su acción social.

> §4. Cultura es una *descripción*, hecha por alguien, del conjunto de reglas con cuyo uso las personas dan forma a su acción social.

---

13. Véase Díaz de Rada, 2007: 121; Kockelman, 2007. Otro modo de decir esto, haciendo uso del concepto de *marcador diacrítico* que introduje en el capítulo 2, es el siguiente: *cada acción es indeterminada en cuanto al grado en que los marcadores diacríticos que una persona pone en juego son interpretados de forma común por todos los demás agentes pertinentes para esa situación*. Puedo ponerme unos «elegantes» zapatos que a mi pareja le resultan «horrendos». La clave es que, como en muchos otros casos análogos, sólo descubriré que le parecen «horrendos» cuando los ponga ante sus ojos, en el *curso* de alguna clase de interacción.

14. Baumann, 2001: 167.

§5. Partiendo de la definición §3, cultura es el conjunto de reglas para relacionarse con las reglas de §3 en cada situación concreta.

§6. La cultura es el discurso, el decurso, de un conjunto de reglas convencionales puestas en práctica en el tiempo de las situaciones sociales.

También tenemos siete indeterminaciones en el concepto de cultura

Primera indeterminación. Las reglas de la cultura se encuentran indeterminadas en cuanto a su grado de explicitud lingüística.

Segunda indeterminación. Las reglas de la cultura se encuentran indeterminadas en cuanto a su grado de correspondencia con la acción concreta.

Tercera indeterminación. La cultura se encuentra indeterminada en cuanto al grado de sistematicidad y coherencia con que se presentan las relaciones entre las reglas.

Cuarta indeterminación. La cultura se encuentra indeterminada en cuanto al grado de limitación del repertorio de reglas que es tomado en consideración.

Quinta indeterminación. Las reglas de la cultura se encuentran indeterminadas en cuanto a su adecuación concreta a cada situación social concreta.

Sexta indeterminación. La acción es indeterminada en lo que respecta al resultado concreto de un conjunto de actos de jerarquización, actos de poder, entendido éste como la capacidad para hacer efectiva la definición de la realidad social.

Séptima indeterminación (que es una variación de la sexta). La acción es indeterminada en cuanto al grado en que los marcadores diacríticos[15] que una persona pone en juego son interpretados de forma común por todos los demás agentes pertinentes para esa situación.

* * *

---

15. Una explicación del concepto de «marcador diacrítico» se encuentra en la sección «*Etic$_1$, Emic$_1$, Etic$_2$, Emic$_2$...*» del capítulo 2.

La cultura no es un agente

Las consideraciones sobre el problema del reconocimiento, la apreciación y la valoración, es decir, sobre la interpretación de la cultura como algo que está detrás de una puerta o en el altillo de una escalera, llevan a sugerir que cualquier científico social, pero más que nadie un antropólogo, ha de ser consciente y crítico frente a tales operaciones de jerarquización. Ningún reconocimiento es neutral. En consecuencia, como científicos sociales no podemos dar por sentada la visión del mundo que se encierra en las siguientes palabras dichas por Lorenzo Milá en el *Telediario* de las nueve, tras presentar la noticia de la felicitación pública en el ochenta cumpleaños de Gabriel García Márquez, y al introducir los preparativos del rodaje de Woody Allen en Barcelona: «... y pasamos ahora a otro grande de la cultura»[16]. Para un científico social consciente de la tradición del concepto de cultura que vengo desarrollando en este libro, el primero es grande escribiendo novelas y el segundo dirigiendo películas; pero ninguno de los dos es más grande que tú, o que cualquier otro, como agente de cultura.

Dar por sentada la jerarquización que se encierra en esas palabras de Lorenzo implica una especie de alquimia[17]. Por arte de birlibirloque se pasa de entender la gran «cultura» (la literatura, el cine) como atributo exclusivo de las élites, a entender cualquier otra forma de producción social como atributo de las masas. Y así se pasa de reconocer el valor superior de una forma de acción a reconocer el valor superior de un agente social concreto (e inferior de todos los demás). La confusión entre el concepto de cultura (un discurso) y el concepto de agente (quien lo pone en práctica) está servida. En términos analíticos esta confusión es letal: *una cultura no es un agente*[18].

Al examinar la relación entre raza y clase social en los Estados Unidos, Brackette Williams reveló los resortes políticos que se activan cada vez que se pone la cultura en el lugar de las personas que la hacen:

> Una vez contemplada como sociedad civil, la cultura se convierte en parte fundamental de los mecanismos de control del estado. [...] La cultura,

---

16. Programa del 6 de marzo de 2007.
17. Esta palabra, «alquimia», forma parte del bagaje de conceptos creados en el entorno de Pierre Bourdieu para hablar de las operaciones simbólicas que, insertas en ejercicios de poder, transforman la realidad a la medida de la interpretación de quienes más influyen en su definición. Cf., por ejemplo, Passeron, 1983.
18. Véase en el capítulo 4 mi crítica a las palabras de Gellner, en su confusión del concepto de cultura con el concepto de colectividad.

uno de los mecanismos de control estatal, establece las coordenadas en cuyo marco los que quedan fuera de esa categoría en la que se confunden [raza y clase] pueden manipular la confusión de identidad y cultura como parte de sus esfuerzos para situarse a sí mismos en el estado[19].

Esta relación de jerarquía entre la cultura de las élites y la de los demás, convertida en jerarquía entre diferentes tipos de seres humanos (cabría decir aquí, apropiadamente, «clases») es el pan nuestro de cada día, tanto en el interior de cada estado-nación como en la relación entre las diferentes poblaciones dentro y fuera de los estados nacionales. De ese pan no se nutre el concepto de cultura que estoy precisando en estas páginas. De ese pan se nutrió la relación colonial y se sigue nutriendo, generalmente, el complejo proceso de constitución de relaciones entre mayorías nacionales y minorías inmigrantes. Ése es el alimento de la persistente idea de que existen «culturas avanzadas», y, por tanto, «sociedades avanzadas»; a pesar de que Claude Lévi-Strauss advirtiera en 1973, siguiendo una tradición de décadas de estudios antropológicos, que ninguna sociedad humana «avanza» en todas las facetas de su acción simultáneamente[20].

Cuadro 23. Un lamentable ejercicio de elitismo

> Jaeger, 1945 ↓
>
> Estamos acostumbrados a usar la palabra cultura no para describir el ideal que sólo posee el mundo Helenocéntrico, sino en un sentido mucho más trivial y general, para denotar algo inherente en cualquier nación del mundo, incluso la más primitiva. Lo usamos para designar el complejo total de modos y expresiones de la vida que caracterizan a cualquier nación. Así la palabra se ha ido al traste para significar un concepto antropológico simple, no un concepto valioso, un ideal conscientemente perseguido (KK 60).

¡A ver si este libro que estás leyendo contribuye a que la palabra «cultura» se vaya al traste definitivamente, pero precisamente *en este sentido* que defiende aquí Jaeger!

---

19. Williams, 1989: 434.
20. Lévi-Strauss, 1995 [1973].

El concepto de cultura que aquí restauro no implica, por otra parte, un relativismo bobo en cuanto a la *igualdad de perfección* de toda forma de acción. Cada acción humana depende en su acabado de la experiencia social de un agente concreto que la pone en práctica, de un tiempo social concreto de aprendizaje, de la depuración de una competencia, de un trabajo invertido en desarrollarla[21]. Un aprendiz de escritor, el que empezó ayer a jugar con palabras, no *puede* escribir como el actual Gabriel García Márquez (tampoco él mismo podía hacerlo cuando tenía catorce años). Pero lo que aprendió a hacer Gabriel a lo largo de su vida es, entre otras muchas cosas, *escribir*; es decir, aprendió a poner en práctica una forma concreta de competencia cultural[22]. En contrapartida, no aprendió a diseñar aeroplanos, construir catedrales, confeccionar cestas o aparear caballos[23]. Ninguna de estas actividades hace a nadie más agente de cultura, ninguna lo convierte a uno en más humano. Todo ser humano, en la realización de su vida social, es agente de algún tipo de discurso de reglas. Todo ser humano es agente de cultura.

La cultura no es un producto

El error complementario de suponer que la cultura es un agente es suponer que es sólo el producto de la acción de las personas, una cosa, un objeto. Ambos errores llevan a ignorar el proceso, el decurso de acción, que encierra precisamente lo que más interesa al antropólogo. Puesto que es habitual comprender la cultura como un conjunto de personas o productos jerarquizados, incorporamos el supuesto de que algunas personas, como los artistas reconocidos o los intelectuales, encarnan la cultura; y algunos productos, las obras de arte reconocidas o los sesudos ensayos, son la cultura. Excluidas de este limbo se encuentran todas las personas sin redención, los fontaneros, los albañiles, las secretarias, las cajeras; y todos los productos de su acción, las tuberías, los tejados, las instancias, los vales de compra.

---

21. Un argumento similar, en el ámbito del relativismo lingüístico, se encuentra apuntado en el texto de Dell Hymes «Una nueva perspectiva para la antropología lingüística» (1995 [1964]: 245).
22. Goody, 1985 [1977] y 1990 [1986].
23. Naturalmente, ignoro si el autor de *Cien años de soledad* ha aprendido o no a hacer estas cosas. Dada la cantidad de tiempo que habrá invertido en producir su obra literaria, sospecho que no.

Es un misterio sin resolver la fascinación que acompaña a las *cosas* de la cultura exclusiva[24]. Basta con que un objeto esté tocado por la mano de esa distinción para que creamos automáticamente que su naturaleza es superior. Basta con que una cosa sea un libro o un cuadro o un disco grabado para que creamos de alguna manera en su bondad moral; y, en todo caso, para que todas las otras cosas del mundo, las tuberías, los tejados, los tornillos, formen inmediatamente un fondo *indistinto*, una masa entre la que discurre nuestra vida ordinaria. Lo mismo sucede con las «instituciones reconocidas», esas cosas especiales destinadas a albergar a las personas y los objetos sagrados de la cultura exclusiva: los museos, las escuelas, las salas sinfónicas, los parlamentos... Sin embargo, no está demás recordar que *Mein Kampf* es un libro y que la escuela franquista era una escuela. Desde mi punto de vista, ninguna de estas cosas puede competir moralmente con las vías de tren o los tornillos que las asientan, cosas aparentemente más neutras, pero sin duda más útiles para facilitar la comunicación social de las personas.

En nuestro mundo capitalista, si es que las cosas han de valer, han de valer como mercancías. Convertir la cultura en cosa, cosificarla, es el primer paso para transformarla en mercancía. De este modo, paradójicamente, la misma ideología que conduce a definirla como cosa *distinguida* la traslada a la circulación *general* de los bienes de consumo. Pero, puesto que las élites «culturales» encuentran su razón de ser precisamente en su distinción como seres rabiosamente humanos, se resisten como gato panza arriba a aceptar que lo suyo es mera producción de mercancías, y a ese efecto consolidan la idea de que lo suyo es algo más que cosa, es «cultura», o, en una versión delicadamente ambigua de la palabra «cosa», a medio camino entre el tener y el ser: «patrimonio». Por una parte, a través de esta noción de patrimonio la cultura cosificada viene a provocar la exclusividad y la exclusión; por otra parte, convertida en mercancía, la cultura cosificada se disuelve en el flujo indistinto de la compraventa. La consecuencia es que las élites «culturales» y quienes aspiran a entrar en ellas, una vez sustraídas de la masa de los mortales, pugnan por hacer valer los productos específicos de su trabajo como una «cultura» distintiva, pero sólo pueden hacerlo manchándose las manos con esa actividad mercantil tan impropia de su rango. Designar a esos productos como «cultura» con la implicación de que las tuercas o los raíles no son «cultura», no tiene otra función que mistificar a sus productores creando así dos categorías de personas: las que for-

---

24. Quien más se ha adentrado en este misterio, y quien más lejos ha llegado en su aclaración, es sin duda Pierre Bourdieu (1988a [1979]).

man parte de la sagrada familia de las élites, y las que no forman parte de nada. Como ha indicado Fuat Firat, la progresiva extensión de este concepto de «cultura» es consecuente con el hecho de que «la cultura se convierta crecientemente en un objeto de consumo y de mercado. [...] Hoy en día, los individuos, crecientemente consumen culturas más que pertenecer a alguna de ellas»[25].

Es posible ponerse apocalíptico como Fuat Firat y construir una crítica de las sociedades contemporáneas como si en ellas se hubiera borrado toda posible comprensión de la «cultura» en otros términos que no sean los estrictamente mercantiles. Esta crítica apocalíptica, sin embargo, acaba trasladando a la comprensión del concepto de cultura toda la carga de cosificación que impide considerar el concepto con arreglo a la tradición antropológica. La deficiencia de este razonamiento radica en participar de la misma definición cosificada y jerarquizada que se somete a crítica, al dar por supuesto de antemano que esas cosas que llamamos «cultura», los cuadros, los libros, las obras de arte, son en sí mismas *diferentes* de las tuercas, los raíles o las tuberías. Para un antropólogo social *no lo son*: todo producto de la acción humana, sea cual sea ese producto, lo es de un proceso de cultura. George Yúdice ignora también este principio, al escribir:

> La cultura se refiere a procesos simbólicos que delimitan un adentro y un afuera jerarquizados. Este aspecto delimitador sigue siendo fundamental. [...] Es mediante esta delimitación como la cultura tiene sus efectos constitutivos[26].

La verdad de este enunciado es sólo parcial, pues responde a un concepto restringido de «cultura», el que es acorde con los ejercicios de reconocimiento, apreciación y valoración de las élites artísticas e intelectuales. Estas élites son decisivas para la herrumbre del concepto de cultura pues gozan de un enorme poder a la hora de definir cómo debemos imaginar nuestro mundo social; son ellos, en definitiva, los principales agentes de eso que denominamos «opinión pública». A través del concepto antropológico de cultura que restauro aquí, los antropólogos debemos saber renunciar al privilegio de estas élites.

---

25. Fuat Firat, 1995: 105.
26. Yúdice, 2005: 107.

¿Excepción cultural?

De esa pugna de las élites artísticas e intelectuales por mantener el privilegio de su exclusividad como seres humanos a través del privilegio de la exclusividad de sus obras, ha surgido el curioso debate de la *excepción cultural*. Este concepto fue negociado por el gobierno francés en 1993, en el marco del Acuerdo General sobre Tarifas y Precios (GATT) de la Organización Mundial del Comercio, ante la invasión en tierras galas del audiovisual norteamericano, particularmente el cine y la televisión. Lo que propuso entonces el gobierno francés fue aplicar una regulación estatal (considerada *especial*) para obligar a los distribuidores a cumplir con una cuota de exhibición de películas francesas. Ello constituía una supuesta *excepción* en las condiciones de libre mercado, aplicable a un bien «cultural» que debía ser protegido por el estado nacional francés. Las voces de los adalides del liberalismo económico han formado coro desde entonces, junto con algunas voces de las élites intelectuales y artísticas, para expresar su escándalo ante esta limitación de la libertad de circulación de «la cultura». Tanto la designación de «excepción cultural», promovida por el gobierno francés, como el escándalo posterior sólo son comprensibles a la luz de un concepto restringido y elitista de cultura, que la interpreta como el producto de la acción de unos seres tocados por el dedo de Dios. Sólo porque esa versión mistificada de la palabra «cultura» entra en escena se arma tanta bulla; pues lo único que es excepcional de la llamada excepción cultural es el creer que la «cultura», es decir, las mercancías producidas por las élites artísticas, ha de permanecer al margen de cualquier proceso regular de mercado. La asociación de la palabra «cultura» con la palabra «libertad» genera un griterío ideológico que parece girar en torno a la libertad humana en su conjunto, cuando en realidad sólo gira en torno a la circulación de mercancías mondas y lirondas. Establecer reglas de restricción para el mercado de la mantequilla no hubiera alentado, no alienta de hecho, un escándalo de tal magnitud; y a ningún gobierno se le ocurriría designarlo, provocón, con la expresión «excepción láctea».

Si tomamos como punto de partida el concepto antropológico de cultura que aquí quiero restaurar, un concepto que extiende la condición de la cultura horizontalmente a toda forma de acción humana, cabe preguntarse: ¿por qué deberíamos considerar completamente libres de tránsito a las mercancías producidas por los artistas y los intelectuales, cuando, *de hecho*, los estados nacionales someten a regulación constante otros tipos de mercancías hasta donde pueden y por todos los medios a su alcance?

El escándalo suscitado por la denominada «excepción cultural» se funda en un debate completamente desorientado. En primer lugar, porque parte de una concepción restringida y exclusivista de lo que ha de entenderse por «cultura», el hueso preferido de artistas e intelectuales, y también, en este caso, de políticos sedientos de «cultura nacional»; en segundo lugar, porque parte de la ilusión de que el «libre mercado» es un hecho, el hueso preferido de los economistas liberales. Pero ni la cultura se reduce a las películas (ni a los libros, ni a ninguna mercancía en concreto) ni el mercado es libre (que se lo digan a los defensores de la batalla perdida del llamado «comercio justo»).

Veamos este desbarajuste en la opinión de una persona que gusta de roer los dos huesos: Mario Vargas Llosa. En julio de 2004 publicaba un artículo en *El País* con el título «Razones contra la excepción cultural». Desde su punto de vista, los defensores de la excepción cultural comparten dos supuestos:

> *a*) Que los bienes y productos culturales son distintos a los otros bienes y productos industriales y comerciales, y que por lo mismo no pueden ser librados, como estos últimos, a las fuerzas del mercado —a la ley de la oferta y la demanda—, porque si lo son, los productos bastardos, inauténticos, chabacanos y vulgares terminan desplazando en la opinión pública (es decir, entre los consumidores) a los más valiosos y originales, a las auténticas creaciones artísticas.
> [...]
> *b*) [Que] los productos culturales deben ser objeto de un cuidado especial por parte del Estado porque de ellos depende, de manera primordial, la *identidad* de un pueblo [...][27].

No tengo dudas sobre las intenciones del gobierno francés en las direcciones que apunta aquí Vargas Llosa, y creo que quienes defienden la excepción cultural se sumarían sin problemas a estos dos principios.

Como antropólogo, mi opinión sobre lo que debe hacerse en materia comercial es aquí irrelevante. Lo que sí es relevante es entender que se trata de eso, de un asunto *comercial*, no de la *cultura*. Y, siendo como es el caso que Mario Vargas Llosa no es especialista en relaciones comerciales ni antropólogo, cabe preguntarse por qué su opinión en materia que toca estos dos palos alcanza tal predicamento. Sólo tengo una respuesta. Su opinión cuenta como persona destacada en el ámbito «de la cultura», o sea en ese ámbito del que quedan excluidos los albañiles, las cajeras de los supermercados o las secretarias de dirección.

27. Vargas Llosa, 2004.

La regulación mercantil de las mercancías puede sostenerse (o no) con perfecta independencia de esos dos argumentos que, sin duda, promovió el gobierno francés. Precisamente, en el ámbito de las mercancías producidas por artistas e intelectuales es perfectamente posible defender esa regulación comercial *también desde argumentos contrarios*:

a) los bienes y productos «culturales» no son distintos de cualquier otro bien o producto industrial y comercial;

b) ninguna entelequia denominada «identidad de un pueblo» puede legitimar la validez de ninguna expresión cultural, entre las que hemos de incluir sin pensarlo dos veces los tornillos, los ladrillos, los raíles y los motores Diesel.

Con estos dos argumentos o con los contrarios puede defenderse (o no) la regulación mercantil de los «bienes culturales» porque cualquier producto comercial, cualquier mercancía, es de hecho sometida en el exterior de los estados nacionales a reglas arancelarias, y, en su interior, a reglas impositivas y de otros tipos para regular su valor final de mercado. Esas reglas políticas son a veces internacionalmente acordadas y a veces impuestas de forma unilateral. En el tratamiento de toda esta cuestión el concepto antropológico de cultura, limpio de herrumbre, permanece intacto.

En lo que respecta a la consideración de la «cultura» como una burbuja habitada por artistas e intelectuales, Vargas Llosa se encuentra más cerca del gobierno francés de lo que parece a simple vista. Por eso está de acuerdo con el primero de los argumentos que busca someter a crítica, desviándolo sutilmente hacia un vergel en el que prefiere no adentrarse:

> Es verdad que los productos culturales son distintos a los otros, Pero lo son porque, a diferencia de una gaseosa o una nevera, en vez de desplazar en el mercado a sus competidores, les abren la puerta, los promueven. Una obra de teatro, un libro, un pintor que tienen éxito son la mejor propaganda para el arte dramático, la literatura y la pintura y crean unas curiosidades y apetitos —unas adicciones— que benefician a los otros artistas y escritores[28].

Con esta idealización del papel abierto y ecuménico de la obra de arte Vargas Llosa despacha de un plumazo las luchas por hacerse valer en el mercado del arte[29]. Como buenos hermanos, los artistas se sientan al banquete de la producción de obras sin otro ánimo que abrir las *puer-*

---

28. *Ibid.*
29. Bourdieu, 1993.

tas del campo. De hacer caso a Vargas Llosa tendremos que pensar que el éxito de ventas de una nevera no es la mejor propaganda para el uso de las tecnologías domésticas. Nada de esto resiste el análisis. Un libro, por ejemplo, *Pantaleón y las visitadoras*, legitima con su éxito el valor de la literatura exactamente de la misma manera que una nevera legitima con su éxito el valor de los electrodomésticos. Pero tanto esa novela como esa nevera encuentran el éxito, inevitablemente, desplazando a otros productos de su mismo campo, y lo hacen gracias a dispositivos (regulados) de distribución y comercialización, y no por arte de magia.

Una novela y una nevera son, en un plano, mercancías, y como tales se comportan; y en otro plano, son obras culturales, resultado de sendos procesos de acción humana reglada. Allá quien quiera ver en esto distinciones espurias.

Se puede sostener que los agentes del mercado realizan la regulación comercial mejor o peor que los agentes del estado. Lo que no se puede sostener es que las mercancías mal llamadas «culturales», en lugar de «artísticas», «literarias», «musicales», o lo que sea que las designe con precisión, han de contemplarse como mercancías especiales. La libertad del enfoque liberal de Vargas Llosa no es, desde luego, la de un campo de puertas abiertas, como se revela en esta manifestación explícita de un concepto de cultura jerarquizante y exclusiva:

> Desde luego que sería preferible que los consumidores tuvieran a veces mejor gusto a la hora de elegir un libro, un espectáculo, una película, un concierto, y que dieran en sus vidas mayor presencia a la cultura. ¿Puede un gobierno hacer algo al respecto? Muchísimo. Es la educación, no los subsidios, lo que puede crear un público más culto[30].

Puede ser que las personas hayan de dar mayor presencia en sus vidas a la *literatura*, el *cine* o la *música sinfónica*. Yo en eso ni entro ni salgo. A lo que no pueden aspirar es a dar mayor presencia a la *cultura*, pues ésta está presente, siempre, en todas y cada una de sus acciones.

Lo que distingue a una nevera de una novela no es su condición cultural. En esta discusión, la distinción relevante entre las mercancías viene dada por la intención de quien, como autor o como distribuidor, las pone en el mercado. En este sentido, el conjunto de mercancías a través de las cuales sus autores o distribuidores intentan *comunicar* algo sí producen una diferencia en relación con el conjunto de mercancías para las que tal intención carece de importancia. Pero esta propiedad

---

30. Vargas Llosa, 2004: 11.

no es exclusiva de las novelas, las películas o la música sinfónica. Todas las mercancías pueden ser más o menos susceptibles de transportar, por ejemplo a través de su *diseño*, intenciones comunicativas de sus autores o de sus distribuidores. Es entonces cuando ellos, que también pueden ser vendedores de neveras[31], se ven atrapados en la tensión que siempre incorpora el concepto de *propiedad intelectual*. Porque entonces el autor o el distribuidor no sólo esperan ya dinero a cambio de su trabajo; esperan también *expresar, presionar hacia afuera*, sobre las formas de su mundo, esperan que los otros participen de su forma de vivirlo; con su acción comunicativa, expresiva, el autor o el distribuidor esperan influir en la *forma* de su mundo social. Y así, esperan que su discurso cultural tenga repercusión sobre los discursos culturales de los otros. Este doble motivo del ser humano cuando busca comunicar algo a través de los productos de su acción es inevitablemente tenso. Piensa por ejemplo en los nuevos problemas suscitados por la piratería masiva de la propiedad intelectual, a la que sin duda puede verse abocado también mi propio trabajo. Como autor, no me gusta que me roben, pero deseo que me lean.

Puentes. La cultura como comunicación

§6. La cultura es el discurso, el decurso, de un conjunto de reglas convencionales puestas en práctica en el tiempo de las situaciones sociales

Entendido así, el concepto de cultura ayuda a comprender cómo es que los seres humanos habitan un mundo social en el que las acciones de unos participan de las acciones de los otros, al formarse en un proceso de establecimiento y regeneración de convenciones comunes. Algunas de esas convenciones, a través de formas de reconocimiento, apreciación y valoración, levantan puertas, y a veces erigen muros que excluyen a los otros de la coparticipación en la vida social. Pero cuando esto sucede el asunto se reduce básicamente a dos caminos: o esos muros son muros reconocidos por las personas en juego, y por tanto, aceptados como muros *legítimos*; o esos muros son muros levantados

---

31. La incorporación de intenciones comunicativas en las mercancías es un asunto muy complejo. El problema del *diseño* como valor añadido de una mercancía no se reduce solamente a la relación de producción, es decir, a la propia manufactura. Las relaciones de distribución pueden ser también decisivas a la hora de codificar significados de diseño en las mercancías. Una vieja mesa de madera que en su día se fabricó con el único objeto de sostener los platos, puede reincorporarse en un circuito de distribución de «antigüedades» como una forma comunicativa, a través de la cual el vendedor aspira a trascender su mera funcionalidad de uso.

por la fuerza, y por tanto impuestos por medio de la *violencia* que busca la anulación o el exterminio del otro. Los muros legitimados bloquean la comunicación social, paradójicamente, incorporando ese bloqueo como un hecho comunicativo más, de manera que una puerta se cierra con llave en el puente mismo del entendimiento mutuo, en el puente de la cultura como discurso social. Así los seres humanos construyen sus propias jaulas, y normalmente intentan salir de ellas como pueden. Ésa es la esencia del conflicto social. Ésa es también la esencia de la violencia simbólica, que nos hace consentir el precio de algunas esclavitudes a cambio de la recompensa de la vida social. En todo caso, esa puerta cerrada con nuestro consentimiento es también un proceso de cultura, un proceso comunicativo.

Los muros levantados por la fuerza, sin embargo, cancelan toda forma de comunicación y quedan por tanto excluidos del proceso cultural. Donde se erigen esos muros ya no hay puente; y si es que hay algún puente, por difícil que sea el paso, es porque ese muro de la violencia que busca el exterminio del otro ha sido derribado[32].

Décadas de investigación antropológica han promovido esta idea de la cultura como comunicación, cuyo sustento se halla precisamente en la condición universal de las competencias culturales humanas. Es ésta una idea de cultura incompatible con una definición a priori jerarquizante, exclusiva o excluyente. Es incompatible también con una definición que entienda a la cultura, a priori, como una cantidad que puede contenerse en las personas en mayor o menor grado. La cultura es un discurso de reglas, lo que cuenta es su configuración, no su cantidad[33].

La promoción de este concepto de cultura implica algo muy simple. *En términos antropológicos todos los seres humanos son iguales en su condición de animales culturalmente competentes, pero son diversos en sus formas de poner en práctica esa competencia.* Del estudio de esta doble propiedad de la acción humana se ocupa la antropología social y cultural.

Después de décadas, sin embargo, los antropólogos no hemos sido capaces de impedir que este concepto, el timón de nuestro barco, se llene de herrumbre. A pesar de los esfuerzos, el discurso público de nuestro universo social sigue saturado de un concepto jerarquizante, exclusivo y excluyente. «Cultura» se usa constantemente en los medios

---

32. Para una discusión matizada de estos conceptos de violencia y cultura, véase Baumann y Gingrich, 2004a. Y dentro de este libro, especialmente: Sprenger, 2004, y Baumann y Gingrich, 2004b.
33. Kroeber, 1951.

públicos para referirse confusamente a un conjunto específico de acciones cuyo nombre concreto es frecuentemente eludido: escribir novelas, pintar cuadros, componer música; y deja de usarse con la misma constancia para otras acciones igualmente humanas: hacer neveras, pintar paredes, construir vías de tren. Declarar que ambos conjuntos de acciones son iguales en cuanto a la cultura que incorporan nos plantea a quienes escribimos libros un costoso dilema personal: reconocernos *igual* de humanos que los pintores de paredes, los albañiles, y los obreros ferroviarios. Es decir, reconocer que estas personas son tan humanas como nosotros lo somos. Ni más ni menos.

El concepto antropológico de cultura como discurso de reglas sólo puede restaurarse en el viaje hacia ese reconocimiento, y en la renuncia de las personas que forman las élites artísticas e intelectuales a considerarse, a sí mismas, como la encarnación de la verdadera humanidad.

8

ALGUNAS PREGUNTAS CON RESPUESTA

En este punto de nuestra travesía podemos disfrutar de un baño en aguas claras. Antes de reanudar la marcha hacia el puerto de la diversidad cultural, lo que hasta aquí he escrito permite dar respuesta precisa a una serie de preguntas que se suscitan a menudo cuando se trata del concepto de cultura.

¿Puede haber gente sin cultura?
¿Hace falta la escuela para «tener» cultura?
¿Se reduce la diversidad cultural a la diversidad lingüística?
¿Es la cultura una forma particular de acción?
¿Cómo se «tiene» la cultura y quién la tiene, si es que alguien la tiene?
¿Son «los chinos» una cultura? ¿Son «los españoles» una cultura? ¿Son «los heavies» una cultura?
¿Puede haber cultura sin gente?

Responder a estas preguntas me permitirá atar el lazo entre la gente y la cultura; un lazo que, desde la primera hasta la última de estas siete cuestiones, ata el envoltorio de una idea: la cultura es una propiedad universal de la acción humana.

¿Puede haber gente sin cultura?

No. No puede haber gente sin cultura. Los seres humanos viven *siempre* en instituciones sociales con forma cultural y construyen con sus prácticas, *constantemente*, el discurso de la cultura (§6). La gente crea y recrea las convenciones que dan forma a su vida social, a su acción y a los productos de su acción. Esas convenciones, y en especial las reglas, muy duras o muy blandas, muy codificadas o apenas apuntadas, se producen en todos y cada uno de los escenarios donde habitan personas. Y como tales sólo están inscritas en la propia acción de la gente, o en sus productos. En ese sentido decimos que *la cultura es una propiedad de la acción social de los seres humanos*[1], sean quienes sean y estén donde estén. Todo ser humano es agente de cultura.

El discurso de la cultura encuentra su medio específico en la *acción social*. Donde no hay acción social, por ejemplo, en las células embrionarias de una persona, no hay cultura (por lo que sabemos hasta hoy). De ahí el énfasis que en tiempos se hacía a propósito del concepto de cultura: la cultura es *aprendida*. Sólo circula en la acción social. Sólo en la acción social, o en sus productos, las convenciones humanas se convierten en cuerpo.

Decir que no puede haber gente sin cultura es decir también que no es sensato hablar de un mayor o menor grado de cultura. El concepto antropológico de cultura no es objeto de medida porque es absurdo medir las convenciones, o la cantidad de convenciones. Puede decirse que la capacidad humana para crear cultura no ha existido desde siempre; y puede estudiarse el proceso por el cual nuestra especie en su conjunto, cada uno de sus miembros considerado individualmente y, en su caso, los individuos de otras especies, han construido y construyen una forma de comportamiento genuinamente cultural. Ese proceso es apasionante[2], pero de él podemos afirmar una cosa con seguridad: «más y menos» no es un atributo fundamental para comprenderlo adecuadamente. «Más y menos» puede alumbrar algún saber incipiente, muy pobre. Por ejemplo, cuando se trata de ese proceso cultural que es el lenguaje humano, es posible comprobar cómo el niño usa cada vez *más* palabras, y también, cómo usa cada vez *más* reglas para combinarlas gramaticalmente. Esta medida puede ser indicativa y pertinente al principio de su aprendizaje, pero pierde pertinencia rápidamente, hasta hacerse prácticamente irrelevante. Conforme el aprendizaje avanza lo único que importa ya es *cómo* esa persona usa su lenguaje en el conjunto complejo de su acción. La respuesta a esta pregunta no es ya objeto de medida

---

1. Este giro del concepto de cultura, por el que deja de cualificar a los grupos humanos para pasar a cualificar a las *acciones sociales*, es fundamental en la idea que desarrollo en este libro, y ha sido previamente formulado así por Graciela Batallán y Silvana Campanini, quienes a su vez se apoyan en ideas de Elsie Rockwell: «Por este camino, la cultura deja de adjetivar a grupos, comunidades e instituciones, para aludir a las formas que asume la acción social según lógicas y tradiciones que les son constitutivas» (Batallán y Campanini, 2007: 170).

2. Ramírez Goicoechea, 2009.

en términos de más y menos. Muchas palabras, muchas reglas, pueden ser comunicativamente inútiles; mientras que el uso adecuado de seis palabras con unas cuantas reglas puede tener una eficacia taxativa: «este tribunal le condena a muerte».

No puede haber gente sin cultura. Pero *la cultura no es*, en realidad, *una propiedad de la gente, sino una propiedad de la acción que la gente pone en práctica*. Y por eso también puede suceder que donde hay acción con forma convencional haya cultura, incluso si no hay seres humanos[3]. Una corriente de investigación que no cesa revela nuevos hallazgos sobre la construcción de convenciones de comportamiento en otras especies. No hay nada que fuerce al concepto preciso de cultura que aquí vengo ofreciendo a permanecer en los límites de nuestra especie, aunque, desde luego, los miembros de nuestra especie fundamentamos nuestra vida social en la producción de cultura.

¿Hace falta la escuela para «tener» cultura?

No. No hace falta. La escuela, tal y como hoy en día la conocemos, es el resultado de un largo proceso histórico. Un proceso en el que ha tenido un relieve particular el desarrollo de los modernos estados nacionales[4]. *Los seres humanos han producido y producen cultura y educación en cualquier lugar y en cualquier época, con y sin escuela.*

La escuela es una institución educativa especial, en la que la educación sigue las pautas de la burocracia[5]. En particular, como nos enseñó Judith Hansen, escuela es toda forma de «educación institucionalizada, por medio de la cual los aprendices aprenden vicariamente, en roles y en ambientes definidos como diferentes de aquéllos en los que el aprendizaje se aplicará eventualmente»[6]. Todo lo que hace falta para que haya escuela, aparte de una organización burocrática de la acción, es esta peculiar condición de la situación de aprendizaje: que lo que se aprende no encuentre un inmediato destino práctico, aquí y ahora[7]. Esta sencilla

---

3. Gibson e Ingold (eds.), 1993.
4. Dietz, 2003; Baumann, 2001; Lerena, 1983; Velasco, García Castaño y Díaz de Rada (eds.), 2007 [1993].
5. Díaz de Rada, 2008a.
6. Hansen, 1979: 28.
7. El mejor modo de entender esta definición de Judith Hansen es considerarla de forma gradual: las prácticas educativas son *tanto más escolares* cuanto más cumplen con este principio. Así, ese edificio que alberga a alumnos y maestros pueden contener aprendizajes menos y más escolares. Regularmente, los aprendizajes más escolares, en los que la ausencia de un inmediato sentido práctico es más notoria, se encuentran en las posiciones

condición nos permite comprender que donde hay escuela siempre hay un problema en la relación entre lo que se aprende y la práctica. Sin embargo, este problema no existe, o es mucho menos importante, en el proceso general de cultura: las convenciones culturales cobran cuerpo en el continuo de la práctica inmediata, forman un discurso práctico (§6). La corrección corporal que una madre practica sobre la mano de su hijo para sujetar la cuchara; el gesto puesto en juego por un profesor de violín ante los ojos de su aprendiz (que a su vez sujeta, como puede, su propio violín); la presencia de un muchacho en la huerta, haciendo lo que ha de hacer delante de quien sabe hacerlo antes que él; la destreza de una muchacha que aprende a coordinar, al hacerlo, su pie izquierdo y su pie derecho para poner en marcha un coche. Todos éstos son actos educativos, actos culturales, pero no son actos escolares en ese sentido analítico y preciso de Judith Hansen.

Es posible que en toda forma humana de educación haya siempre alguna distancia entre lo que se aprende y la práctica de ponerlo en juego, pero la burocracia escolar se caracteriza por llevar esa condición hasta su máxima expresión. Esto no quiere decir que la escuela sea incapaz de preparar a la gente para la práctica. Puede hacerlo y, de hecho lo hace. Los estudiantes en las escuelas aprenden a hacer cosas[8], y, como en cualquier otra institución educativa, consiguen llegar a hacerlas con mayor o con menor destreza, según las reglas de valoración pertinentes para ese conjunto de prácticas. Todos los seres humanos valoran constantemente el acabado de sus realizaciones (§5); en este sentido particular, las escuelas no son ni mucho menos establecimientos peculiares.

La escuela es una forma cultural concreta de educación, pero la educación y la cultura son procesos que se producen cotidianamente, con y sin escuelas. Por eso, si tienes en mente el concepto de cultura que aquí te ofrezco, te empezarán a chocar algunas expresiones comunes que tienden regularmente a confundir la educación y la escuela. Por ejemplo, donde se dice «el sistema *educativo* de nuestro país» es mucho más preciso decir «el sistema *escolar* de nuestro país». A las autoridades políticas y escolares de un país siempre les va a molestar que la gente tenga cultura y educación independientemente de ellos, o interprete su

---

superiores del sistema burocrático escolar (en los últimos cursos, en las asignaturas «fuertes»); y los menos escolares, más inmediatamente prácticos, en las posiciones inferiores de esa jerarquía (la escuela de la infancia, las asignaturas «marías»).

8. Sobre lo que se cuece en la escuela siempre hay que tener en cuenta que la escuela enseña muchas más cosas aparte de los conocimientos y las habilidades declaradas en sus planes de estudios (Dreeben, 1968).

vida de formas que poco o nada tienen que ver con un ideario nacional (que es, precisamente, el que se enseña en la escuela⁹); pero, por mucho que les moleste, hay dos cosas claras: se puede ser muy *educado* sin haber ido a la escuela, y la escuela no es sino un reducto, bastante acotado y *parcial*, del proceso general de la cultura[10]. Mucho más aberrante si cabe es este juicio tan frecuente: «no *tiene* cultura porque no ha ido a la escuela». Es ésta una sandez tan extendida que hasta cuesta someterla a examen. Esta necedad circula por nuestras arterias de personas escolarizadas como lo hace el oxígeno del aire que respiramos. ¿Quién podría negar que ir a la escuela nos da un mayor grado de cultura? Pues bien, todos aquellos que leáis este libro y quedéis convencidos de sus argumentos centrales podéis empezar a negarlo.

Esa sandez, que es en lo que termina finalmente la confusión entre el concepto de cultura y el concepto de escuela, arrastra consigo toda una historia de institucionalización de los sistemas escolares como nichos de los saberes legítimos, es decir, legitimados por las élites de los estados nacionales. La cultura no se «tiene» en mayor o menor grado, y, además, después veremos en detalle cómo es que se «tiene», si es que se «tiene». Lo que sí se tiene, desde luego, como se puede tener en la mano o en el bolsillo un billete de diez euros, o como se puede tener un coche, una nevera o una mantelería, es la *titulación escolar*[11]. Esa titulación, ese título puede ser solo uno o pueden ser muchos; y en cada uno de ellos se especificará cuánto de cada título hemos llegado a poseer; si sólo un poco (aprobado) o muchísimo (matrícula de honor). Esas cantidades sí son pertinentes para hablar de nuestros saberes escolares. Lo son porque ésa es precisamente una de las actividades específicas que lleva a cabo la institución escolar y que no puede dejar de llevar a cabo: traducir en una forma cuantitativa la cualidad de los saberes. Sin embargo, esas cantidades *no* son pertinentes, como ya he indicado, para referirlas a la cultura. Pero, como la palabra «cultura» suena tan humana, nada mejor que esa aparentemente insignificante perversión del lenguaje para decir, a través de la escuela, que más y menos escuela es equivalente a más y menos cultura, y con ello, a más y menos ser humano[12].

---

9. Schiffauer, Baumann, Kastoriano y Vertovec, 2004.
10. Díaz de Rada, 1996: 255 ss.
11. Jean-Claude Passeron examinó las diferencias entre el dinero y la titulación escolar en cuanto a su comportamiento inflacionario en su texto «La inflación de los títulos escolares en el mercado de trabajo y el mercado de los bienes simbólicos» (1983). Véase también Díaz de Rada, 2007.
12. Franzé, 2002: 315. .

¿Se reduce la diversidad cultural a la diversidad lingüística?

No. La diversidad cultural no se reduce a la diversidad lingüística. En el próximo capítulo voy a examinar este asunto de la diversidad, pero ya podemos avanzar esta idea: *las formas lingüísticas son una parte de las formas culturales, y entre ambos tipos de formas no tiene por qué haber una correspondencia, aunque en algunos casos, siempre que estén definidos con precisión, puede haberla*[13]. De nuevo conviene evocar aquí el trabajo de los líderes políticos de los estados nacionales y de algunas naciones sin estado, particularmente cuando aspiran a tenerlo. De ellos procede esa tediosa cantinela que consiste en justificar tal o cual exigencia política sobre la base de «la diversidad cultural y lingüística». Esa conjunción «y» se ha hecho tan frecuente que es como si hubiéramos acabado dando por sentado que ambas formas de diversidad son una y la misma.

Esta confusión arrastra también una larga historia política. La vinculación entre lengua y estado nacional instrumentada en los currículos escolares a través del concepto más espurio de «cultura», es una vieja historia que parece no tener fin. Con su habitual sentido del humor, Gerd Baumann nos da este comentario:

> El ejemplo más chocante lo tenemos en Estados Unidos, donde algunos congresistas del siglo XIX decidieron que 1) una nación independiente necesitaba tener una lengua independiente y 2) por tanto, para ser un buen estadounidense, había que escribir *labor* en vez de *labour* y *center* en vez de *centre* [como se hace en el Reino Unido][14].

Allí donde una élite étnica que cree representar a un pueblo mete la nariz en el idioma vemos florecer la expresión «diversidad cultural y lingüística», particularmente si esa élite trabaja para un estado o tiene vocación de hacerlo. Entonces estamos ante la más burda de las simplificaciones del concepto de cultura, la que proclama que la cultura lo es de un estado-nación distinguido de todos los demás por su lengua nacional. La base de esta insoportable simplificación es, en realidad, la tácita proclamación de la frontera territorial de los estados nacionales como única divisoria de la diversidad cultural. Sin embargo, salta a la vista que dos estados nacionales divididos por fronteras territoriales comparten a menudo la misma lengua; y que las formas de vida de am-

---

13. Velasco, 2003.
14. Baumann, 2001: 56.

plios conjuntos de personas pueden ser muy análogas (por ejemplo, las de los altos cargos políticos y administrativos de los estados) aunque se expresen en lenguas diferentes[15].

Esas líneas de demarcación de los estados nacionales que tan claramente aparecen dibujadas en los mapas no tienen por qué coincidir, y a menudo no coinciden con las líneas mucho más difusas y a veces inexistentes que separan a las comunidades lingüísticas; y ni las unas ni las otras coinciden con *las «líneas» de la diversidad cultural*, entre otras cosas, porque *estas últimas no forman parte de ningún mapa que representa a un territorio, sino que se encuentran inscritas en la lente con la que nos decidimos a enfocarlo*[16].

La lengua es fundamental en la configuración de la experiencia de las personas, y es, sin lugar a dudas, un medio fundamental de producción de reglas culturales. Pero precisamente debido a que la lengua es un vehículo importante de experiencia, no debemos trivializarla hasta el punto de identificarla con los dispositivos de la administración política.

A veces se ha exagerado la importancia de la lengua en la configuración de la experiencia humana, en un formato de pensamiento que se dio en llamar «relativismo lingüístico». Llevado a su extremo, el relativismo lingüístico proclama que la lengua configura la experiencia humana hasta el punto de producir seres humanos encerrados en sus propias islas lingüísticas[17]. Una prueba decisiva para contradecir esta opinión es que tan universal es la existencia de lenguas diversas como el hecho de que cualquier ser humano socializado en una lengua materna puede aprender otras. Además, tan universal es la diversidad de lenguas como las prácticas de traducción entre ellas. Análogamente a la cultura, las lenguas a veces cierran puertas, pero casi siempre tienden puentes.

Yo he hecho trabajo de campo antropológico en Kautokeino[18], un pequeño lugar en el norte de Noruega, donde la práctica totalidad de la población habla una lengua llamada sami, aunque todos ellos hablan también noruego, y muchos alguna lengua más[19]. El verbo sami [lapón], cuya variante más hablada[20] estudié para hacer este trabajo, no tiene tiempo futuro; conjuga los verbos en presente y en pasado. También tie-

---

15. Kymlicka, 2006.
16. Cf. capítulo 2. Véase también Díaz de Rada, 2008b.
17. Para una exposición matizada del relativismo lingüístico, véase Velasco, 2003: especialmente la tercera parte del libro.
18. Véase la nota 36 en el capítulo 2.
19. Una presentación somera de las condiciones principales de esta investigación puede encontrarse en Díaz de Rada, 2004: 90 ss.
20. *Dávvi Sámigiella*, Sami septentrional.

ne formas para el modo potencial, el condicional y el imperativo, además de otras formas gramaticales que no usamos en español[21]. Cuando empecé a estudiar esta lengua lo hice con un prejuicio extremadamente relativista. Suponía entonces que una lengua que no formula gramaticalmente los verbos en futuro debía condicionar la experiencia del tiempo de sus hablantes, y que ello complicaría enormemente mi aprendizaje. No fue así. Con el paso de los años descubrí que en sami es perfectamente posible planear el futuro, pensar en el futuro, y comportarse con la experiencia del tiempo en las mismas condiciones y con los mismos problemas que en español; y ello sin disponer de un tiempo verbal gramatical. Basta con un buen conjunto de adverbios y el presente verbal para hacerlo, exactamente igual que en español:

—¿*Vienes* el sábado a comer?
—El sábado que viene *estoy* en tu casa a las dos.

Hay otros ejemplos concretos de experiencias que sin embargo están profundamente afectadas por la lengua; es decir, la *forma* de esas experiencias es difícilmente comprensible si no es a través de la *forma* lingüística, o al menos, ambas formas están tan estrechamente asociadas que sería muy poco sensato separarlas. Éste es el caso del inmenso aparato de categorías lingüísticas que tiene el sami para ordenar y clasificar los estados del agua en relación con las condiciones de los pastos para los renos, la movilidad a través de la tundra en las diferentes estaciones, y las transformaciones de lagos y ríos. Nils Jernsletten ofrece un resumen que, sólo para abrir boca, pues es aún incompleto, contiene ciento ocho palabras en este campo[22]. Para hacerte una idea de la precisión de este vocabulario, sin cuya ayuda un pastor de renos o una persona perdida en la tundra en el mes de enero puede jugarse la vida, fíjate en estos ejemplos:

> *Girrat* (Adjetivo) Dureza de la marcha en condiciones de frío extremo, especialmente cuando ha habido una fuerte helada después de la caída de la nieve.
>
> *Joavga* (Sustantivo) Nieve que ha sido soplada de golpe por el viento, detrás de rocas o árboles, pero antes de convertirse en *čearga*.

---

21. En sami existen, por ejemplo, formas gramaticales del verbo para las que en castellano usamos perífrasis de infinitivo. Por ejemplo, el locativo activo, que equivale a nuestro «Me he cansado *de hablar*» (*Lean váiban* hupmamis); el abesivo verbal, que equivale a nuestro «Te miro *sin hablar*» (*Mun dutnje geahčan* hupmakeahttá); el supino verbal que equivale a nuestro «Te lo enseño, *para no hablar* de ello» (*Mun dutnje dán čájehan, aman hupmat šat dán birra*); o el incoativo, que equivale a nuestro «*Comienzo a hablar* cada vez que me miras» (*Juohke háve don geahčat munnje*, hupmagoađan).

22. Jernsletten, 1997.

Čearga (Sustantivo) Montón de nieve tan duro como para subirse a él; costra del montón de nieve.
Lavki (Sustantivo) Marcha resbaladiza; hielo cubierto con nieve seca y suelta que no permite fijar el pie[23].

En las lenguas hay palabras que mencionan con precisión determinadas instituciones sociales que son específicas de formas de vida concretas. Esas palabras solo pueden traducirse en su mayor extensión de significado cuando se describe, en su conjunto, esa forma de vida social (§1). En sami, ése es el caso de la palabra *orohat*, cuyo significado yo he vertido abreviadamente al español así:

> Unidad sociopolítica que administra la actividad de una o varias *siiddat*. Porción de territorio que ocupa una *siida* o un conjunto de *siiddat* en los emplazamientos de verano y de invierno [de los pastores de renos][24].

Y también, en las lenguas hay palabras que resumen visiones de mundo, formas de sensibilidad precisas que, como la *morriña* del gallego, el *seny*[25] del catalán, o la *gracia*[26] del español, mueven todo un mundo de experiencia y de saber. Fíjate en ésta del sami, para la que ofrezco su equivalente aproximado en español:

> *Miella* [Sustantivo]: Placer, satisfacción, gusto; mente, visión, punto de vista, opinión; *mu miela mielde:* Desde mi punto de vista, para mi gusto; *mu mielas:* Pienso que, en mi opinión; *mus lea miella, mus doallá miella:* Me apetece, tengo ganas de[27].

---

23. *Ibid.*: 101-107. He traducido estos textos del inglés, advertencia que el propio autor hace a los lectores de su artículo, escrito en inglés, al haber sido traducidos por él mismo del sami (p. 107, nota 1).

24. Joks, 2006: 122. En la página siguiente, traduzco a su vez la palabra *siida* como la «Unidad social amplia que organiza y desarrolla el trabajo cooperativo de la trashumancia. En la sociedad tradicional estaba compuesta de un conjunto de unidades menores (*Bearrašat*), que podían incluir también algún miembro adicional como trabajador. Hoy en día, la ley que regula la administración de la actividad del reno en Noruega reconoce como sujeto activo a un individuo, que detenta la titularidad de una unidad de explotación (en noruego: *driftsenhet*). La actividad del reno se distribuye en unidades territoriales de trashumancia, corredores de pastos que se denominan [en sami] *johtolagat*. Por un mismo *johtolat* pueden transitar una o varias *siiddat*» (p. 123).

25. Delgado, 1993.

26. Pitt-Rivers, 1995.

27. Esta fusión entre juicio y sensibilidad, entre razonamiento y sentimiento, puede rastrearse también en nuestra propia tradición lingüística. Se encuentra presente, por ejemplo, en la imaginación etimológica, a menudo desmesurada, de Giambattista Vico: «De ahí que entre los latinos se dijeran *cordati* a los sabios y *vecordes*, al contrario, a los

Cualquier ejercicio de traducción es siempre imperfecto, pero estas últimas palabras encierran los principales misterios a los ojos del traductor. Son, quizás, esas palabras las que tenía en mente Salman Rushdie al escribir: «Para conocer a una sociedad, echad una ojeada a sus palabras intraducibles»[28]. Ésas son palabras en las que nuestra subjetividad, como seres culturales, encuentra su más íntimo refugio; las que llevaron al eterno migrante húngaro Sándor Márai a esta idea: «Un escritor no tiene más patria que su lengua materna»[29].

¿Es la cultura una forma particular de acción?

No, no lo es. La cultura de hecho no es una acción, según el concepto que ofrezco en este libro, *sino una propiedad de la acción, de toda acción social*. La cultura es la forma convencional que toma la acción en cualquier área de actividad, el conjunto de reglas con las que organizamos esa forma (§2), y el proceso, decurso o discurso, en el que esas reglas se ponen en juego (§6).

Es por tanto absurdo, en este concepto, hablar de «cultura» como algo separado de «economía», «política», «empleo», «sanidad», «educación» (cuando se quiere decir «escolarización»), etcétera. Todos estos tipos de acción, separados en diversas áreas especializadas en la prensa, la universidad, el gobierno, etcétera, entrañan para el antropólogo cultura, porque todos esos tipos de acción se ponen en práctica por medio de reglas convencionales. Éste es precisamente el rasgo del concepto de cultura que mejor define la aportación específica de la antropología a la comprensión de la vida humana. El antropólogo observa el conjunto de acciones sociales de las personas desde una premisa holística, que compromete en un mismo contexto de interpretación el conjunto diverso de instituciones relacionadas en las que transcurre su vida. Sin esta premisa, el antropólogo no tiene nada especial que aportar; y nada tiene que aportar el concepto antropológico de cultura. Ese concepto, en la disciplina antropológica, incorpora necesariamente una mirada holística, y así es un concepto imprescindible que no puede ser sustituido por conceptos como «conocimiento, creencia, arte, tecnología, tradición, o incluso ideología...»[30]. Cada uno de estos términos menciona tipos de

---

simples; y las resoluciones se dijeron *sententiae*, pues juzgaban tal y como sentían [...]» (Vico, 2002 [1744]: 92).
28. Rushdie, 1985: 158.
29. Márai, 2004 [1934]: 421.
30. Cf. Kuper, 2001: 12, y *supra*, capítulo 1.

> *Cuadro 24.* La cultura es una propiedad de *cualquier* forma de acción y de *cualquier* institución humana

> **I. Tylor, 1873** ↕
>
> La Cultura o la Civilización, tomada en su amplio sentido etnográfico, es ese complejo conjunto que incluye el conocimiento, las creencias, las artes, la moral, las leyes, las costumbres y cualesquiera otras aptitudes y hábitos adquiridos por el hombre como miembro de la sociedad (Tylor 1977: 19) (KK 80).

> **II. Herder, 1887** ↕
>
> Ningún animal tiene lenguaje como el del ser humano, menos aún escritura, tradición, religión, leyes y legislaciones arbitrarias. Como tampoco tiene la instrucción, la vestimenta, la vivienda, las artes, las formas de vida indeterminadas, los impulsos independientes, las inconstantes opiniones, con las que se distingue casi cualquier individuo de la humanidad (KK 40).

> Este énfasis en el carácter general de la cultura, que no se encuentra asociada a ninguna forma particular de acción o institución es uno de los más viejos y bien asentados en la tradición antropológica. Kroeber y Kluckhohn mencionan el mismo énfasis en Wissler y otros autores:
>
> «... Todas las actividades sociales en el más amplio sentido, como el lenguaje, el matrimonio, el sistema de propiedad, la etiqueta, las industrias, el arte, etcétera» (Wissler, 1920, KK 80).
>
> Al prestar atención a todas las formas sociales en el más amplio sentido, la definición de Tylor es ejemplar. Pero no lo es tanto, en la medida en que ese conjunto de elementos que menciona se entienda sólo como un conjunto de *productos*, sin prestar atención a los *procesos* de producción. Este error es recurrente en la interpretación de la definición de Tylor como un *repertorio* de cosas, característico por ejemplo de la versión más pobre de la museografía. En mi opinión, es difícil determinar si el propio Tylor indujo a cometer este error.
>
> Por otra parte, puede sostenerse el énfasis en el carácter general de la cultura sin necesidad de ofrecer un concepto tan antropocéntrico como el de Herder.

acción con forma cultural, pero ninguno de ellos acoge en su significado el significado completo del concepto de cultura. En términos analíticos, lo preciso no es, como sugiere ahí Adam Kuper, fragmentar el concepto de cultura en islas de acción. Lo preciso es comprender que esas islas no son tales, y para ello hace falta el concepto de cultura[31]. Eso es lo preciso, porque sólo así podemos captar la complejidad de nuestra vida social. Por ejemplo, así podemos llegar a comprender que el proceso político que vehicula las nociones de «confianza» y «cooperación» en los consejos de participación ciudadana de un ayuntamiento tiene *relación contextual* con los discursos acerca de la «confianza» en una compañía aérea, una unidad hospitalaria, un banco, o una oficina de información pública. Los seres humanos que viven transitando por estos enclaves atraviesan una experiencia marcada, demasiado frecuentemente, por el sinsentido, pero siempre cabalgan a lomos de un vasto complejo de convenciones que, conectadas entre sí de manera imperfecta, al menos les permiten buscar un sentido[32].

Johan Klemet Hætta Kalstad lleva años intentando comprender las profundas transformaciones que ha sufrido la actividad del pastoreo del reno en Kautokeino y otros enclaves. La burocracia estatal ha llevado a disociar administrativamente a la familia en su conjunto de las unidades individuales de explotación[33]. El entorno local de las personas, entendido aquí como una tupida trama de relaciones domésticas y de relaciones entre esas familias y los recursos de pastos y aguas, ha perdido protagonismo en la regulación cotidiana de la actividad. Puesto que los titulares de los beneficios empresariales y fiscales son ahora los individuos responsables de cada unidad de explotación, cada individuo busca maximizar esos beneficios. Esta nueva pauta de titularidad individual está agotando de hecho los recursos naturales, a pesar de las medidas que el estado noruego intenta articular para evitarlo. Puesto que cada cual va a lo suyo, la actividad en su conjunto, que depende de un ecosistema integrado, está llegando a límites insostenibles[34]. No es que ese sistema haya estado alguna vez totalmente integrado y en equilibrio ecológico —la actividad del reno siempre ha estado sometida a presiones de sostenibilidad. Pero, a la luz del detallado examen de Johan Klemet, esa actividad nunca ha estado tan fragmentada como ahora. La perspectiva

---

31. Kroeber y Kluckhohn, 1963a [1952].
32. Velasco, Díaz de Rada, Cruces, Fernández, Jiménez de Madariaga y Sánchez Molina, 2006.
33. Véase más arriba, la nota 24.
34. Hætta Kalstad, 1997 y 1999.

que propone para reordenar la actividad de cara al futuro apela, precisamente, al concepto de cultura que ofrezco aquí: una reconexión entre «pastoralismo y cultura»[35] que permita comprender, especialmente a los gobernantes, que la actividad del reno es una *forma de vida* (§1), y no sólo una industria orientada a la producción de carne. El argumento es sólido, y por eso el gobierno noruego parece estar prestándole oídos, al poner en marcha una nueva ley del reno que busca incorporar a la *siida* como sujeto legal[36].

¿Cómo se «tiene» la cultura y quién la tiene, si es que alguien la tiene?

En esta cuestión se encierran todos los problemas derivados del extravío de la cuarta llave de nuestro llavero, la que nos permite contemplar a la cultura como práctica. Recordemos, pues, lo escrito a propósito de esta llave en aquella figura 5 del capítulo 3:

> Prestar atención a las prácticas, como formas concretas de acción en el tiempo, te entrenará para ver que, simultáneamente, toda forma porta un contenido; todo proceso puede contemplarse, detenido, como una estructura; y toda persona está sujeta a las reglas de su comportamiento y es agente de su comportamiento.

En sus usos habituales, la expresión «tener cultura» resume inmediatamente una idea más básica que raramente ponemos en duda: la cultura es un *objeto*[37], algo que, como cualquier otra pertenencia, forma parte de nuestras posesiones, un patrimonio[38]. Sin embargo, en cualquier lengua el verbo «tener» incorpora enormes complicaciones, así como las palabras que se le asocian. Piensa por ejemplo en nuestra palabra «pertenencia». Designa una realidad doble. Por una parte, algo que *nos* pertenece; por otra parte, el sentimiento hacia un lugar, generalmente un lugar social *al que pertenecemos*. Este doble movimiento del significado de «pertenencia», entre lo que tenemos y lo que nos tiene, ilustra muy bien que decir «tener» no es decir en nuestra lengua que podemos operar con lo que «tenemos» como si fuera algo completamente externo a nosotros mismos. Pero aún hay más. El verbo «tener» no es universal. Como tal, por ejemplo, no existe en lengua sami. Si yo quiero decir en esa lengua «Tengo una casa», he de hacerlo modificando la forma del

---

35. Hætta Kalstad, 1997: 117.
36. NOU, 2001.
37. Díaz de Rada y Velasco, 1996.
38. Velasco, 2007b.

sujeto en una peculiar estructura gramatical que designamos habitivo. Al tomar esa estructura, el que nosotros consideraríamos sujeto cambia la forma para contener al auténtico sujeto de la expresión: la casa. Así digo: *Mus lea viessu*, que traducido literalmente al español sería: «Una casa está en mí»[39]. Obviamente, esta traducción sería absurda, pero ése es precisamente el encanto de las traducciones. Para no caer en el absurdo en la lengua de destino los traductores deben traicionar en mayor o en menor grado a la lengua de origen.

Estas complejidades del verbo «tener» son, en realidad, las complejidades propias de las relaciones de tenencia, posesión y pertenencia; es decir, complejidades propias de las relaciones entre sujetos y objetos. Al hablar de seres humanos estamos obligados a considerar que los objetos pueden ser también sujetos y los sujetos pueden ser también objetos, y que todos ellos hacen equilibrios en esa finísima línea que separa el ser del tener. Estas complejidades, en lo que tienen de ejemplar, nos preparan para abordar este específico problema cuando se trata del concepto de cultura.

«Tener» invoca también en nuestra tradición lingüística una imagen estática de la relación de posesión. Nuestro modelo para esta relación es el de la propiedad. Conseguimos las cosas (que están *fuera de nosotros*), por ejemplo, comprándolas, y después las tenemos. Nos sujetamos a ellas y ellas quedan sujetas a nosotros. Y así, si haces el experimento de eliminar de ese párrafo de la cuarta llave toda idea de proceso, si detienes el tiempo, nos vemos sujetos a las cosas que nos sujetan en una estructura llena de contenidos. Sobre esta base se construye una idea completamente objetivada y estática del concepto de cultura, como una cosa más a la que nos sujetamos y que nos sujeta, como una estructura (a veces, una jaula), como un contenido que nos ocupa o un ejército de ocupación. Sin embargo, al leer *todo* lo que está escrito en ese párrafo de la cuarta llave, al comprender la cultura como práctica, nos exponemos a contemplar la cultura como una entidad mucho más compleja, sometida a esa tensión que Gerd Baumann ha descrito al criticar las visiones esencialistas de la cultura que se contienen regularmente en las ideas de «nacionalidad», «etnia» y «religión»:

---

39. En sami es posible usar un verbo con el significado de «poseer en propiedad legítima», que tiene un uso mucho más restringido: *oamastit*. Puedo decir, por tanto, «*Mun oamastan viesu*», pero entonces estaré subrayando el matiz de que esa propiedad es legítimamente inalienable. En la vida cotidiana, como es lógico, el uso regular es mucho más sencillo, como cuando en una cena el anfitrión te pregunta: «¿tienes vaso?». Esa forma relajada es la que se enuncia constantemente en habitivo: «*Lea go dus gohppu?*» [«¿Hay vaso en ti?»].

¿hemos de considerar la cultura «como algo que uno posee o como un proceso que uno moldea»[40]? Unas páginas más adelante, Baumann ofrece una respuesta:

> La cultura [...] no es un bagaje inmutable que pertenece a un grupo nacional, étnico o religioso, ni tampoco es fruto de una improvisación sin raíces ni reglas. La cultura es ambas cosas a la vez [...].
> Toda cultura que se posea es cultura en creación, todas las diferencias culturales son actos de diferenciación y todas las identidades culturales son actos de identificación cultural[41].

Lleva siempre, como Baumann, la cuarta llave en tu llavero; ésa que te permite tener en cuenta a cada paso *ambas cosas a la vez*.

Para introducir más claridad en este enredo, dividamos la pregunta inicial en algunas preguntas menores.

(*a*) ¿Qué significa «tener» en la expresión «tener cultura»?

Esta cuestión se puede aclarar bastante al pensar en dos cosas bien distintas para las que usamos el verbo «tener»: las *monedas* que «tienes» ahora en tu bolsillo (espero) y el *tiempo* que «tienes» para leer todas estas tonterías. De entrada te sugiero que pienses en el tiempo, y no en las monedas, como un modelo aproximado para pensar en el concepto de cultura. El tiempo se parece más a la cultura que esas monedas porque no cabe propiamente en tu mano, no lo puedes atrapar. Lo puedes representar, por ejemplo al hojear tu agenda. Hasta cierto punto lo puedes controlar. E incluso lo puedes convertir en dinero (y así, en monedas) a través de tu trabajo. Pero, a diferencia de esas monedas que tienes en tu bolsillo, que puedes tomar en tu mano y que puedes dar a otro desprendiéndote de ellas; no te puedes desprender igualmente del tiempo, no puedes salir de él. Dices «tengo tiempo», dices «no tengo tiempo»; pero de una manera algo misteriosa, más que tenerlo o no tenerlo vives en él, es decir, forma parte ineludible de tu experiencia humana. Y, si es que el tiempo significa algo para ti en concreto, ese significado deriva precisamente de la experiencia que tienes de él: como ritmo, como ciclo, como línea, como flecha, como pausa... Ese misterio es aún más notable en el caso de la cultura, más radical; pues ya al decir «ritmo», «ciclo», «línea», «flecha», «pausa»..., damos forma cultural al tiempo. Si es cierto que vivimos de alguna manera en el tiempo, aún es

40. Baumann, 2001: 107.
41. *Ibid.*: 120.

más cierto que vivimos en la cultura, y que, *a través de ella*, podemos controlar, parcialmente, nuestra experiencia del tiempo. El tiempo de los seres humanos sería poca cosa sin cultura, sin la forma cultural[42] que le da inteligibilidad en la práctica.

Y así como uno dice «tengo tiempo» a sabiendas de que el tiempo le excede, de que no lo tiene realmente en su bolsillo; de que, tratándose del tiempo, nuestros bolsillos están llenos de agujeros por donde nos penetra y se nos escapa; así también podemos decir «tengo cultura», a sabiendas de que eso que acabamos de nombrar no es, del todo, nuestro. La cultura también penetra por nuestros sentidos, también se nos escapa, y sin embargo, en ella confiamos como único recurso de control. La cultura no está en nuestro bolsillo como esas monedas, sino que anida en nuestras relaciones con los otros y con las otras cosas. La cultura no es de tu propiedad, sino que es una propiedad (una cualidad) de las acciones que emprendes al relacionarte con las personas y los objetos de tu mundo; y entre ellos, tú mismo.

Si hemos de concretar con una palabra exacta qué es lo que «tenemos», como individuos, cuando «tenemos cultura», esa palabra es «competencia», competencia cultural. Tenemos, en concreto, la capacidad de dar forma convencional a nuestra acción; pero es de esa acción expresada ya hacia afuera de nosotros[43], *en nuestras relaciones sociales, en los productos que realizamos, de la que podemos decir con claridad que «tiene» cultura, es decir, forma convencional*. Por eso he escrito antes:

No puede haber gente sin cultura. Pero la cultura no es, en realidad, una propiedad de la gente, sino una propiedad de la *acción* que la gente pone en práctica.

Es útil revisar *tres características de las competencias culturales para continuar con el esclarecimiento de la expresión «tener cultura»*. Estas tres características ayudarán también a aclarar parte del misterio que emana de la tensión entre la cultura como medio de control de la acción y la cultura como medio que condiciona la acción.

En primer lugar, puede decirse que las competencias culturales, en general, son inespecíficas. Se ha escrito muchas veces que el dinero, tal

---

42. Para una discusión de aproximaciones antropológicas al problema del tiempo, y a sus formas convencionales, Velasco, 2007a: especialmente la sección «Espacio 3. Espacio y tiempo», pp. 351 ss. Véase también Gell, 1996. En otro plano de análisis, las relaciones entre tiempo y teorías de la cultura han sido expuestas en Müllauer-Seichter y Monge, 2009.

43. «Fuera de nosotros» es, desde luego, sólo un modo de hablar, pues una parte de nuestras relaciones sociales las ejercemos, expresivamente, con nosotros mismos. Cf. Mead, 1934; Ricoeur, 1990.

como nosotros lo conocemos, es un medio generalizado de cambio. Esto quiere decir que ofrece una escala de valoración que puede aplicarse a cualquier cosa que pueda cambiarse por dinero; vale lo mismo para comprar lentejas que para comprar trabajo, obras de arte o dinero (por ejemplo, cuando pides un préstamo a un banco). Las monedas que «tienes» en tu bolsillo, una de las encarnaciones posibles del dinero, te ofrecen en consecuencia un mundo de posibilidades de cambio. Sin embargo, a pesar de esta inespecificidad, el dinero que «tienes» es bastante específico. Es útil, básicamente, para la función de cambiar unas cosas por otras (aunque naturalmente hay quien acaba concibiéndolo como un fin en sí mismo y se dedica con pasión a acumularlo[44]). Puedes dar a las monedas que tienes en tu bolsillo otros usos, claro. Por ejemplo, puedes usarlas para decorar un cinturón, puedes exhibirlas en una vitrina, o puedes convertirlas en improvisado destornillador. Pero entonces dejan ya de funcionar como dinero, es decir, dejan de servir a la finalidad que precisamente las define como expresión de ese medio generalizado de cambio. En general, las competencias culturales que tú «tienes» no son así. La mayor parte de ellas son todavía más inespecíficas que el dinero.

Naturalmente, puedes aplicar las competencias culturales que «tienes» para dar forma convencional a tu acción con finalidades bien concretas. Si has aprendido a cultivar pimientos, puedes limitarte a hacer precisamente eso —cultivar pimientos— de la forma adecuada. Hay gente criada en ciudades que ignora que todos los pimientos acabarán poniéndose rojos si tienen la oportunidad de madurar. Creen que algunas especies de pimientos son verdes y que otras son rojas. Tú, que has aprendido a cultivarlos, sabes que es cuestión de esperar. Tu capacidad para esperar a la maduración, una competencia fundamental en la actividad agrícola que exige saber observar la planta, saber entender el tiempo meteorológico, saber anticipar resultados, etcétera, es, sin embargo, aplicable a múltiples esferas de la vida. Puedes ponerla en juego en muchas otras actividades que, metafóricamente, trabajan sobre ese mismo modelo de la maduración. Puedes usarla, por ejemplo, para tomar una decisión educativa con tus hijos o para no precipitarte si te dedicas al estudio de cualquier cosa. Al incorporar esa habilidad, esa competencia de *saber esperar*[45], lo que «tienes» es una disposición adquirida que puedes poner en juego en múltiples actividades muy diversas. Esta disposición es tan inespecífica que, de hecho, puede rotular una forma

---

44. Simmel, 1977 [1900]. Y también, sobre la acumulación y la tacañería: Simmel, 1997 [1889].
45. Gearing y Epstein, 1982.

de vida en su conjunto (como cuando la gente que se dedica a la agricultura dice que «el campo no va con el reloj»), un modelo de acción[46] que a veces llega a entenderse en oposición al estrés urbano. Asimismo, puesto que sabemos que una competencia de ese tipo es generalizable y puede desplazarse a múltiples esferas de acción, jugamos con el lenguaje estableciendo usos análogos de la palabra «madurar» que de forma metafórica aplicamos a cosas tan diferentes como «un fruto que madura», «un niño que madura», «una idea que madura», etcétera[47].

Algunos de los comportamientos que realizamos con nuestro cuerpo son enormemente específicos. De hecho, algunos de nuestro principales instrumentos corporales de percepción, o mejor dicho de sensación, están completamente especializados. Si presiones tu ojo con un dedo produces un efecto *visual*, si golpeas con un puño en la zona de tu oreja tu oído produce un efecto *auditivo*. En ambos casos, las sensaciones táctiles proceden de células que no son las de la retina y el nervio óptico, o las del nervio auditivo. Este tipo de dispositivos muy especializados se denominan «modulares», porque funcionan regularmente como módulos en gran medida aislados de los demás. Se ha escrito a menudo que en el caso del lenguaje nuestra capacidad para la sintaxis, es decir, para producir un orden específico en las palabras que pronunciamos y reconocer ese orden como una estructura determinada, es también modular. Podemos identificar una frase bien formada en términos sintácticos incluso cuando aparentemente no tiene significado semántico (recuerda el ejemplo del león fucsia en el capítulo 7). Sin embargo, conforme nuestras actividades van comprometiendo una mayor complejidad al poner en juego simultáneo múltiples instrumentos asociados de acción, la pautación cultural va poniendo orden en la orquesta, configurando el conjunto y haciéndolo más y más inespecífico[48]. Entonces, puedes incluso revertir por completo el resultado de un sistema modular, haciendo que, por ejemplo, con la intención comunicativa apropiada y en el escenario de acción social apropiado, las frases sintácticamente mal formadas ganen *forma* adecuada en un plano de experiencia más complejo.

Estás en un café donde concurren poetas. Se apaga la luz del público y se enciende una tenue luz sobre el escenario. Entonces sale una muchacha que recita:

---

46. Un desarrollo de esta clase de estructuras de conocimiento se encuentra en el capítulo 14, «Esquemas y modelos culturales», de Velasco, 2003: 467-516.
47. Cf. Lakoff y Johnson, 1995; Velasco, 2007a.
48. Esa pautación cultural es, en el plano individual, estrechamente dependiente del compromiso de estructuras corporales y neurológicas progresivamente menos modulares, asociadas las unas con las otras.

> león fucsia vuela el por aire
> el león fucsia vuela por el aire

¿Qué ha pasado aquí? Un contexto comunicativo culturalmente configurado ha intervenido, al ser puesto en juego por el público y los poetas, para conferir un nuevo sentido a ese conjunto expresivo, esas palabras en orden y desorden sintáctico. Ese contexto de situación confiere a las palabras un nuevo orden de sentido que depende estrechamente de la forma cultural de ese evento social, construida entre los que allí se encuentran. La cultura, ese conjunto de reglas convencionales con el que las personas dan forma a sus relaciones sociales (§2) aporta ese nuevo orden de sentido.

Es fácil entender ahora que, en ese café, quienes «tienen» la competencia para interpretar lo que allí sucede como un «acto poético», son, *simultáneamente*, los individuos (cada uno a su manera) y el agente social que todos ellos conforman comunicativamente. A través de las reglas convencionales que esos individuos comparten parcialmente al entrar en relación, esa deformación intencionada de la forma sintáctica adquiere un nuevo orden formal, una nueva forma adecuada.

El tejido de reglas que nos permite identificar esa acción como una acción cultural se sitúa a un tiempo en el individuo-en-relación y en las relaciones entre los individuos; y de ahí el misterio: cada uno de ellos controla su acción al poner en juego reglas compartidas que, simultáneamente, la condicionan. *Vivimos en las convenciones que nosotros mismos creamos. «Tenemos» esas convenciones, pero los otros «nos tienen» también a través de ellas.* Insistir en la simultaneidad de este doble movimiento nos lleva, a los antropólogos, a defender la disolución de ese viejo dualismo entre el individuo y el contexto social, entre el sujeto y el objeto, entre el interior y el exterior de la persona social. Ambos planos de interpretación de la acción operan conjuntamente y olvidar cualquiera de los dos es perder la salsa de la vida: el potencial de cambio que cada individuo porta como agente de su destino, el potencial de convivencia al que cada individuo ha de sujetarse, si es que ha de compartir el terreno de juego con los demás.

En segundo lugar, y esto se deriva fácilmente de lo anterior, las competencias culturales no son fácilmente aislables o recortables, y lo son menos cuanto más intervienen específicamente en la conformación de los vínculos sociales. Puedes separar las monedas que «tienes» en tu bolsillo. Puedes pasar la mitad de esas monedas al otro bolsillo sin que por ello se transforme su valor de cambio (¡estaría bueno!). Cada moneda es una entidad, una cosa, claramente recortada y aislada, con límites precisos. Por eso puedes atrapar las monedas en tu mano. Con tus competencias culturales no puedes hacer lo mismo. Cualquier intento de atraparlas en el sentido de controlarlas por completo tendrá siempre un éxito parcial. Puesto que su función específica es propiciar tus relaciones con los otros, nunca dependerán enteramente de ti como individuo aislado. Cualquier competencia cultural que pongas en juego (cultivar pimientos, tocar el piano, pasear por el parque) reverberará en múltiples instituciones sociales: el mercado agrario, tu familia, el auditorio, la concejalía de «cultura», el servicio de limpiezas de tu ayuntamiento, la familia de los urbanistas que diseñan parques, los otros transeúntes.

Como experimento intelectual, es posible confeccionar un catálogo de competencias culturales que, como los elementos de un libro de instrucciones para vivir, dé lugar a un conjunto de formas culturales exentas, recortadas, aisladas las unas de las otras. Repertorios de este tipo existen en la bibliografía antropológica y son útiles para comparar las formas de vida de personas en diferentes lugares sociales. Éste es el sentido de la indagación de George Peter Murdock en su «Muestra etnográfica mundial», un estudio monumental en el que las diferentes «sociedades»[49] son clasificadas con arreglo a un extenso conjunto de *rasgos* culturales: «Plantas cultivadas y animales domésticos», «Agricultura», ..., «Pauta de asentamiento y organización de la comunidad»,..., «Matrimonio»..., «Integración y sucesión políticas»[50]. Este experimento intelectual es enormemente fructífero para la teoría antropológica, pero lo es solamente si tenemos en mente que se trata de un recurso más de investigación. Concluido el experimento, sigue siendo cierto que esas diferentes unidades recortadas, esas diferentes «monedas», cambian su cualidad al cambiar de bolsillo, al entrar en relación en la configuración específica de cada entorno social. No es lo mismo tener la propensión a habitar en el hogar donde habita el tío paterno en un lugar en el que además se vive del ganado itinerante, que hacerlo en otro lugar donde se vive de la agricultura de regadío. Ambas aproximaciones (la que consiste en despiezar la vida social con un propósito comparativo y la que consiste en entender cada pieza en la configuración específica de cada vida social) deben ser tenidas en cuenta, de nuevo, simultáneamente[51].

En tercer lugar, las competencias culturales que «tenemos», son resultado de nuestro aprendizaje social. Esto quiere decir que su puesta en práctica no sólo depende de nuestra comunicación con los otros, como

---

49. Un poco más adelante aclararé por qué he entrecomillado aquí esta palabra.
50. Murdock, 1975 [1957].
51. Díaz de Rada, 2003; Cruces y Díaz de Rada, 2004.

en el club de los poetas, sino que *desde su misma génesis se han formado en el proceso de nuestra relación con los otros*. Ese nombre que llevas y que te permite reconocerte en parte te lo dieron tus padres; esa habilidad que tienes para conseguir el pimiento con un punto de dulzor te la dio aquel, o aquella de quien lo aprendiste, en una combinación nunca del todo clara con lo que tú misma has ido experimentando. Esa persona social que tú «tienes» nunca llegará a pertenecerte del todo porque nunca fue del todo de tu exclusiva propiedad. O, expresado en nuestro lenguaje de simultaneidades, «tienes» lo que te han dado y también lo que has conseguido por tus medios. Lo que nos hace especialmente divertidos a los seres humanos es que nunca podemos llegar a separar por completo esas dos fuentes de construcción de nuestra subjetividad. De poca ayuda sirve ignorar la coexistencia inevitable de ambas fuentes, si lo que queremos es disolver los dilemas éticos que surgen cada vez que debemos identificar una responsabilidad. Esos dilemas forman parte de nuestra propia constitución como seres sociales. ¿Quién es «yo» y qué es lo que «yo» *tiene*? ¡Menuda pregunta!

(*b*) ¿Puede una *sociedad* o un *pueblo* «tener» cultura?

Estaba yo un día comiendo delante de la tele cuando apareció un señor con corbata, abogado defensor de un hombre que, al parecer, había asestado diecisiete puñaladas a su pareja. O sea que fue *él* quien al parecer lo hizo, y no los padres que le dieron el nombre, ni sus otros sociales. Él fue quien empuñó el arma y se lió a cuchilladas[52]. Escuché de los labios de ese abogado esta escalofriante expresión: «Dentro de la *cultura sudamericana* hay el deseo de marcar a la mujer, no de matarla»[53]. O sea que el chaval sólo había querido hacer a su pareja unas simpáticas costuras, a modo de *souvenir*, «para que no me olvides»; de ninguna manera había pretendido cometer el horrible crimen de acabar con su vida. Y además lo había hecho impelido, empujado por su «cultura», por su «cultura sudamericana». Ante ese pedazo de cultura,

---

52. Es muy importante hacer esta aclaración porque de ella depende evitar la frecuente equivocación que surge de las filosóficas y elevadísimas preguntas con las que he terminado la sección anterior, y que a veces conducen a un relativismo idiota: una cosa es la *autoría de una acción*, que en este caso, con las pruebas policiales en la mano puede llegar a estar completamente clara; y otra cosa es la *responsabilidad sobre una acción*, asunto complejísimo que exige tener una teoría, al menos ética, acerca de la naturaleza del agente social; y que produce dolores de cabeza a los juristas que teorizan sobre la imputabilidad.

53. Informativo de Telecinco, el mediodía del 26 de abril de 2005.

que pesa lo que la cuarta parte del mapamundi, cualquier persona con un cuchillo en la mano ha de sucumbir por muy buenas que sean sus intenciones. Total que era un buen chaval, aficionado a usar su cuchillo para hacer grabados amorosos en los árboles, llevado en volandas por la fuerza de su «cultura».

Me pregunto si ese abogado tan elegante excluiría de la «cultura sudamericana» a México y Honduras (por tratarse propiamente de «América del Norte» o de «Centroamérica»). Y sospecho que, de haberle formulado esta sencilla pregunta, ese abogado se hubiera visto metido en un buen embrollo. La cuestión es decisiva porque antes de aclarar analíticamente si una sociedad puede «tener» cultura es preciso prestar atención al concepto mismo de «sociedad», que, si es que sirve para algo, ha de servir para algo más que para confundir las conciencias. Como la palabra «cultura», la palabra «sociedad» tiene su particular historia de significados[54]. Y como la palabra «cultura», la palabra «sociedad» es ante todo un concepto para hablar de una clase de realidad de la que se supone su existencia. Ambos conceptos son análogos también en la alegría con que son utilizados como categorías místicas, es decir, como categorías que nos inclinan a afirmar la existencia de cosas que, a falta de pruebas empíricas consistentes, sólo existen en la retórica del lenguaje. Este uso místico de ambos conceptos puede llegar a alcanzar su máximo cuando se combinan en la expresión: «cultura de una sociedad» (o «cultura de un pueblo»). Finalmente, como avancé en el capítulo 4, ambos conceptos sufren reiteradamente un abuso que los condena a la vaguedad en el lenguaje cotidiano —y muy a menudo también, lamentablemente, en el lenguaje especializado de los científicos sociales—: cultura y sociedad vienen a identificarse torpemente con la noción de «grupo social» o, aún más a menudo, con la noción de «población».

Sin embargo, en términos analíticos, ninguno de estos dos conceptos se refiere directamente a la idea de grupo social, si por esto entendemos un grupo concreto de personas concretas que mantienen vinculaciones concretas entre ellas. De cómo la idea de cultura no debe confundirse bajo ningún pretexto con la idea de grupo ya he apuntado algo. En lo que se refiere al concepto de sociedad, su uso más habitual en nuestro mundo contemporáneo viene a ser éste: «la sociedad española», «la sociedad alemana», o, como en la desmesura del abogado de las puñaladas, «la sociedad sudamericana», que sin duda ha de hallarse

---

54. Una aproximación muy útil a esta historia semántica puede encontrarse en Williams, 2000 [1976].

por detrás de esa «cultura sudamericana». Sociedad y cultura se presentan aquí frecuentemente como conceptos fácilmente intercambiables, lo que no es difícil de hacer puesto que ninguno de los dos significa nada en concreto.

Convertido de este modo en concepto místico, como un agregado de individuos, un rebaño de almas que se amontonan en el interior de un continente nacional e incluso supranacional, «sociedad» sirve de maravilla a la tarea de reificar esa entidad mística que llamamos «nación», que frecuentemente es en realidad un estado-nación, y que en algunos otros casos, para poner una pizca de romanticismo, llamamos «pueblo»[55]. A pesar del abuso de este concepto de sociedad en medios sociológicos, periodísticos, y también antropológicos, mi deseo es convencerte de que, fuera del ámbito de indagación que corresponde a las realidades místicas, ese concepto de «sociedad» carece por completo de utilidad en ciencias sociales. Esto quiere decir que cada vez que lo usamos es bueno ser conscientes de que su valor empírico no es diferente del que porta el concepto «Dios». Una ciencia política que se ocupe del surgimiento o de la forma de existencia de esa entidad («sociedad») considerada como en la expresión «sociedad española», no puede ser una cosa muy distinta de una ciencia de las religiones[56]. Así considerada, la «sociedad» no es otra cosa que una palabra más para hablar de un cuerpo místico: la nación[57]. Nada de esto resta importancia a los conceptos «Dios» y «nación». Estos conceptos son importantes porque en torno a ellos se tejen complicadas instituciones humanas, que, éstas sí, ofrecen una fuente de material empírico fundamental para la ciencia social.

Las palabras «sociedad» y «cultura» tienen trampa. Las dos se usan recurrentemente para producir confusas imágenes místicas, como cuando sirven a las retóricas del nacionalismo (el que practican algunos agentes dentro de estados constituidos y el que practican los agentes que se identifican con los estados constituidos), o como cuando, en el discurso de nuestro simpático abogado defensor, evocan gigantes colectivos con el objeto de exculpar a los individuos de su acciones. Sin embargo, ambos conceptos pueden ser también utilizados con referencia a precisas realidades empíricas, si es que nos tomamos el trabajo de hacerlo.

La referencia empírica más básica del concepto de cultura es, según he escrito, la *forma convencional de la acción* y, por añadidura, la forma convencional de la acción que consiste en vincularse a otros. La referen-

---

55. Anderson, 1997; Velasco, 1992.
56. Boholm, 1996.
57. Cf. Dumont, 1987.

cia empírica más básica del concepto de sociedad es, complementariamente, la *vinculación concreta* entre agentes concretos. Es decir, que el concepto de «sociedad», si es que se usa analíticamente para decir algo con sentido, debe entenderse como el *proceso de formación de vínculos sociales concretos*. El que esos vínculos sean cara a cara o más o menos impersonales, como el que mantienen un arrendador y un arrendatario mediado por un contrato mercantil, importa aquí poco —aunque de tirar por esta vía podría escribir otro libro con el título *Sociedad, antropología y otras tonterías*. Lo que cuenta es que el concepto de sociedad es útil, específicamente, para indagar en las vinculaciones humanas concretas y en los sujetos sociales complejos que se producen en la dinámica de esas vinculaciones. Allí donde hay una acción dotada de forma convencional es útil el concepto de cultura. Allí donde hay una vinculación entre seres humanos (o de otras especies) es útil el concepto de sociedad.

Por este motivo, algunos estudiosos contemporáneos prefieren evitar el concepto de «sociedad», saturado de reificación mística, y utilizar el concepto de «socialidad», un concepto que ya no puede confundirse con un sujeto y que indica con mayor precisión la condición vinculante y vinculada de las acciones sociales[58]. Desde esta óptica, *la sociedad (socialidad) es un proceso particular, aunque fundamental de la acción humana: el proceso que consiste en formar vínculos sociales; así como la cultura es una propiedad de esa acción: su forma convencional*[59]. *Ni la una ni la otra son, en un sentido torpe, «pertenencias» de un sujeto.*

Ahora ya podemos retomar nuestra pregunta: ¿Puede una sociedad o un pueblo «tener» cultura? Se comprenderá inmediatamente que si ya era difícil fijar el concepto de cultura a un «yo» nítidamente recortado, todavía más difícil habrá de ser fijarlo, de una manera completa, homogénea y sin matices, a un sujeto configurado por una multitud de vínculos. Todos los matices que introduje al intentar aclarar cómo es que alguien puede «tener» cultura cobran aquí un relieve ampliado.

---

58. Ramírez Goicoechea, 2007: 109-115.

59. Esta precisa diferencia conceptual puede invitar a pensar en la validez de la división de los estudios socioculturales en dos disciplinas separadas, la sociología y la antropología. Independientemente de los motivos prácticos que han llevado a esa división del trabajo docente y de investigación, no veo ningún motivo *analítico* para creer en ella. Desde mi punto de vista, tan orientada al examen de las formas de acción ha de ser una sociología analíticamente bien construida, como orientada al examen de los procesos de formación de vínculos sociales ha de ser una antropología válida: los procesos de formación de vínculos sociales son *inseparables* de las formas que toman esos vínculos sociales, como he indicado en la figura 4 del capítulo 3.

> *Cuadro 25.* La palabra «sociedad» como reificación
>
> ---
>
> **I. Radcliffe-Brown, 1940** ↓
>
> No observamos una «cultura», puesto que esa palabra denota, no una realidad concreta, sino una abstracción, y, tal y como es usada comúnmente, una abstracción vaga. Pero la observación directa nos revela que [los] seres humanos están conectados por una red compleja de relaciones sociales. He usado el término «estructura social» para denotar esta red de relaciones realmente existentes (KK 253).
>
> ---
>
> **II. Kroeber y Kluckhohn, 1952**
>
> [...] Si es cierto que la cultura debe considerarse como una abstracción puesto que su reconocimiento implica algo más que impresiones sensibles, desde luego que lo mismo es verdad a propósito de las relaciones sociales o la estructura. Una relación de parentesco o una barrera contra el incesto no es más «observable» que un mito o que la valuación de una propiedad: la estructura social es inferida o abstraída del comportamiento ni más ni menos que las costumbres (KK 262).
>
> ---
>
> En este cuadro, el texto de Kroeber y Kluckhohn (II) es una réplica al texto de Radcliffe-Brown (I). La importante crítica de Kroeber y Kluckhohn alerta sobre el uso reificado de la palabra «sociedad», cuyo orden de realidad en nada difiere del orden de realidad de la palabra «cultura». Se puede construir una reificación con cualquiera de las dos palabras, indistintamente. En cuanto a esos órdenes de realidad conviene refrescar la discusión que presenté en el Capítulo 2 (*El abismo de la cultura*), a propósito de las categorías *etic* y *emic*. Todo lo dicho allí es igualmente válido para el concepto «sociedad».

Puesto que el concepto de sociedad —en el sentido indicado de *proceso de formación de vínculos*— es un concepto analítico que se aplica sobre una realidad empírica, los científicos sociales podemos utilizarlo en múltiples escalas de interpretación. Y así, del mismo modo que podemos abstraer desde nuestra perspectiva *etic* una serie limitada de formas culturales de entre todas las encontradas empíricamente en un campo de acción determinado, también podemos, desde nuestra perspectiva *etic*, abstraer una serie limitada de vinculaciones de entre todas las halladas en un espacio social. Estas reducciones analíticas son inevitables y necesarias al hacer ciencia, y sólo gracias a ellas podemos avanzar en el camino del conocimiento. Puedo decir que determinadas formas culturales de un campo de acción, por ejemplo, el que consiste en enseñar a los chavales en un instituto público de un barrio obrero, se parecen o se diferencian de tal y tal modo de las de un colegio religioso, privado y de élite[60]. Y también, para el espacio social en el que se vinculan las instituciones burocráticas con sus usuarios, puedo decir que las vinculaciones que se caracterizan como «cooperativas» son las esenciales, y sin embargo deben presentarse como relaciones de «confianza» para conjurar su enorme fragilidad[61]. En ambos casos, ofrezco reducciones teóricas a partir de una masa de información mucho más compleja, en la que sin duda intervienen muchas más *formas* y *vinculaciones* que aquellas a las que decido prestar una atención dominante.

Usar el verbo «tener» para vincular las ideas de sociedad y cultura es, pues, un asunto muy delicado. De un modo algo trivial, puedo decir que una sociedad (socialidad), puesto que es un conjunto de acciones de vinculación, «tiene» una forma cultural determinada, es decir, que esas vinculaciones toman unas formas y no otras. Pero *si lo que pretendo es atribuir a un extenso conjunto de agentes sociales un conjunto homogéneo de competencias o formas culturales, no puedo hacerlo sensatamente sin ofrecer adicionalmente tres extensas reflexiones: (1) quiénes son, en concreto, esos agentes y cómo se vinculan entre sí; (2) en qué campo de acción de esos sujetos son pertinentes, en concreto, esas competencias o formas culturales; y (3) por medio de qué procedimiento racional he llegado a la conclusión de que ese conjunto de competencias y formas culturales es generalizable, de manera homogénea, a todos esos agentes, o a casi todos.* Hace ya bastantes décadas, algunos antropólogos estadounidenses ofrecieron la versión más acabada de este procedimiento que consiste en atribuir un conjunto de formas culturales a un sujeto social complejo. Así se creó el concepto de «personalidad modal», heredero histórico muy depurado del viejo concepto de «carácter nacional». La personalidad «modal» se postuló como un concepto estadístico para designar las disposiciones a la acción e, hipotéticamente, las formas de acción que conforman la moda estadística en un grupo determinado, o

---

60. Díaz de Rada, 1996: 255 ss.
61. Velasco, Díaz de Rada, Cruces, Fernández, Jiménez de Madariaga y Sánchez Molina, 2006.

> *Cuadro 26.* Un razonamiento inadecuado
>
>> Beaglehole y Beaglehole, 1946 ↓
>>
>> La cultura de cada individuo se superpone, en mayor o menor grado, con la cultura de todos y cada uno de los otros individuos que conforman el grupo en cuestión. Esta superposición da como resultado un mundo de sentimientos, pensamientos, acciones y valores comúnmente comprendidos. En otras palabras, conforma la cultura de un pueblo (KK 211).
>
> Esta clase de razonamiento conduce a cometer varios errores: (1) no ofrece matiz alguno sobre cómo hemos de entender las relaciones de posesión «cultura *de* cada individuo», «cultura *de* un pueblo»; (2) atribuye la cultura a los individuos y los pueblos, cuando el concepto de cultura denota una propiedad de la *acción* social, no una propiedad de los individuos y los pueblos; (3) reduce la noción de cultura a los «sentimientos, pensamientos, acciones y valores» *compartidos*, pero ¿es que acaso la acción humana no tiene forma cultural en situaciones de conflicto? Seguro que si buscas, encuentras más problemas en esta idea tan grosera.

sea las disposiciones a la acción *estadísticamente más frecuentes*. En ese mismo entorno de la llamada «Escuela de Cultura y Personalidad» se desarrolló en Estados Unidos un concepto distributivo de cultura sensible a la idea de que, dentro de un mismo grupo humano, las formas culturales se distribuyen de un modo heterogéneo en relación con la personalidad de cada individuo, a su vez un precipitado de su biografía social[62].

Estos procedimientos de abstracción han sido frecuentes y fructíferos, tanto en Estados Unidos como en Europa[63]. Sin embargo, como sucedía con el intento de Murdock de construir una muestra etnográfica mundial, su potencial científico sólo puede desarrollarse adecua-

---

62. Wallace, 1961; Schwartz, 1978. Cf. Wolcott, 1991; Rodseth, 1998.
63. La empresa estructuralista de Lévi-Strauss, al proponer un conjunto de estructuras elementales del parentesco extraído a su vez de una muestra, dista poco de estos intentos norteamericanos en cuanto al procedimiento concreto de abstracción. Cf. Lévi-Strauss, 1985 [1949].

damente cuando se toma conciencia explícita del proceso mismo de abstracción a través del cual, desde nuestra perspectiva *etic*, damos contenido a los conceptos de «sociedad» y «cultura» y fragmentamos la cultura en un conjunto de rasgos o formas con un propósito comparativo o distributivo. De lo contrario, la palabra «sociedad», como la palabra «cultura», sólo será un artefacto retórico en un discurso místico que, como toda forma de discurso de esta naturaleza, dice más de quien lo enuncia que de aquel a propósito de quien, pretendidamente, es enunciado.

(c) ¿Puede alguien «tener» una sola cultura?

A estas alturas de nuestro viaje sería para mi un logro el haber conseguido que esta pregunta te suene a chino (si es que no sabes chino, claro). *La pregunta es absurda, puesto que, como hemos visto, la cultura no pertenece al agente, sino que caracteriza a su acción.* Una cultura es un discurso abierto de reglas de acción, una trama abierta de formas de acción[64]. Por tanto, lo primero que hay que identificar antes de precipitarse sobre la definición de «una» cultura es un campo concreto de acciones: ¿se trata de jugar al fútbol (un invento «inglés»)? ¿Se trata de cocer patatas (un descubrimiento «americano»)? ¿Se trata de bailar samba (¿un invento «brasileño»? ¿Un invento «africano»?)? ¿O se trata, tal vez, de cocinar croquetas de pollo (¿?)? Al explorar *en detalle* cada campo concreto de acciones haciendo etnografía, o practicando el análisis comparativo, lo primero que ha saltado a la vista una y otra vez a los ojos de los antropólogos es que el conjunto de competencias de cualquier agente particular es endiabladamente complejo, heterogéneo, y en muchos casos ingente. Y, puesto que nuestra especie es una especie fundamentalmente comunicativa, la procedencia biográfica de cada forma de acción de un agente es diversa; depende de la historia de sus aprendizajes y de la diversidad de entornos sociales en los que ha crecido (y, hasta la muerte, sigue creciendo). Decir «soy de tal país» o «soy de tal pueblo» tiene en realidad muy poco que ver con decir «tengo tal cultura». *Para cada agente particular las fuentes sociales de sus competencias prácticas son siempre múltiples, diversas. La única solución que tenemos ante esa complejidad ya fue mencionada al principio de este libro, en el capítulo 2: ajustar adecuadamente nuestra lente de observación a las específicas acciones que conforman nuestro objeto, es de-*

---

64. Hemos desarrollado este concepto de trama, en relación con el concepto de contexto en Velasco y Díaz de Rada, 2009 [1997]: 228 ss.

cir, enfocar con la mayor claridad posible nuestro objeto cultural desde nuestra perspectiva etic.

Allá quien se adhiera a la idea de que un agente particular «tiene» una sola cultura. Su mundo será plano y torpe. Su lente estará tan abierta, será tan burdamente general en su enfoque, que por ella pasará un torrente de luz cegadora.

Que cualquier agente particular en cada una de sus actividades pone en juego una multiplicidad de formas culturales (o simplemente, formas de acción) fue taxativamente argumentado en 1984 por Margaret Alison Gibson, en un artículo que debería ser leído siempre antes de ponerse a hablar de ese concepto tan de moda: «multiculturalidad»[65]. Por otra parte, Margaret no fue la primera en argumentar de ese modo. Si es que el concepto de multiculturalidad significa algo para los antropólogos, nada tiene que ver con la agregación de muchos grupos humanos de diferente origen nacional o geográfico en el mismo suelo. Ello implica una nueva confusión de «cultura» con «grupo social». *El ser humano, cada ser humano, puesto que se comunica con otros para llegar a ser él mismo, no puede dejar de ser «multicultural», o, mejor dicho «intercultural».* No, ningún ser humano puede «tener» una sola cultura. Y no te voy a entretener más con esto.

¿Son «los chinos» una cultura? ¿Son «los españoles» una cultura? ¿Son «los heavies» una cultura?

No. No lo son. O mejor dicho, la cultura no es «los chinos», «los españoles», «los heavies», ni nada equivalente. Las expresiones «'los alemanes' son una cultura», «'los jóvenes andaluces' son una cultura», etcétera, tienen un uso tan extendido que debo por fuerza detenerme aquí unos instantes, aunque ya haya indicado con total claridad que *la cultura no es un agente* ni nada que se le parezca.

En el contexto de este libro, todas estas expresiones son absurdas. El absurdo no radica aquí fundamentalmente en el grosero estereotipo que incorporan expresiones como «los chinos», «los españoles», «los heavies», etcétera. Intencionadamente, he incluido en el título de esta sección tres etiquetas que aluden a poblaciones de muy distinto tamaño. *No importa el tamaño de la población, no importa el grado de homogeneidad o diversidad que podamos predicar de ella en cuanto a sus formas de acción. Simplemente, la cultura no es una población ni la población es una cultura.* (Dicho sea de paso, como he indicado en la sección

---

65. Gibson, 1984.

«¿Puede una sociedad o un pueblo 'tener' cultura?», la sociedad tampoco es una población ni la población es una sociedad.)

Como hemos visto, es necesario matizar mucho el significado de la expresión «*tener* cultura» para decir algo con sentido. De todos modos, esa expresión tiene *algún* sentido (por ejemplo, bajo el concepto de «competencia»). Sin embargo, lo mires por donde lo mires, puedes estar seguro de que la expresión «*ser* una cultura» atribuida a una población carece por completo de sentido. Esa expresión conduce inevitablemente a la esencialización de la cultura, identifica el concepto de cultura con el concepto de agente, y, de ese modo, impide considerar que el agente es un *productor* de cultura. Naturalmente, las personas se socializan en entornos culturales concretos (y diversos), y, como también he indicado al criticar el formalismo en el capítulo 3, esos entornos culturales inciden en parte en su constitución como agentes sociales con biografías concretas. El conjunto de reglas disponible para una persona concreta en un momento concreto de su biografía no es cualquier conjunto, sino precisamente el que esa persona ha puesto en juego y ha aprendido a poner en juego a lo largo de su vida. En este sentido específico podemos hablar de «pertenencia a una cultura» (en realidad, siempre, a una diversidad de culturas)[66]. Pero decir que las personas «tienen» competencias culturales, que esas competencias en un sentido preciso los constituyen en parte como agentes, y que, en ese mismo sentido preciso, «pertenecen» a culturas, sólo tiene sentido si preservamos intacto el concepto de *agencia* (véase el cuadro 3 en el capítulo 2). Ese concepto nos permite pensar que las personas, como agentes, son algo más (y algo diferente) de sus competencias y de las reglas de acción a las que esas competencias se encuentran asociadas. Esto quiere decir que en todo caso y hasta cierto punto, las personas pueden llegar a aprender *otras* competencias

---

66. Naturalmente, hay otras posibilidades de sentido para la expresión «pertenecer a una cultura». Pero, si se piensa bien en ellas, son en definitiva compatibles con lo que acabo de escribir. Por ejemplo, en un contexto de *políticas étnicas* la «pertenencia a una cultura» no suele ser tan directa. Muchas personas que son agentes en partidos y otras asociaciones etnopolíticas experimentan su pertenencia a sus «culturas» con gran independencia de haber sido socializados directamente en los entornos de reglas de las culturas a las que dicen pertenecer (y a las que de hecho «pertenecen», desde su posición *emic*). Una persona puede experimentar una «profunda pertenencia» (en sus propios términos) a la «cultura catalana» y llegar a ser líder de un partido político «catalanista», sin haber aprendido a hablar catalán como primera lengua. Esa persona tendrá sus buenos motivos para experimentar esa pertenencia que, en todo caso, se fundamentará igualmente en una concreta biografía social *en un entorno etnopolítico*. Su pertenencia a la «cultura catalana» habrá cobrado entonces forma a través de su pertenencia a la cultura etnopolítica del «catalanismo», con sus reglas y sus competencias.

culturales diferentes de las que hasta ahora «tienen», pueden llegar a constituirse con arreglo a esas otras competencias y, finalmente, pueden llegar a «pertenecer» a otras culturas. La ventaja de este planteamiento, en el que la expresión «ser una cultura» es absurda, es que nos permite considerar del mejor modo posible la *dinámica de pertenencias* en la que de hecho se desenvuelve la vida cotidiana de cualquier persona.

¿Puede haber cultura sin gente?

Atemos ahora el lazo entre la gente y la cultura para responder a esta última pregunta. *No, no puede haber cultura sin gente como no puede haber gente sin cultura.* Son las personas con sus acciones quienes producen toda forma cultural. El artesano fabrica la vasija con su forma; quien usa la vasija crea para ella, en cada uso, una vida cultural; quien la contempla, la interpreta o la usa de algún modo quizás siglos después, la convierte en cultura a través de su mirada y de su acción. Esa vasija, perdida entre las ruinas de un pasado remoto, conserva una forma y así dura en el tiempo; pero esa forma sólo puede recibir el nombre de cultura cuando se la apropian las personas de carne y hueso que hacen de ella un nuevo producto de su acción.

Toda cultura es una recreación puesta en práctica por seres humanos concretos. La forma de las cosas producidas por los seres humanos contiene, de algún modo, una memoria de las acciones de quienes las fabricaron originariamente. Esas personas movieron su cuerpo de ese modo para hacerlas precisamente así. Las cosas con sus formas culturales pueden propiciar por ello unas formas de acción y no otras, unos usos y no otros. Generalmente, no intentas coger una botella con tu pie (aunque desde luego nada te impide intentarlo). Pero cualquier cosa con forma cultural, cualquier artefacto creado por los seres humanos es también reproducible en una infinidad de usos no previstos. Soplas la botella para hacer sonido y puedes jugar a rellenarla con distintas cantidades de agua para cambiar el tono de ese improvisado instrumento musical; pones la botella sobre una mesa en una sala de arte y vendes tu obra con una tarjeta en la que has escrito «soledad». Cuando es cultura, esa forma está viva; y sólo porque está viva a través de la gente esa forma es cultura.

Esa memoria inscrita en la forma de la acción, esas reglas de producción y uso de algún modo incorporadas en la forma de las cosas es lo que comúnmente designamos «tradición». A través de las cosas dotadas de forma cultural, las reglas de la acción se transmiten en el tiempo como si vinieran del pasado en un viaje hasta el presente. Pero es preciso ahora detenerse en dos detalles. El primero, que las cosas con forma cultural se encuentran objetivadas de maneras muy diversas. Es decir, las cosas con forma cultural están más o menos separadas de la persona que las produce, o las ha producido, como objetos exentos. Algunas de esas cosas, como la lengua oral, el habla, sólo ganan existencia en la misma acción del agente que en ese momento las produce. El habla no es como esa botella que tal vez alguien dejó abandonada en un estante, no está separada de la persona que la produce, sino que viene a la vida en la misma acción de quien la fabrica en cada momento. Sin embargo, la lengua escrita, como lo está en una carta de amor, ha quedado inscrita en el papel, un soporte que ya es independiente del cuerpo concreto de aquél que la escribió. Encuentro una carta de amor que, escrita hace décadas, alguien arrojó al mar en el interior de una botella. Al leerla, he de poner en juego unas reglas de acción que de alguna manera me vinculan a esa persona a través de las palabras que dejó. Pero no puedo oír el habla de mi padre a no ser que ambos estemos en comunicación directa. Si la dejó grabada en una cinta magnetofónica, se trata en realidad de un objeto cultural que en nada difiere de la carta de amor. La voz de mi padre, como voz de su cuerpo, es inmediata a su acción de hablar.

El segundo detalle: siempre hubo alguien que produjo las cosas con forma cultural y siempre hay alguien que las usa, si es que han de ser algo más que objetos culturalmente inertes. Y cuando alguien usa esas cosas les da vida *a su manera*. No hay nada, absolutamente nada en un objeto que determine *por completo* la forma en que ese objeto será usado en cada situación concreta, incorporado a la acción de quien lo toma entre sus manos, o lo ve, lo escucha, lo siente. *La tradición no es una fuerza que nos determina por completo, sino el proceso por el que las reglas, inscritas en los cuerpos vivos y en los objetos de la vida, se ponen a nuestra disposición para ser recreadas.* Vivimos en un mundo de reglas, pero cómo las pongamos en práctica en cada situación de nuestra vida social es cosa nuestra. Nada ni nadie puede eximirnos de la responsabilidad de ser agentes de cultura, independientemente del grado en que las reglas de nuestra acción vengan ya sugeridas en la forma de las cosas[67].

---

67. Christian Karner ha usado esta idea antes que yo, tomando como referencia el tratamiento que, a su vez, puso a su disposición Stuart Hall al tratar el concepto de «identidad»: «las identidades no versan sobre 'quienes somos' o sobre nuestras 'raíces', sino sobre 'lo que podemos llegar a ser' y sobre los 'caminos' que emprendemos para llegar a serlo» (Karner, 2004: 166; Hall, 1996). Aunque si entendemos así la «identidad», como proceso de *formación* hacia el futuro, sería mejor usar una palabra más precisa y menos dada a la reificación: «identificación» (cf. Brubaker y Cooper, 2000). Desarrollo este asunto algo más en el próximo capítulo.

> *Cuadro 27.* Una definición burda
>
> ---
> Folsom, 1931 ↓
> Cultura es la suma total de todo lo que el hombre ha producido: herramientas, símbolos, la mayor parte de las organizaciones, las actividades comunes, las actitudes y las creencias. Incluye tanto productos físicos como inmateriales. Es todo lo que denominamos artificial que tiene un carácter relativamente permanente, todo lo que se transmite de una generación a la siguiente, y no tanto lo que es adquirido por cada generación (KK 125).
> ---
>
> Al ignorar que las formas culturales se encuentran objetivadas de formas muy diversas y al ignorar que todo objeto está culturalmente vivo en los usos de quienes se lo apropian, este tipo de definiciones acentúan, de forma muy burda, que la cultura es un conjunto estático de *productos* permanentes en el tiempo.

Este argumento es igualmente válido cuando se trata de cosas producidas por máquinas, al menos en el mundo que por ahora conocemos. En algún punto original de su existencia las máquinas son producidas a su vez por seres humanos. Al desempeñar su función, aciertan o fracasan en relación con alguna forma de práctica humana. Y si en algún momento llegase a ser de otra manera, si una máquina pudiera por su cuenta crear reglas convencionales (§2) y reglas para juzgar esas reglas (§5), entonces deberíamos reconocer que esa máquina es agente de cultura. Nuestra imaginación es poderosa, nuestro deseo de conquistar el mundo —humano y no humano— también lo es, como lo es una larga tradición ideológica que reifica la idea de cultura y llega a personalizarla. Todo ello se ha unido en las imágenes de la ciencia ficción: la máquina humana o medio humana, ese gran ordenador que amargó la vida de los tripulantes en *Alien*, o ese robot con vida propia, *Terminator*[68]. Esas alegorías revelan aspectos insospechados de nuestra condición humana. Pero cada vez que un locutor de televisión, un político o un científico

---

68. Cf. Hanson, 2004. Puedes encontrar una conjunto de textos en los que se medita sobre esto en Gray, 1995. Para una crítica nada ficcional de la imaginación que personifica a la cultura: Baumann, 2001.

social personifican a la cultura como si ésta fuera algo al margen de la gente que la crea y la recrea, dan vida a un monstruo que puede llegar a ser mucho más mortífero que la *Madre* de *Alien*: la reificación de la cultura.

Esa personificación de la cultura, que es un camino directo a la reificación, se ha colado en nuestro lenguaje común de tal manera que decimos sin sorpresa: «la cultura *hace* esto o lo otro». Pero *la cultura no hace nada, no puede hacer nada por sí misma*. Esa fantasía es extrema cuando decimos sin pensarlo: «Diálogo entre culturas», como si la cultura tuviera lengua y capacidad de hablar. Y así, mientras esperamos que la cultura diga algo por sí misma, mientras esperamos que hable por nosotros, el tiempo pasa por encima de nosotros, mudos ante el espectáculo de la destrucción.

9

LA IDEA DE «DIVERSIDAD» NO ES SUFICIENTE

> Por lo tanto, lo que está en juego es, una vez más, la cuestión clave del multiculturalismo: ¿qué es la cultura?
>
> Gerd Baumann, *El enigma multicultural*, 2001: 143

Hace casi sesenta años, Alfred Kroeber y Clyde Kluckhohn escribieron: «Solamente las personas, y no las culturas, *interactúan* en el mundo concreto, directamente observable»[1]. La formulación no puede ser más precisa. Sin embargo, después de la publicación de su libro hemos seguido sosteniendo durante décadas el malentendido de que son las culturas y no las personas quienes interactúan. Tal vez ellos mismos contribuyeron al malentendido indirectamente, al afirmar unas líneas más abajo:

> En el nivel de abstracción de la cultura, es perfectamente adecuado hablar de *relaciones* entre las culturas, de la influencia mutua entre las culturas, del mismo modo que, más concretamente, hablamos de relaciones entre las personas[2].

Para ilustrar esta idea, nos hablan de un estudioso que aprende cosas acerca de «la cultura medieval del norte de África» al leer siglos después un libro escrito por Ibn Khaldun[3]. O sea, de nuevo la carta de amor dejada en el interior de una botella.

El malentendido se encuentra en la confusión entre la palabra «interacción» y la palabra «relación»[4]. Aclarar este matiz es imprescindible,

---

1. Kroeber y Kluckhohn, 1963a [1952]: 368. La cursiva es mía.
2. *Ibid.* La cursiva es mía.
3. *Ibid.*
4. Tim Ingold ha escrito una reflexión que también toma por objeto la distinción entre estas dos palabras (Ingold, 1987). Yo las distingo aquí en una clave diferente. En el texto que sigue «interacción» se opone a «relación» como *copresencia* se opone a *relación*

si queremos introducir correctamente los problemas que se suscitan en torno a la diversidad cultural y la comunicación entre quienes actúan inspirados en diferentes conjuntos de reglas (§2, §3 y §5). En realidad, lo que muestra el ejemplo que nos dan Kroeber y Kluckhohn es que Ibn Khaldun, que era una persona, escribió un libro, y que Pepe Pérez, que es otra persona, lo ha leído siglos después. Ibn Khaldun y Pepe Pérez nunca han *interactuado*, pues aún no disponemos de una máquina del tiempo capaz de transportarlos el uno hacia el otro. No vas por la calle y te cruzas con Ibn Khaldun, y te tomas con él unas cañitas. La palabra «interacción» es muy concreta, y se refiere específicamente a la copresencia de personas concretas en un mismo escenario de acción[5]. Esas personas han de estar ahí, con sus cuerpos, sus gestos, sus voces, para poder interactuar. La acción, como la interacción, es puesta en juego por las personas con sus cuerpos vivos. Los muertos no actúan, que yo sepa, ni tampoco los libros.

El significado de la palabra «relación» es mucho más extenso, y, como indican Kroeber y Kluckhohn, puede situarse en otros órdenes de abstracción. Existe una relación entre personas que entran en interacción, pero también podemos decir que existe una relación entre la caída del precio del petróleo y el aumento del consumo familiar. Y, si somos capaces de mostrarlo adecuadamente, podemos decir que hay relación entre el *Stabat Mater* de Pergolesi, como obra musical, y el *Réquiem* de Mozart. Esas obras musicales no actúan, no pueden hacerlo; son los músicos quienes actúan cuando las interpretan. Sin embargo, al apreciarlas podemos establecer relaciones entre ellas. Por eso, aunque lo que escribieron Kroeber y Kluckhohn está bastante claro, no está del todo claro. De hecho, no podemos hablar de la influencia mutua entre culturas *del mismo modo* que hablamos de interacciones entre las personas. Para que Ibn Khaldun y Pepe Pérez entren en interacción necesitamos una máquina del tiempo; para predicar relaciones acerca de las reglas culturales inscritas en la obra de Ibn Khaldun y las reglas culturales de la lectura que después hará Pepe Pérez, no hace falta que ambos interactúen, basta con tener a mano las dos obras y decir cosas acerca de ellas.

Esto quiere decir que la escala de tiempo que usamos para el concepto de interacción es diferente de la escala de tiempo susceptible de

abstracta (por ejemplo, la que puede enunciarse entre dos variables de una ecuación). El argumento de Ingold se centra en las condiciones de producción de la *relación social*. Mi concepto de «relación» en las siguientes líneas *no es* el concepto de *relación social*; se refiere a cualquier predicado en el que se conectan dos entidades cualesquiera.

5. Goffman, 1970.

aplicarse al concepto de relación. El tiempo de la interacción es el del aquí y ahora. Aunque las personas evoquen otros tiempos cuando se encuentran e interactúan, no pueden escapar de su momento presente. El tiempo de la relación es conceptual; es, por decirlo así, un tiempo sin tiempo, un tiempo ucrónico, en el que podemos situar objetos que nunca coincidieron en ninguna situación concreta.

Pero sobre todo, esto quiere decir que *solamente las personas, y no las culturas, interactúan*. Son las personas, y no las culturas, quienes viven en el tiempo concreto de la interacción. Cualquier enunciado sobre la cultura, incluyendo cualquier enunciado sobre la diversidad cultural, debe hacerse teniendo bien presente estas ideas que vengo repitiendo ya machaconamente. Las culturas no son personas, las culturas son producidas por personas. La cultura es una propiedad de la acción de las personas, pero no es una propiedad de las personas.

«Defiendo mi cultura»

Lina Gaski ha explicado la perversión que se encierra en la expresión «defender la cultura», cuando lo que se quiere decir es que hay que defender los derechos de la gente. Lo ha hecho al preguntarse si es posible «institucionalizar la 'protección de la cultura' sin reificar, sectorializar y transformar la cultura en un objeto»[6].

Dada la perversión que encierra confundir a la cultura con las personas, hace tiempo que los antropólogos venimos insistiendo en aconsejar que desconfíes de quienes «defienden su cultura», especialmente si están dispuestos a hacerlo pasando por encima (a veces por encima del cadáver) de quienes están llamados a ponerla en práctica. Puesto que nadie «defiende su cultura» si no es por que hay «otra cultura» de la que aquélla ha de ser defendida, al confundir a la cultura con la gente se corre el riesgo de entrar en «una zona fronteriza poco definida controlada por la policía cultural de un lado y del otro»[7]. Ésa es la zona fronteriza de las guerras en el nombre de la cultura, o de las batallas, a veces simbólicas, que pueden ir larvando los enfrentamientos efectivos. Y además, esa zona es confusa, como todo campo de batalla, porque

---

6. Gaski, 2002: 86. Cada una de estas operaciones sobre la cultura ha sido ya discutida en este libro: reificación (capítulo 3, *Cuarta dificultad. Estructura es proceso es estructura*), sectorialización (capítulo 8, *¿Es la cultura una forma particular de acción?*), objetivación (capítulo 8, *¿Cómo se «tiene» la cultura y quién la tiene, si es que alguien la tiene?*). Sobre la objetivación puede leerse también: Díaz de Rada y Velasco, 1996; y muy especialmente Ramírez Goicoechea, 2007: capítulo 5, sección 6.

7. Baumann, 2001: 147.

confuso es el objeto de la pugna, el botín que místicamente se encierra en la palabra «cultura»; pues ¿cómo puede defenderse la cultura exterminando a quienes le dan vida a través de su vida?

Defender los derechos de las personas como agentes responsables de sus formas de vida, o defender la idea de que vivir una forma de vida no debe acarrear un estigma de desigualdad en cuanto a los derechos civiles no es defender una cultura por encima de todo; es, por encima de todo, defender a la gente, que ha de tener el derecho de interpretar «su» cultura como le venga en gana.

Como cuerpos policiales, los defensores a ultranza de su cultura suelen experimentar pánico ante el desorden, horror ante el extravío. Al confundir su forma de vida con sus propias personas, con su propia capacidad para crear y recrear la acción, temen perderse a sí mismos, y en ese temor arrastran a quienes ellos consideran «los suyos». Esta idea de cultura extermina la vinculación social entre diferentes (incluida la vinculación con uno mismo[8]), acaba con la comunicación, esa «materia prima de la que se crean las relaciones sociales»[9]. Al congelar la cultura en el frigorífico de la «identidad» congelan también el circuito de la comunicación humana.

Diferencia y comunicación

Hace casi cuarenta años, el antropólogo noruego Fredrik Barth desarrolló una idea que hoy ya debería resultarnos evidente: la diversidad cultural se funda en la comunicación entre agentes sociales y no en su aislamiento[10]. La diversidad sólo se conoce, y eventualmente se reconoce, en el contacto, en la interacción efectiva entre diferentes. Sólo podemos vivir un «nosotros» a través de la experiencia de «los otros». La vida social anida en esa tensión de la alteridad. En un estado de identidad completa no es preciso comunicar nada. Como en el movimiento del líquido entre vasos comunicantes, sólo el desequilibrio, el *diferencial* entre las partes puede dar lugar a una comunicación, a un movimiento. Así lo escribió, con hermosas palabras, Juan Escoto Eriúgena en el siglo IX:

> También me admira que puedas dudar acerca de la relación, cuando ves que no puede radicar en un único e idéntico sujeto. La relación siempre

---

8. Ricoeur, 1990.
9. Emmett, 1982: 208.
10. Barth, 1976 [1969].

implica a dos y ¿quién podrá dudar de que a partir de la tendencia mutua de dos se genera algún movimiento? [...]. Propiamente se dice que está en reposo aquello que subsiste por sí mismo y no necesita de ningún sujeto para existir; pero no es incongruente juzgar que aquello que existe en otro porque por sí mismo no puede existir, está en movimiento[11].

Una sociedad en la que todos los componentes son idénticos entre sí e idénticos a sí mismos es una sociedad muerta, aparte de ser una utopía que sólo ha llegado a cumplirse con relativa eficacia en las auténticas jaulas totalitarias[12]. Y, si es cierto que sólo podemos vivir un nosotros a través de la experiencia de los otros, también es cierto que, como ha mostrado Jojada Verrips en su estudio sobre la disciplina de violencia en los ejércitos, sólo podemos aniquilar a los otros a través de nuestra propia aniquilación[13].

Entre seres humanos la diversidad es una constante, cualquiera que sea la escala de la acción, pues constante es la corriente de comunicación entre diferentes. Éste es el punto de partida en la comprensión de la vida humana, la línea de salida de la antropología social y cultural. Toda acción humana concreta, sea quien sea el agente que la produzca, se genera en una corriente de diversidad. Sin duda, cuando ajustamos nuestra lente *etic*[14] sobre la acción de las personas está en nuestra mano hacer abstracción de la diversidad que observamos, del mismo modo que es posible hacerlo sobre cualquier otro objeto de observación. Una hoja de ciprés es diferente de una hoja de abeto, pero en otro orden de clasificación ambas son consideradas idénticas, como hojas de árbol. A su vez, la hoja de un árbol es diferente de una hoja de un libro, pero en otro orden de clasificación ambas son cosas planas y de poco grosor. Ningún conocimiento podría construirse sin estas clasificaciones que permiten establecer unidades mayores comunes a partir de unidades menores diversas. Pero, y esto es también fundamental, ningún conocimiento sería posible sin apreciar la diversidad concreta que se encierra en los objetos clasificados en un orden común. Estos dos movimientos son igualmente importantes al tratar de la cultura. El primero nos permite clasificar las formas de acción en unidades mayores, por ejemplo, al considerar que hacer un regalo es la misma acción social, ya se trate

---

11. Escoto Eriúgena, 2002: 83-84. Véase también, a propósito de la relación entre diferenciales, Díaz de Rada, 2007.
12. Véase, por ejemplo, el relato estremecedor de Primo Levi, *Si esto es un hombre* (2002).
13. Verrips, 2004.
14. Véase el capítulo 2.

de los que tú das a tus hijas en el día de Reyes o de los que tu empresa te da a ti antes de Navidad. El segundo movimiento nos permite establecer el rango de matices que, en otro orden, nos indican que ambos regalos no son lo mismo, especialmente en lo que respecta al *sentido* de la acción para ti *como madre* y *como empleada* (véase el cuadro 5 en el capítulo 2). Al poner en juego el concepto de cultura hemos de ser capaces de sentirnos confortables realizando ese doble movimiento que tensa nuestro conocimiento desde dos extremos: *la voluntad de clasificar la acción y la voluntad de entender su sentido*. Ahora bien, recuerda siempre que, al vivir esta tensión, es de la acción de lo que hablamos y no de las personas; pues *tú misma* puedes hacer muy bien regalos a tus hijas y a tus empleados. Para ellas eres su madre, para ellos su empresa.

Retornamos así, por la vía de la diversidad, a la foto movida (véase el capítulo 3). Cada imagen clasificatoria de la cultura (*etic*), cada predicado analítico acerca de las reglas de la acción de las personas, es una detención que expresa la relación entre el proceso de cultura vivido por personas que viven su vida (*emic*) y el obturador del observador (*etic*). Y, del mismo modo, cada vez que desde nuestro punto de vista (*etic*) incluimos bajo la misma categoría un conjunto de acciones humanas, detenemos en esa imagen la corriente de las acciones, *diversas* en su forma y sentido, que los seres humanos ejercen en la práctica (*emic*).

El concepto de cultura, al incluir el concepto de relación social, incluye también, necesariamente, el concepto de comunicación. Y éste, a su vez, es impensable sin el concepto de diversidad. Pero el concepto de diversidad, siendo fundamental, no es de ninguna manera suficiente.

¿Multicultural?

El 14 de abril de 2005 el festival WOMAD visitó Madrid. La concejala de artes del Ayuntamiento salió en la tele para promocionar el acontecimiento. Ahí dijo: «Históricamente, Madrid ha mostrado respeto ante la diversidad cultural, ante la suma de colores e idearios que la configuran»[15]. Este razonamiento aritmético, la *suma* de «culturas», se encuentra en la base de la noción más frecuente de «multiculturalidad», y en muchas ocasiones está presente también en artículos y libros especializados en ciencias sociales. Contra esta noción nos hemos pronunciado a menudo algunos antropólogos[16]. Gerd Baumann, que, como antropó-

---

15. Telemadrid, *Noticias* de las 14:30.
16. El texto de Margaret A. Gibson (1984) mencionado más arriba es un clásico que se nutre a su vez de fuentes anteriores.

logo social, sostiene la necesidad de una orientación «multiculturalista» para la comprensión de la vida humana, ha alertado también sobre la inadecuación de esa idea aritmética de la multiculturalidad:

> El multiculturalismo no es el viejo concepto de cultura multiplicado por el número de grupos existentes, sino una nueva, e internamente plural, puesta en práctica de la cultura aplicada a uno mismo y a los demás[17].

Esto quiere decir que sin una previa comprensión adecuada del concepto básico de cultura es imposible usar adecuadamente el concepto «multicultural». Parecerá increíble, pero el discurso contemporáneo de periodistas, políticos y científicos sociales se salta cotidianamente ese paso necesario, siguiendo ese modelo aritmético de la concejala de arte del Ayuntamiento de Madrid: la suma. Hay que reconocer que la palabra misma, «multicultural», despista. Usamos ese prefijo *multi-* para hablar de una *multi*tud de cosas a las que tratamos, inconscientemente o no, como entidades aisladas y acotadas. Precisamente porque pueden subsistir una a una, esas entidades pueden sumarse las unas a las otras manteniendo su identidad unitaria. Así, «multicultural» nos lleva sin quererlo a sumar las culturas como quien suma manzanas o tomates. Cada tomate *es lo que es* independientemente de los otros, y yo los sumo. Y así como tengo un teléfono *multi*funcional que me permite hacer fotos, leer el correo electrónico y charlar con alguien sin que la avería de una de estas funciones afecte a las demás (mi teléfono es realmente muy bueno); así también vivo en una sociedad *multi*cultural, que contiene en su interior una suma de grupos humanos, cada uno con «su cultura» acotada: por un lado «los rumanos», por otro lado «los marroquíes»; «catalanes» por allí, «españoles» por allá. Si has llegado a leer este libro hasta este punto, esta idea te parecerá descabellada. Primero, una vez más, porque la «cultura» no es un atributo de los grupos, ni de los territorios, ni de los estados nacionales. La cultura es un atributo de la acción de las personas[18]. Y segundo, porque la cultura es la forma convencional de la acción entendida como hecho comunicativo. Es decir que:

Una cultura no está acotada en las fronteras de ningún grupo humano,
Una cultura no es independiente de otras culturas, ni puede serlo.

---

17. Baumann, 2001: 10.
18. Veo que podría haber escrito este libro copiando esta frase quinientas veces, como si se tratase de un castigo escolar.

El hecho de clasificar (*etic*) *algunas* formas de acción como comunes a un grupo de personas no implica asumir que *todas* sus formas de acción —también las que se encuentran fuera de esa clasificación— son, de hecho, comunes. Mucho menos implica asumir que su vida social (*emic*) es reducible a esas formas que yo he clasificado así (*etic*). Mucho menos aún implica asumir que esas personas sólo pondrán esas formas de acción en juego entre ellas en sus escenarios concretos de interacción. Y, aún mucho menos, que cuando las pongan en acción, al interactuar entre ellas y con otras, lo harán de manera tal que esas formas culturales se mantendrán idénticas a sí mismas. De hecho, esto último es completamente imposible, pues no hay forma cultural que, puesta en práctica, se realice independientemente de las prácticas que las otras personas llevan a cabo (§5).

Definitivamente a mí me suena mal este vocablo: «*multi*cultural». Si es que he de apostillar la palabra cultura con un prefijo, prefiero hacerlo así: «*inter*cultural»[19]. Lo prefiero porque ese prefijo ya da idea de diversidad, y porque conserva el fundamento del concepto de cultura como instrumento para comprender las relaciones sociales entre diferentes; agentes que son diferentes incluso si son *semejantes*. Pero esto si es que me veo forzado a usar algún prefijo, lo que es innecesario cuando entiendo bien el concepto de cultura (§1-§6). Este concepto, sin prefijos, se funda en la idea de diversidad, pues no hay acción entre «idénticos». Entre idénticos solo cabe la inacción. ¿Para qué tendrían que moverse?

«Multicultural», en sus usos ordinarios y muchas veces en sus usos aparentemente especializados, es una palabra que traiciona al concepto mismo de «cultura». Esa palabra nos presenta la diversidad como un saco «de colores e idearios», destruyendo así lo más valioso de la idea antropológica de diversidad: que no se trata de una diversidad de identidades, sino de una diversidad de diversidades, acciones y personas complejas, grupos cambiantes en acción, en constante proceso de comunicación; y por ello, personas y grupos que, en su constante pregunta «¿quién soy yo?», «¿nosotros quiénes somos?», sólo pueden aspirar a identificarse con un puñado de imágenes que se ve constantemente desbordado ante la imposibilidad de cerrar de una vez por todas una respuesta. *La idea de «diversidad» no es suficiente para comprender adecuadamente lo que se encierra en el concepto de cultura. Además hacen falta dos cosas. En primer lugar, una concepción práctica y comunicativa de las formas culturales (§6); en segundo lugar, un desplazamiento de la noción de «identidad» a su polo más activo, hasta acabar dando por*

---

19. Barañano, García, Cátedra y Devillard (coords.), 2007.

sentada la idea de que el referente real de esa palabra, aquello de lo que esa palabra nos habla, es la agonía por intentar ser alguien. No hablemos pues de «identidades», hablemos de «identificaciones»[20]. Una vez más, Gerd Baumann da en el clavo:

> La sociedad multicultural[21] no es un mosaico de cinco o diez identidades culturales fijas, sino una red elástica de identificaciones entrecruzadas y siempre mutuamente dependiente de una situación determinada[22].

A veces, la palabra «multicultural» nos engaña con una apariencia más dinámica, menos reificadora. Esto es así sobre todo cuando hace pareja con la idea del «cruce de culturas». Un breve examen de esta metáfora ofrece un conjunto limitado de posibilidades, igualmente inadecuadas en tanto no quede claro qué se dice ahí con la palabra central: «cultura».

La cultura se nos representa en esa expresión como un conjunto de calles o caminos que se cruzan; o bien, como un conjunto de cosas que, al igual que los genes, se agrupan para dar lugar en una nueva unidad orgánica a otra clase de ser[23].

La primera representación, *territorial*, puede llevar a confundir la cultura con un territorio, o bien con aquel que se mueve por él. Dada la estrecha asociación entre cultura y territorio con la que juegan constantemente los políticos de los estados nacionales[24], más vale deshacerse inmediatamente de esta representación: *las culturas no son territorios*. Esta falacia se ha impuesto en nuestro lenguaje común en la expresión «Mohammed es que es *de la* cultura marroquí», como quien dice que es de Cuenca. En ese sentido territorial, uno no es *de* una cultura, porque la cultura no es un sitio del que procedemos. *La referencia de la cultura, en todos los sentidos que hemos explorado en este libro, es temporal, no territorial.* Pues el tiempo, y no el territorio, es la sustancia de la acción. O, dicho de un modo más preciso, la sustancia de la acción es la unidad estrecha de tiempo y espacio, el trayecto de espacios tem-

20. Brubaker y Cooper, 2000.
21. Está claro que a él le gusta la palabra.
22. Baumann, 2001: 148.
23. La referencia de esta imagen no es el discurso preciso y analítico de la actual genética científica, en el que los genes se describen en relaciones dinámicas cuyo proceso puede llegar a modificar su naturaleza interna, sino el discurso divulgado demasiado frecuentemente por los medios de comunicación, en el que los genes aparecen como unidades discretas cuya operatoria se limita a una *mezcla* de unidades individuales (cf. para una divulgación magnífica de estos problemas, Lewontin, 2001).
24. Dietz, 2003; Barth, 1992.

poralmente articulados a lo largo del cual discurre la vida concreta[25], que es también el trayecto de sus tiempos espacialmente situados. En esta relación espaciotemporal, el espacio está indisolublemente ligado al tiempo biográfico, y por ello ese espacio es diferente de las representaciones territoriales que, en los discursos de los agentes de los estados nacionales, pueden ser y son constantemente abstraídas de los tiempos de la vida concreta.

Ponemos en práctica nuestras acciones más o menos como las venimos haciendo, es decir, de una forma parecida. Ningún ser humano inventa una nueva forma de acción a cada paso de su vida. Por eso la cultura, la forma de la acción de un ser humano está arraigada a su biografía y a su memoria, está inscrita en su cuerpo y se va inscribiendo a lo largo de la vida que le toca vivir; y por eso también las formas de hacer de las personas se renuevan en el tiempo, se reforman en la interacción con los demás, generando una nueva memoria a cada paso. Las culturas no se cruzan, son las personas quienes se cruzan, las unas con las otras, en su vida social. Vale decir entonces que las culturas como formas de acción entran en relación unas con otras a través de las personas que las realizan. Yo camino con mi perro por el parque y tú te mueves en bici. Cada una de esas formas de acción ha de coordinarse con la otra, adaptarse recíprocamente a la otra, reformándose así en relación con la otra, a través de nosotros. Yo he de evitar tu carril y he de entender por tanto que ir en bici es diferente de ir paseando a pie con un perro, y cómo es que es diferente. Entrar en ese parque como escenario común de nuestra acción nos pone ya en relación comunicativa[26]. *Esas formas de acción sólo se cruzan porque nos cruzamos nosotros con nuestras acciones. Las culturas no pueden cruzarse por sí mismas.*

La segunda representación, *biológica*, es otro fraude. Y suele formar coro con la imagen territorial cuando se trata de instrumentar la «cultura» al servicio de las ideologías nacionales racistas, hayan llegado a constituirse como estados o no[27]. Esta representación late en las versiones más chatas de la etnicidad, entendida como una ideología de descendencia que pasa a encarnarse en la «cultura».

---

25. Debemos a Mikhail Bakhtin la acuñación del concepto de *cronotopo*. Este concepto expresa esa unidad espaciotemporal que, con carácter biográfico, configura la relación de los personajes de la novela con su existencia narrativa (Bakhtin, 1990 [1925]). Esta noción, formulada por Bakhtin en el ámbito de la teoría literaria, resulta hoy útil en el ámbito de las ciencias sociales (véase, por ejemplo, Cruces, 1997).

26. «La imposibilidad de no comunicar» es un viejo axioma formulado por Paul Watzlawick, Janet H. Beavin y Don D. Jackson (1985 [1967]: 49 ss.).

27. Stolcke, 1995.

La idea de etnicidad —escribe Gerd Baumann— apela, en primer lugar y principalmente, a la sangre desde el pasado. Invoca a los antepasados biológicos y reclama que las identidades actuales descienden de sus antepasados. Eso se puede utilizar para la crianza de perros, pero no se puede aplicar a los seres humanos[28].

¿Qué es lo «diverso» en el concepto de cultura?

Al ser una propiedad de la acción social humana, el concepto de cultura no implica, directamente, la idea de diversidad de las personas. Para comprender qué quiere decir esto puedes retornar por un instante a la figura 4 del capítulo 3, cuando al hablar del lugar de la cultura dibujaba una figura con tres globos. En uno de ellos aparece el enunciado: «Las relaciones que las personas mantienen con sus propias acciones». Esas relaciones no son de una pieza. Al estar a su vez relacionadas con las relaciones que las personas mantienen entre sí y con los productos de su acción, son completamente dependientes de las situaciones concretas de la vida. Es fácil entenderlo si piensas en tu propia vida. Tú no eres lo mismo que tu acción, tú tienes la capacidad para apreciar la acción de los demás, pero también tu propia acción (§5). Puedes arrepentirte de lo que has hecho, puedes estar orgullosa de haberlo hecho, puedes comprender que podrías haberlo hecho mejor o peor, y así sucesivamente. Eso significa que eres *agente*, y que estás dotada de una capacidad relativamente importante para cambiar tu acción en próximas oportunidades, si las circunstancias de la situación, en las que siempre se implican elementos políticos, te lo permiten (véase el cuadro 3 en el capítulo 2). La cultura es la forma convencional que toma tu acción, pero no se aplica directamente a tu persona. *La cultura no es la forma de tu persona, entendida como una identidad fija, sino la forma de la acción que tú, como agente, pones en juego en situaciones precisas.*

Para algunos propósitos, la forma de tu acción es muy estable a través de muchas situaciones diferentes. Normalmente avanzas de pie ante

---

28. Baumann, 2001: 34. Es preciso subrayar que lo que Baumann critica aquí es exactamente esa ideología, sin prejuzgar si la estupidez en la que se incurre al sostenerla corresponde a quienes han de gritarla a voces (porque reclaman *ser* un grupo étnico) o a quienes la practican en silencio (instalados ya en sus confortables estados nacionales). Esa absurda apelación al pasado como pedigrí es hecha aquí, además, en el estricto sentido de una reducción biologicista. No se trata, pues, de discutir la apelación a la historia social (por ejemplo, en el caso de procesos de colonización) y las justificaciones históricas y jurídicas, sino de poner en evidencia que tales justificaciones no pueden sustentarse con sensatez en la idea de que la «identidad» humana se transmite biológicamente.

los demás, y no a gatas. Especialmente en situaciones públicas, donde tu imagen personal ha de ser cuidada con esmero, lo haces así. No te desplazas por tu centro de trabajo a cuatro patas. Pero *puedes* hacerlo, no lo olvides; y puede que *debas* hacerlo cuando juegas en tu casa con tu hijo de un año. Cuando hablas en una reunión de empresa, o ante un cliente, es normal que cuides las palabras malsonantes (convencionalmente malsonantes), incluso si aspiras a identificarte con un sujeto cuyo habla es relajada y campechana. Ante el presidente de la empresa en la que trabajas no podrías ejercer esa aspiración, o, si quieres mantener tu puesto de trabajo, no deberías hacerlo. En determinadas situaciones, puedes extremar la expresión de tu identificación con una iglesia, con un partido político o con un grupo humano; y en otras suavizar esa expresión hasta hacerla prácticamente invisible. *Eres agente de la expresión de tus identificaciones*[29], y por eso te ofendería pensar que los otros, tomando como muestra una parte de tu acción, extrajeran la conclusión de que *tú eres así*. Cuando los otros hacen esto, lo que por otra parte parece ser inevitable (pues forma parte de la vida humana el ejercicio de valoración en el proceso de la acción [§5]), operan con estereotipos. A veces, esos estereotipos se basan en indicios de tu acción sobre los que tú realmente no has actuado conscientemente. La joven policía de *El silencio de los corderos* no ha sido consciente del efecto de enclasamiento social que pueden llegar a producir sus zapatos. Somos agentes de nuestras acciones, pero los efectos que éstas producen en los otros, en el espacio social de nuestra convivencia, escapan ya en gran medida a nuestro propio control.

Algunos de los atributos de nuestra acción están indefectiblemente asociados a nuestro cuerpo. Estos atributos, que la sociología clásica ha denominado «adscritos», van con nosotros. El color de nuestra piel, el acento del habla, nuestra complexión, nuestra edad biológica, nuestro sexo, son propiedades que acompañan de forma relativamente estable a nuestra acción, y sobre ellos tenemos una limitada capacidad de agencia[30]. A veces, parte de estas propiedades obtienen un significado de enclasamiento social en una larga historia de relaciones políticas de colonización o de dominación, como en el caso del color de la piel en muchos lugares del mundo. Es entonces cuando esos estereotipos que reducen

---

29. Aunque no lo eres por completo de la *interpretación* que los otros pueden dar a esa expresión (Kockelman, 2007).

30. Todos éstos son atributos de *nuestra acción* en la medida en que son susceptibles de control en su *expresión*. Dos personas pueden comunicarse efectivamente por teléfono o por Internet sin *expresar* su estatura, peso o color de piel.

nuestra capacidad para percibir diversidad en el comportamiento de la gente, producen sus efectos más perniciosos en la convivencia humana, al imponer una estructura rígida de clasificaciones y al bloquear la flexibilidad de interpretaciones que exige la comunicación ordinaria. Esos estereotipos, construidos históricamente como ideologías, aniquilan el concepto de cultura, pues impiden apreciar con el detalle suficiente la diversidad de las formas de acción de las personas y trasladan automáticamente a la esfera de las «identidades» de las personas las supuestas propiedades de su acción. Los estereotipos reducen o anulan también la idea de agencia. Al proyectarlos sobre los otros (o sobre nosotros mismos), creemos que entre las personas y la acción no hay distancia, pues unas y otras *son así*, en todo momento y en todo lugar. Es entonces cuando vemos a las personas como si fueran cosas, las reificamos.

Es necesario responder con la mayor precisión posible a la siguiente pregunta: *¿qué es lo «diverso» en el concepto de cultura?* Consecuentemente con lo que llevo escrito, *el concepto de cultura nos capacita para apreciar la diversidad de las formas de acción humana, pero de ningún modo nos faculta para atribuir rígidos esquemas de diversidad a las personas*. Puesto que cada persona es agente de su acción en múltiples situaciones diferentes, nuestro concepto de cultura lleva necesariamente aparejada la siguiente idea: *cada persona es agente de múltiples culturas*. Toda persona es un agente multicultural[31], o mejor, intercultural. *Esa persona negocia con las diversas máscaras que componen el juego de sus identificaciones*[32].

El título de este capítulo está formulado en negativo: la idea de «diversidad» *no* es suficiente. Esa proposición negativa tiene sentido cuando somos capaces de ver en ella el punto de partida para una positiva comprensión de lo que se encierra en la expresión «diversidad cultural». La idea de «diversidad» no es suficiente si previamente no establecemos una adecuada idea de «cultura». El primer error consiste en suponer que la cultura es una característica o propiedad de las personas; y que las personas son diversas debido a la cultura unitaria que tiene cada una de ellas. Este supuesto puede llevarnos a creer en el absurdo de que *todas y cada una* de las acciones sociales de cada persona son congruentes con

---

31. Gibson, 1984.
32. El profesor José Luis García viene insistiendo desde hace décadas en una definición del concepto de cultura que fue propuesta por Anthony Wallace: la cultura es negociación de la diversidad. Esta definición es compatible con las que aquí he ofrecido, y muy especialmente con la definición §6. A este respecto se puede leer su artículo «Cultura», en Barañano, García, Cátedra y Devillard (coords.), 2007.

una única forma cultural. Hay muchos motivos para considerar absurda esta creencia. El más importante de todos ellos es que las acciones sociales de las personas son diversas al estar situadas en diversos contextos de interacción e interpretación. El segundo error consiste en suponer que la cultura es una característica o propiedad de grupos o agregados sociales completos (por ejemplo, «naciones»). De ello se deriva la creencia igualmente absurda de que *todas y cada una* de las acciones sociales de *todas y cada una* de las personas de ese grupo o agregado son congruentes con una única forma cultural. Y entonces cabe hacerse una pregunta: ¿qué clase de diversidad se predica a través de una representación de la sociedad que percibe diversidad entre las «sociedades» (tomadas cada una de ellas como un todo) a costa de homogeneizar la acción de todas las personas que habitan en grupos y agregados completos?

Trabajar con una idea de diversidad adecuada es, previamente, trabajar con una idea adecuada de cultura. Esto significa situar la cultura en su exacto nivel de definición; y en ello vengo insistiendo sin descanso: la cultura es una propiedad de la acción de las personas, es la forma de la acción de las personas, está formada por los conjuntos de reglas por medio de los cuales las personas dan forma a su acción y a sus relaciones sociales (§2, §3), por los conjuntos de reglas por medio de los cuales las personas se relacionan con esa reglas (§5). Y así, como propiedad de la acción, la cultura es el discurso, el decurso, de un conjunto de reglas convencionales puestas en práctica en el tiempo de las situaciones sociales (§6). De este modo, al liberar al concepto de cultura de las ataduras de las imágenes totalizantes de la persona o del grupo, *en cada situación social concreta hemos ser capaces de apreciar la dinámica entre formas diversas de acción, emprendidas muchas veces incluso por personas o por grupos que dicen de sí mismos ser idénticos a sí mismos constantemente.*

Dejemos pues que otras palabras de reconocido prestigio cuando se trata de encasillar a las personas y a los grupos en rígidos cajones hagan su trabajo. Dejemos que palabras como «raza» actúen al desnudo, pues de ese modo podremos identificar con mayor honestidad lo que se está diciendo a través de esas versiones bastardas de la «multiculturalidad». Invitemos a todos aquellos que quieren decir «raza» a que lo digan sin rodeos; que los que esgrimen la «diversidad cultural» como un renovado argumento racista hablen llanamente de diversidad racial. Pero no mezclemos en ello al concepto de cultura. Y, si lo mezclamos, dejemos que quienes reciben nuestro mensaje nos llamen racistas, porque eso es lo que entonces deben llamarnos: racistas que nos hemos apropiado de la cultura para barnizar de corrección política a la bestia que llevamos dentro.

10

LA CULTURA COMO PROCESO POLÍTICO

La cultura como proceso social y el concepto de cultura como instrumento intelectual se convierten en procesos políticos a través de la definición

§5. Partiendo de la definición §3, cultura es el conjunto de reglas para relacionarse con las reglas de §3 en cada situación concreta.

Por medio de la cultura damos forma a las relaciones que mantenemos con las reglas de la vida social; valoramos el ajuste de nuestra propia acción, y de la de quienes nos rodean, a las reglas de la convivencia. Así *hacemos convencionalmente las reglas de nuestra vida.* Para que el concepto de «cultura» como instrumento intelectual (*etic*), no sea jerarquizante o moralizante, hemos de reconocer anticipadamente que, en la vida concreta (*emic*), nunca lo utilizamos con neutralidad. En conexión con los procesos creadores de vida social, el concepto de cultura está inevitablemente cargado de valor[1].

Por otra parte, la antropología social y cultural ha venido mostrando aquí y allá, durante décadas, que el ser humano es un animal creador de diversidad cultural. Un animal capaz de recrear, constantemente, *formas* de vida (§1). No hay en consecuencia un designio único para la «buena vida». Quien vive su vida con sus compañeros de viaje suele dar por válido el supuesto de que su vida es la buena, aunque sólo sea por hacer de la necesidad virtud. Esta costumbre de dar por buena la propia forma de vida se denomina *etnocentrismo*. El concepto de cultura nos

---

1. Para una aclaración analítica del concepto de valor: Díaz de Rada, 2007.

capacita para apreciar también esa diversidad de imágenes de la buena vida, y por eso decimos que es tarea de la antropología el llegar cuando menos a percibir las variadas formas del etnocentrismo: el etnocentrismo de los otros[2] (además del nuestro, claro).

Aquí surge un problema fundamental: la relación entre las formas de organización política y la cultura, entendida en su acepción más elemental como forma de vida (§1). Y, como variante de este problema, en nuestro propio mundo: la relación entre el estado y la cultura. Este problema puede formularse con una pregunta muy sencilla de entender: ¿cuánta diversidad y qué clases de diversidad cultural puede acoger y gestionar un estado[3]? Esta pregunta es especialmente conflictiva precisamente en el caso del estado como forma de organización política; y aún más si el estado toma la forma de un estado democrático de derecho. Pues esta forma de estado es un tipo de organización que tiende a administrar la convivencia con arreglo a un conjunto de leyes y reglamentos que, una vez aprobados por los representantes de la gente con arreglo a un principio general de mayorías, han de aplicarse siguiendo dos criterios fundamentales: la normalización y la igualdad. Así pues, ¿cuánta diversidad y qué clases de diversidad cultural puede acoger ese sistema representativo de normalización e igualdad?

Cultura y democracia

No voy a emprender aquí la tarea de responder en detalle a esa pregunta. Ésta es una de esas cuestiones que nunca acaban de cerrarse por completo porque constituyen auténticas paradojas de nuestra existencia[4]. Todo lo que voy a hacer es enunciar algunas ideas en torno a lo que, en términos pragmáticos, me parece ahora más intrigante: la difícil cuadratura entre el estado como asociación humana de dominación política constituida por sus agentes políticos y administrativos, y las personas que, en su condición de ciudadanos, ven su vida regulada representativamente por esa asociación[5]. En particular, me parece importante subrayar que

---

2. Cf. Werner y Schoepfle, 1987: 42.

3. No sé si él lo recordará, pero debo la formulación de esta pregunta al profesor Honorio Velasco, quien la pensó en voz alta en una de nuestra últimas sesiones de discusión de mi tesis doctoral (Díaz de Rada, 1996). Desde entonces, sólo he perseguido ya darle respuesta.

4. Unos pocos textos para penetrar en el debate de la neutralidad valorativa del estado, que es la piedra angular de la respuesta a esa pregunta: Rawls, 1996; Kymlicka, 1989 y 1995; Kymlicka y Norman, 1994. Sobre el concepto de paradoja aplicado al campo político: Díaz de Rada y Cruces, 1994.

5. Cf. Weber, 1992 [1919].

esa asociación humana constituida por políticos representantes y administradores, y legitimada por la ley colectivamente sancionada, en su intento de reproducirse a sí misma de un modo práctico, puede olvidar y de hecho olvida frecuentemente que, idealmente, su tarea no consiste en ejercer su acción política del modo más confortable posible, sino en posibilitar la convivencia de las personas a las que representa como personas plenas de vinculaciones y proyectos.

Puede que lo que sigue parezca una trivialización de la cuestión; una trivialización que, además, más adelante extenderé del campo político-administrativo al campo científico e intelectual. Sin embargo, creo que la provocación que contiene puede ser útil para conmover de algún modo. El concepto de cultura que he presentado en este libro es incómodo para todos aquéllos que, instalados alegremente en nuestras propias posiciones sociales como políticos o profesores, buscamos ante todo seguir en esas confortables posiciones de la manera menos costosa posible, aunque de hecho se nos está pagando para dedicar nuestro tiempo a trabajar en una incómoda problemática. Si nos tomásemos realmente en serio el concepto de cultura tendríamos que trabajar mucho más y mucho mejor. Pues mirar a los seres humanos a través del concepto de cultura es mirarlos en toda su apasionante complejidad. Y es a esa complejidad a la que nos debemos (y a la que se deben nuestras cuentas corrientes). Cada vez que nos vemos tentados de simplificar por motivos prácticos de cualquier índole deberían practicarnos una retención especial en el salario.

Se podrán encontrar ejemplos de este modo de proceder por simplificación en todos y cada uno de nuestros trabajos. Voy a poner aquí uno tomado de un autor al que, por otra parte, admiro, y que no es sospechoso de adoptar posturas cómodas en materia de cultura y democracia: Will Kymlicka. En un librito recientemente editado en español con el título *Fronteras territoriales* escribe:

> La participación en la deliberación política sólo es factible si los participantes se entienden y tienen confianza mutua, y sin duda esto se promueve cuando los ciudadanos comparten una lengua y una identidad nacional comunes[6].

Y, para amplificar su voz, trae a continuación la del viejo Stuart Mill:

---

6. Kymlicka, 2006: 68.

> La existencia de instituciones libres es prácticamente imposible en un país compuesto de nacionalidades diferentes. Lo es también en un pueblo sin compañerismo, especialmente si se lee y habla idiomas distintos. No puede existir la necesaria opinión pública unificada para los trabajos de un gobierno representativo. Las influencias que forman las opiniones y deciden los actos políticos son diferentes en las diferentes secciones del país. Una parte de los líderes tiene la confianza de una parte del país y otros líderes cuentan con la confianza de otras secciones. Los mismos libros, periódicos, panfletos y discursos no llegan a todos[7].

Obviamente, hacer posible un gobierno es hacer lo posible para gobernar, y todos sabemos que lo posible muchas veces no es lo óptimo. En este fundamento de sentido común reposa todo el enfoque utilitarista. Parece sensato suponer que para entenderse hay que compartir códigos comunicativos (entre ellos los lingüísticos), aunque ya parece algo excesivo llevar el sentido utilitario hasta la afirmación simplista de que en condiciones de diversidad lingüística no habrá «compañerismo». Kymlicka no se conforma con esto, y recoge más adelante las consecuencias de esta simplificación en este razonamiento:

> La evidencia europea sugiere que las diferencias lingüísticas continúan siendo un obstáculo para el desarrollo de una verdadera «opinión pública». Como señala Dieter Grimm, es la presencia de los medios de comunicación de masas, operando en un mismo idioma, «la que crea el público necesario para cualquier formación de opinión y participación democrática», «y... la ausencia de un sistema europeo de comunicación, principalmente debido a la diversidad lingüística, implica que en un futuro cercano no habrá ni público europeo ni discurso político europeo. El discurso público por el contrario sigue hasta ahora determinado por las fronteras nacionales, mientras que la esfera europea permanecerá dominada por discursos profesionales dirigidos a intereses específicos conducidos al margen del público»[8].

Tela marinera. Ahora va a resultar que para gobernar con comodidad a las personas de carne y hueso, que finalmente han de ser los beneficiarios de la acción política, hemos de pasar la apisonadora del monolingüismo sobre sus vidas. Como si la lengua no fuera una parte importante de la experiencia de esas personas que pagan sus impuestos, acabemos con esa insolente práctica de hablar en lo que nos apetece hablar, no vaya a ser que, con tanta lengua distinta, acabamos por no poder gestionar la libertad de aquellos a los que representamos. Lo impor-

---

7. Stuart Mill, 1972 [1861]: 392. Citado en Kymlicka, 2006: 68.
8. Kymlicka, 2006: 75.

tante es que nosotros podamos gobernar con el menor coste posible; no importa tanto que las personas reales a las que representamos gocen de la elemental libertad de expresarse en la lengua que les dé la gana. Lejos de plantearnos una forma de acción política que realmente sea capaz de problematizar la complejidad de la convivencia, tiremos por la calle de en medio. No pensemos en la traducción como posibilidad; no pensemos en la escolarización multilingüe como posibilidad; no tengamos en cuenta que la «opinión» puede no equivaler en modo alguno a la «opinión pública», reducida a ese grosero repertorio ideológico de los «medios de comunicación de masas, operando en un mismo idioma»; no pensemos en que la «comunicación» es algo muy distinto de la normalización lingüística. No pensemos en nada, que entonces se hace muy difícil la política (y quizás, también, la filosofía política). Porque, al fin y al cabo, ¿para qué hace falta la deliberación democrática? ¿Qué clase de deliberación puede ser aquélla en la que todos los ciudadanos comparten de antemano «una lengua y una identidad nacional comunes»? ¿Qué es eso de una «lengua común»? ¿Hasta dónde ha de ser común mi forma de utilizar la lengua para ser considerada suficientemente «común»?

El concepto de cultura que he traído aquí nos obliga al pensamiento complejo; un pensamiento que, trasladado a la dimensión práctica y política, nos lleve a ganar terreno a las inevitables restricciones técnicas de tipo utilitario, adecuando el debate público sobre las formas de vida, en la medida de lo posible, a las máximas condiciones de apertura y flexibilidad. Este concepto de cultura exige considerar que todos los seres humanos, por el hecho de serlo, en sus relaciones con los otros, han de ser iguales en la persecución de su ideal de la buena vida. Esto no debe entenderse como un ingenuo alegato relativista[9]. La persecución de modelos diversos de buena vida siempre ha ido de la mano del problema de la viabilidad del orden social, y siempre ha conllevado la necesidad de reglas sancionadoras de las acciones consideradas ilegales. Esta necesidad poco tiene que ver en realidad con el hecho de que la distancia cultural de las formas de vida sea muy grande o muy pequeña; es decir, con que sea muy grande o muy pequeño el grado en que esas formas de acción son tenidas por diversas. Puesto que toda relación social implica diversidad empírica, en toda relación social está presente el problema de mantener el orden de la convivencia y de sancionar las acciones que no se atienen a ese orden. Las condiciones fijadas en ese orden y, en nuestras sociedades democráticas, establecidas en su plano

---

9. Me ocuparé de algunos matices importantes del concepto de relativismo en el siguiente y último capítulo.

más formal en el código penal por convención deliberativa, son los únicos límites racionalmente admisibles para el control de la acción de las personas. Por lo demás, nuestro concepto de cultura aconseja una sencilla fórmula práctica que se ve innecesariamente complicada cuando entran en escena sus sucedáneos espurios: vive y deja vivir.

«Cultura» es un concepto igualitario, pero no igualador

Todo ser humano es igualmente competente para dar forma convencional a su acción. Nuestra especie es, en este sentido, unitaria. Ningún ser humano se encuentra privado de las competencias necesarias para poner en juego lo que se apunta en la secuencia de definiciones del concepto de cultura que he ofrecido aquí (§1 - §6). Al hacer lo que indican esas definiciones, los seres humanos producen diversidad, incluso cuando no pretenden hacerlo. Sólo bajo regímenes disciplinarios muy potentes y en condiciones de acción estrictamente controlables pueden los seres humanos ofrecer ese modelo casi perfecto de homogeneidad que contemplamos en un desfile militar. Pero si nos admiramos ante ese espectáculo es precisamente porque es infrecuente en la vida ordinaria, o mejor dicho, porque es prácticamente imposible. El ser humano ha de entrenarse concienzudamente para conseguir la homogeneidad completa de su acción en relación con la acción de los demás; de lo contrario, siempre actuará siguiendo una pauta con relativa flexibilidad. Por eso, apuntaba al inicio de nuestro recorrido, lo que más nos une como humanos es nuestra capacidad universal para crear diferencia en nuestros modos de vida.

Cuando reflexionamos sobre la cultura como proceso político es fundamental tener en mente ese carácter *igualitario*, que en el caso de la investigación antropológica no se deriva primariamente de un juicio moral. Los antropólogos sociales no creemos que todos los seres humanos *deben ser* igualmente competentes para hacer cultura (es decir, acción con forma convencional), como si en ello se contuviera una premisa moral. Como consecuencia de décadas de investigación empírica creemos simplemente que los seres humanos *son* igualmente competentes para hacer cultura. A sabiendas del dolor que produce a la gente no poder ejercer esta competencia, por ejemplo, bajo regímenes políticos totalitarios, podemos además comprometernos políticamente, éticamente, con un ideal de igualitarismo moral. Pero ha de quedar claro aquí que el concepto de cultura que he venido desarrollando es ante todo un concepto analítico, en el que la igualdad se predica de una competencia humana compleja, al derivarse de la reflexión y el análisis científico, públicamente contrastado.

> *Cuadro 28.* Un imposible concepto de cultura
>
> > Bose 1929 ↓
> > ... Podemos describir la cultura como un concepto que incluye el comportamiento, en la medida en que es común en un grupo de hombres, y que es susceptible de transmisión de generación en generación o de un país a otro (KK 89-90).
>
> No es el *comportamiento común* lo que define a la cultura (¿hay algún lugar en el que ordinariamente las personas tengan comportamientos idénticos?). Lo que define a la cultura son las pautas, más o menos comunes, con la que orientamos nuestros comportamientos en sociedad.

Esto trae consigo una importante lección en el ámbito de las relaciones entre política y cultura; y, en nuestro mundo contemporáneo, en esa maraña de enunciados prácticos que se tejen entre las «culturas políticas» y las «políticas culturales»[10]: *el concepto de cultura es lógicamente anterior al concepto de política*. El concepto de cultura se predica de cualquier forma de acción social; el concepto de política es mucho más específico, al atender primordialmente a los problemas que afectan al orden de la convivencia. Naturalmente, sobre todo en nuestra especie, tan imposible es encontrar acción social que no sea cultural como encontrar acción social que no sea política; pero, como expliqué en el capítulo 8[11], mientras que el concepto de «política» adquiere su significado por contraste con «economía» o «religión», entre otros, el concepto de «cultura» los incluye a todos ellos. «Cultura» es una categoría más general que «política». Por eso, con la definición §5 aprendemos a entender la producción de jerarquías políticas de cualquier tipo a través del concepto de cultura, y no a la inversa. Allí donde encuentres una jerarquía política que te lleva a decir, en algún sentido, que dos seres humanos son desiguales o diferentes en cuanto a su poder, el prestigio de su trabajo, sus titulaciones escolares, o lo que sea, deberás tener bien presente que, sin embargo, siguen siendo iguales en cuanto a su capaci-

---

10. Cruces y Díaz de Rada, 1995.
11. Recuerda aquí la sección *¿Es la cultura una forma particular de acción?*

dad para producir acción social con forma convencional. La cultura, en el sentido que vengo exponiendo aquí, no es un atributo de los que se sitúan en las posiciones superiores de la jerarquía, ni siquiera si ésa es la jerarquía escolar o artística. Por el contrario, la jerarquía misma, como hecho político, adquiere su *forma* como cualquier otra convención, a través de la acción de todas las personas que intervienen en su producción y reproducción cotidiana.

Este comentario no debería ser entendido como una simplificación del tipo «cada cual tiene lo que se merece», o sea, una visión de las jerarquías políticas que otorga a los que poseen menos poder institucional la misma capacidad efectiva para intervenir en el conjunto de la realidad jerárquica que a los que poseen más poder. Esta interpretación es insensata. Lo que se encierra en la definición §5 es lo siguiente: *toda forma de jerarquía es un resultado de la acción plenamente cultural de las personas que intervienen en esa jerarquía, cada uno con su correspondiente capacidad efectiva para influir sobre la realidad de la que forma parte.* Esa capacidad efectiva, o poder político, viene dada a las personas por una institución política que goza de alguna clase de legitimidad, si es que no se sustenta en la pura violencia; pero la capacidad para llevar a cabo un acción plenamente cultural no le es conferida a las personas por ninguna institución concreta; es una capacidad de nuestro repertorio como especie, como lo es la capacidad de caminar sobre dos piernas o la capacidad de hablar. Esa capacidad se pone en juego en todas y cada una de las instituciones concretas de nuestra vida.

Las personas que ocupan posiciones jerárquicamente superiores en cualquier ámbito político deben su posición a un proceso de cultura; pero no por ello son personas «con más cultura», o «más cultas», en el sentido que doy aquí al concepto. En lo que respecta a su capacidad para actuar por medio de convenciones son «tan cultas» como cualquier otra persona, aunque sepan interpretar un modelo econométrico o el código civil, o sepan arquear la ceja de esa manera tan interesante al contemplar un *Picasso*, o escribir un libro sobre el concepto de cultura.

El concepto de cultura que estoy desarrollando aquí cuenta ya con muchas décadas de elaboración. Sin embargo, no acaba de cuajar; y no sólo en los discursos de la vida ordinaria (que ahí no tiene por qué hacerlo con toda su riqueza analítica), sino, lo que es llamativo, en el contexto propio de las ciencias sociales, las humanidades y las disciplinas especializadas más prácticas que, como el periodismo, se nutren de aquéllas. ¿Por qué este concepto igualitario (pero no igualador) de cultura no se encuentra presente de una vez por todas en estas disciplinas? Mi sospecha es que si esto no sucede es porque este concepto de cultura conduce a la taxativa afirmación de que todos los seres humanos somos iguales en dignidad. A mí me gustaría decir de mí mismo que tengo «más cultura» que un agricultor de un pueblo de Castilla, y no, de un modo más preciso, que sé escribir libros (pero *no* gestionar un cultivo extensivo de cebada). Si digo que tengo «más cultura» encierro en ese mensaje una carga de desigualdad mucho más radical, derivada del hecho elemental de que la cultura es una competencia mucho más básica y general que la competencia de escribir libros, mediada por un aprendizaje institucional muy específico. Lo que quiero decir al decir que tengo «más cultura» es sencillamente que soy «más humano», que *he nacido* «más humano».

Esta resistencia a usar el concepto de cultura en cualquiera de las versiones desarrolladas en este libro puede entenderse mejor con tres claves que, entre muchas otras, configuran esas ganas de creerse radicalmente superior a los demás.

(*a*) Etnocentrismo

El etnocentrismo, o sociocentrismo, es un concepto casi tan viejo como la antropología social. Designa una actitud universal de todo ser humano en tanto se considera parte de un grupo social. Fue puesto especialmente de relieve, exactamente con el matiz que acabo de señalar más arriba, al caer en la cuenta de que algunos grupos humanos se han denominado a sí mismos «los seres humanos», frente a las personas de otros grupos. En nuestra propia tradición histórica, determinados segmentos de población subordinada, como los «negros», los «gitanos», las «mujeres» o los «niños», han luchado y aún luchan por ser reconocidos como personas plenas; plenas en dignidad y también en derechos. La etnografía, que es la metodología específica de investigación en antropología social, y que nos conduce a registrar e interpretar la diversidad de las formas de acción, nos enseña a los antropólogos a sobreponernos *en la medida de lo posible* a esta actitud etnocéntrica, con el supuesto de que, si únicamente consideramos como más humano aquello en lo que nosotros mismos hemos sido educados, difícilmente podremos llegar siquiera a registrar adecuadamente las formas de acción en las que se han educado los demás.

> Toda forma de conocimiento social es, en lo inmediato, *etnocéntrica* (o *sociocéntrica*), es decir, lleva a suponer que las categorías de percepción de la realidad, los valores, la adecuación o impropiedad de las conductas en las que uno ha sido socializado gozan de un *valor* o de una *credibi-*

lidad mejores o mayores que las que sostienen personas socializadas en otros grupos[12].

El uso jerarquizante del concepto de cultura como una marca de distinción y humanidad es, en este sentido, una práctica etnocéntrica: mi forma de actuar es la más adecuada, la más humana.

(*b*) Los políticos no quieren trabajar

O sea que, como ya he escrito, cuanto más cómodos mejor. Esta sospecha mía tiene varios perfiles, siempre dentro de esa vocación de los políticos por reproducir su posición ya adquirida con el menor esfuerzo posible.

Para un político siempre será más cómodo entender la cultura como un objeto de gestión burocrática o mercantil que como un concepto complejo que cualifica a cualquier forma de acción humana. Puesto que los instrumentos de acción de un político son las leyes y otros códigos explícitos, siempre le será más confortable trabajar con cosas claramente identificables que con conceptos complejos. Tenderá por tanto a reducir el concepto de cultura a formatos reificados, cosas fácilmente definibles y gestionables: libros, obras de arte, discos, museos, catedrales, programas escolares, etcétera. Expandir el concepto de cultura para designar a campos más amplios de acción le llevaría a tener que usar, además, una mayor precisión en la designación de sus propias acciones. Por ejemplo, están muy claras las responsabilidades de quien lidera la «Dirección General del Libro», pero no tanto las de quien lidera el «Ministerio de Cultura». Si el «Ministerio de Cultura» se denominase, con nitidez, «Ministerio de las Artes y del Libro», o al menos de un modo más concreto «Ministerio de Industria y Mercado Cultural» ganaríamos mucho en cuanto a la designación precisa de su cometido; pero, simultáneamente, ¿quién se atrevería a quitar al ministerio de turno (y a sus responsables) el postín que confiere la palabra «cultura»? «Ministerio de Cultura» es, en consecuencia, una feliz fórmula para la simplificación. Primero, porque permite mantener sin mayores problemas la jerarquía política, la diferencia de prestigio y dignidad que acompaña a los que hacen ostentación de tener una «gran cultura»; y segundo, porque permite cualificar de la manera más vaga posible (y «vago» aquí significa todo lo que significa) un objeto que es —en lo concreto— una burda reificación, y —en lo general— un cajón de sastre.

12. Velasco y Díaz de Rada, 2009 [1997]: 216.

Una consecuencia de esta utilización de la palabra «cultura», a un tiempo reificadora y vaga, es la separación entre la «cultura» y aquéllos que la producen, o sea, las personas de carne y hueso en su vida ordinaria: el aislamiento de la «cultura». La cultura pasa así a ser concebida como un «recurso», a veces en forma de recurso político (como cuando se trata de las grandes obras de arte que, con sus artistas, componen una enseña nacional), a veces en forma de mercancía. Y como la cultura sólo la tienen los que «tienen cultura», los «cultos», se alimenta de paso la idea de la desposesión de cultura de todos los demás, o sea, el común de los mortales que votan en las elecciones. Convertida en «recurso», la cultura, que es la única competencia común que nos identifica como humanos a *todos* los seres humanos, queda separada de nosotros, en las manos de quienes se arrogan la extraña virtud de «tener la cultura». Así, en lugar de decir con precisión que la ley del canon facilita el cobro de derechos de autor en concepto de la venta de canciones, películas y otros textos, un político preferirá decir, vagamente, que facilita «el desarrollo de la cultura». ¿Por qué ha caído a las canciones, las películas y otros textos el sambenito de ser denominados «cultura», y no por ejemplo, a los tomates *raf*, los motores de inyección y los cables de alta tensión? Esta pregunta, para un antropólogo como yo, encierra un fascinante misterio.

El político, cuyo trabajo específico es actuar sobre y con la comunicación humana, es decir, sobre y con la voluntad de entendimiento, siempre trabajará menos cuanto menos comunicativo sea su concepto de «cultura», es decir, cuanto más simple sea, cuanto más chabacanamente reificado y espurio. Ello le permitirá manipular cosas y le ahorrará la preocupación de intentar entenderse con personas. Y de ese modo, como a menudo sucede cada vez que el político se enfrenta al disenso de quienes vindican su derecho a vivir la vida que quieren vivir, intentará ocuparse de sus «culturas», es decir, de todas aquellas *cosas* que podrían exhibirse en un museo, pero no de (y con) sus *personas*, que en definitiva deberían ser las beneficiarias de su acción política. Pero es que las personas producen diversidad y conflicto, las cosas no; y, en general, un político con éxito suele amar la tranquilidad, que para eso ha llegado hasta ahí.

Al escoger el título «Los políticos no quieren trabajar» no me refiero a cada político individualmente considerado, sino a la particular desconexión que en nuestro mundo suele tener la esfera de la acción política (concebida como acción *práctica)* de la esfera del análisis bien fundado (concebido como acción *teórica*)[13]. Y de hecho, puede darse el caso

---

13. Weber, 1992 [1919].

de políticos que *sí quieran trabajar*, pero que, dadas las circunstancias concretas de su trabajo, *no puedan hacerlo*. Pero cuando los políticos no quieren trabajar, y esto también sucede a menudo, dejan la cultura abandonada en el desván de las simplificaciones, la conciben como esa tontería que da de comer a pintores y escritores, y que de vez en cuando eleva nuestro orgullo nacional.

(*c*) Narcisismo intelectual

Por otra parte, hay que ver lo bien que nos sienta a los intelectuales la cultura. A través de ella se nos infunde ese viejo esplendor ilustrado y humanista. Ganamos poco dinero, es verdad (todos dicen lo mismo de sí mismos), pero hay que ver lo que molamos. Como somos «cultos», es decir, «los más cultos», hemos de ser también el ideal de la perfección humana. Ignorando lo más elemental —que el saber ilustrado acerca del mundo es enteramente independiente de nuestra dignidad humana, y que, siendo muy sabios, podemos ser también malas personas—, siempre andamos sacando pecho con nuestra supuesta superioridad moral. Tras décadas de asistencia a la escuela hemos aprendido muchas lecciones, pero la que ha quedado impresa en nuestro carácter con trazo más profundo es, sin duda, nuestra creencia en que nuestro saber nos hará más dignos de la recta opinión. No daré aquí ejemplo de los múltiples escenarios mediáticos en los que profesores universitarios, escritores y demás «cultos» nos prodigamos en juicios morales de toda clase; mencionaré solamente una bienintencionada pregunta formulada por un antropólogo a quien también admiro, Michael Carrithers:

> ¿No seremos capaces de hablar, *como antropólogos, más que, por ejemplo, como ciudadanos* de este o de aquel país del mundo, sobre asuntos morales de rabiosa actualidad?[14].

Capaces seremos, desde luego; pero ¿acaso no es suficiente con ser ciudadanos, o mejor, personas, para formar un juicio moral? Como antropólogos sociales nos servimos del concepto de cultura para declarar que todo ser humano es de hecho capaz de dar forma a su ideal de buena vida. Por tanto, *creo yo*, forma parte de nuestra competencia profesional evitar la creencia de que nuestro saber nos capacita para ejercer ninguna clase de distinción moral. *Como antropólogos* hemos de renunciar a esta idea. Fuera del ejercicio de nuestra profesión, naturalmente, allá cada cual con sus creencias.

---

14. Carrithers, 2005: 434. La cursiva es mía.

11

RELATIVISMOS

Una vez más traigo aquí las ideas de Gerd Baumann para iniciar una reflexión sobre otra palabra de moda, arma arrojadiza de papas y obispos, catedráticos y políticos: «Relativismo».

La noción de cultura, que también se encuentra en el cimiento de esa palabra, obtiene a través de ella su importancia práctica. Pues el concepto de cultura «se sitúa en el centro de ese triángulo de poderes» constituido por el estado moderno, la etnicidad y la religión. Es éste el triángulo de poderes en el que se cifran todas las tensiones entre modelos alternativos de buena vida: el «enigma multicultural»[1]. Para quien tenga el gusto de leer esa obra de Baumann sólo me queda decir que este libro que ahora acabo es consecuente con su noción de «praxis multicultural»[2]; una forma de praxis intelectual que aboga por la promoción del respeto a todas y cada una de las formas de acción social, el respeto a las formas de acción de las personas en su relaciones sociales con las demás personas, con el único límite que imponen las normas penales derivadas del ejercicio legislativo de un estado democrático de derecho. A esto hay que añadir dos matices: (1) que ese estado, como asociación política, no tiene por qué configurarse obligatoriamente como estado nacional; y (2) que, en todo caso, la praxis cultural estimula una prioridad razonable de las formas de acción sobre los códigos penales, indicando que los segundos han de adaptarse todo lo razonablemente posible a las primeras, y no a la inversa.

1. Baumann, 2001: 29.
2. *Ibid.*: 148. Aunque, como he explicado, a mí me bastaría con la denominación «praxis cultural».

Groserías antirrelativistas

En su última homilía antes de pasar a representar a Dios en la Tierra, Josef Ratzinger lanzó un titular que fue difundido por todos los altavoces del mundo: «Hay que combatir la dictadura del relativismo». Hemos de suponer que lo que quiso decir Josef es que hace falta un claro norte moral (el de la Iglesia Católica, claro) que, al orientar con sus principios nuestro comportamiento, evitaría la corrupción de nuestro orden social. Si esta interpretación de sus palabras es adecuada, «combatir la dictadura del relativismo» significa combatir la idea de que cualquier orden moral es legítimo. Sus palabras apuestan por *un* orden moral. Como antropólogo no tengo nada que oponer a esa creencia, que desde luego es digna de respeto. Sin embargo, sí tengo algo que decir sobre el uso de la noción de «relativismo» que se contiene en ella. Esto quiere decir que poco importa ahora discutir ese juicio moral, cuando previamente lo que sí hay que discutir —y a conciencia— es la pretensión que las palabras de Josef encierran: que ese juicio moral incluye una verdad de hecho (pues Dios no suele mentir).

Como antropólogo puedo afirmar el siguiente enunciado de hecho alternativo: cualquier utilización en singular de la palabra «relativismo» es una grosería. Más aún, si esa palabra se usa de forma genérica y sin matices[3]. Con la palabra «relativismo» sucede a menudo lo mismo que con la palabra «cultura». Al ser usada indiscriminadamente por aquí y por allá, acaba por perder todo significado y referencia concreta. Ello da lugar a usos realmente pintorescos, como este de Mariano Rajoy en un mitin preelectoral en Zaragoza:

> Tenemos valores y principios. Yo no creo en el *relativismo zapaterista*, creo en el trabajo y el esfuerzo[4].

Este uso indiscriminado del concepto no debe atribuirse solamente a papas y políticos. También muchos intelectuales, como Fernando Savater, lo practican sin pudor, especialmente cuando son traducidos por la prensa. Por ejemplo, en una nota de prensa de *El País* referida a su discurso de investidura como doctor *Honoris Causa* por la Universidad Autónoma de Madrid, se destacaba que Fernando hizo una apasionada defensa de la existencia de una «verdad objetiva», criticando con ello «el relativismo posmoderno que toma los hechos por meras

---

3. Brown, 2008.
4. Publicado en *El País* del 21 de mayo de 2007, p. 29. La cursiva es mía.

opiniones»[5]. De este modo, *El País* difundía un mensaje de su opinador por antonomasia, en el que le hacía sentar cátedra sobre el concepto de verdad objetiva[6]. Conviene detenerse un instante en la falacia de este argumento, antes de ofrecer los matices del concepto que nos ocupa. Pues la apelación a la «objetividad» tiene tanta fuerza retórica en nuestro mundo que parecería que con sólo mencionarla ya va de suyo que uno lleva la razón. La falacia de *El País* que traduce a Fernando, al oponer «objetividad» a «relativismo» —prescindo aquí del adjetivo *posmoderno*, que me importa poco—, radica en su grosera simplificación del concepto de objetividad. Especialmente cuando se trata de los asuntos humanos, la noción de objetividad es compleja. Como cualquier persona con algo de sentido común, yo también creo que hay muchos fenómenos que solamente llegan a existir cuando, de hecho, suceden; y de los que puede predicarse su existencia como una realidad externa a cualquier subjetividad. Sin embargo, también hay muchos fenómenos —y, entre ellos, la mayor parte de los producidos en instituciones humanas— que son sencillamente inexplicables sin una referencia concreta a esas instituciones, es decir, a los agentes que las habitan (con sus subjetividades)[7]. Esto no les resta un ápice de condición factual. Esos fenómenos también son *hechos*. Por ejemplo, si un tribunal de justicia condena a un hombre a muerte y luego los verdugos dependientes del ministerio del interior ejecutan la sentencia, ese hombre muere de hecho. Supongo que podríamos decir con Savater que ese hombre muere objetivamente. Lo que no podríamos sugerir de ninguna manera es que la muerte de este hombre ha sucedido completamente al margen de las subjetividades de

---

5. *El País*, 18 de marzo de 2006.
6. Como suele suceder, la reflexión del filósofo Savater es algo más interesante y compleja que lo que cabría deducir de ese texto de prensa. La referencia de esta reflexión sobre verdad y relativismo es, entre otras, su texto «Elegir la verdad», un capítulo de su libro *El valor de elegir* (2003). En él Savater habla de diversos campos de verdad, y de la falacia que consiste en juzgar con los criterios de verdad de un campo los juicios producidos en otro campo diferente. Sin embargo, lo que me interesa destacar aquí es el efecto ideológico producido por la divulgación mediática de su mensaje, que es consecuente con su noción fundamental: «la verdad de lo real». Ese efecto ideológico es un ataque sin matices al relativismo. Por lo demás, el lector atento encontrará importantes puntos de encuentro entre mi crítica de la crítica grosera del relativismo y esta proposición de Savater: «el que no toda verdad pueda fundarse del mismo modo no equivale a que la pretensión de verdad sea siempre infundada».
7. Un argumento análogo a éste puede encontrarse más desarrollado en nuestro tratamiento de las nociones de riesgo y azar, en Velasco, Díaz de Rada, Cruces, Fernández, Jiménez de Madariaga y Sánchez Molina, 2006: 307 ss.

los agentes implicados en ella (desde los legisladores que fabricaron la ley penal hasta el verdugo que, siguiendo instrucciones, ejecutó la sentencia, pasando por el ajusticiado, que en su día, y en el caso de haber cometido de hecho el delito, tal vez minusvaloró el alcance de la ley, interpretándola a su manera). *Ese conjunto de agentes, cada uno desde su posición relativa, configura un hecho social que sólo es objetivo porque es intersubjetivo*[8]. En ciencias sociales, el «relativismo» no se opone a la «verdad objetiva». Más bien al contrario, el acceso a la objetividad, entendida como intersubjetividad, sólo es posible a través de un examen global del conjunto de agentes que, con sus subjetividades respectivas y desde sus posiciones sociales *relativas*, construyen ese tipo de hechos que denominamos «fenómenos sociales». El relativismo es la única vía de acceso a ese examen «objetivo».

¿Pero qué clase de relativismo? Como se habrá notado, el título de este capítulo está escrito en plural: Relativismos. Está escrito así porque «relativismo», escrito en singular, no significa nada para los antropólogos sociales. Esa noción no es unitaria.

Ratzinger, Rajoy, Savater, entre muchos otros que usan la palabra «relativismo» groseramente, se están refiriendo a lo que debemos denominar con mayor precisión *relativismo moral*. El relativismo moral consiste en asumir que, en el orden de los principios morales, cualquier visión del mundo es igualmente adecuada y digna. El relativismo moral es una forma de relativismo que se predica de las ideas morales de las personas. Si soy un relativista moral asumo que hay muchos órdenes morales diferentes, muchas formas diferentes de interpretar lo que ha de ser entendido como buena vida, lo que ha de ser entendido como deseable. *Pero no sólo asumo esto*. Además, si soy un relativista moral asumo que cualquiera de esas formas es *igualmente aceptable para mí* (pues yo soy quien pronuncia el juicio moral). Por ejemplo, asumo que apedrear a una mujer como consecuencia de una acción considerada «adulterio» es tan lícito o aceptable como freír a un ser humano en la silla eléctrica tras haber sido condenado por asesinato; y todo ello tan aceptable moralmente como condenar a una persona considerada «menor» a prestar servicios a su comunidad tras la comisión probada de un delito.

Cuando se ataca al «relativismo» sin más como arma retórica contra todo aquél que no piensa como uno, lo que se está usando es ese concepto especial de relativismo, el relativismo moral. Se está diciendo: no es lícito que tú, que eres una persona capaz de hacer juicios

---

8. Velasco y Díaz de Rada, 2009 [1997].

morales, creas que todo es lícito. No vale creer que todo vale. Y eso es exactamente lo que yo creo. Yo creo que apedrear a una mujer es una salvajada, y que también es una salvajada electrocutar legalmente a un ser humano, pero no creo que sea igualmente una salvajada obligar a un «menor» a prestar servicios comunitarios. Desde mi óptica moral (la *mía propia*), todas esas cosas son muy diferentes. Yo, Ángel, no soy un relativista moral.

Puesto que el relativismo moral afecta a la esfera de las creencias morales de las personas, poco tiene que ver con la antropología o con el concepto mismo de cultura, entendido como lo entiendo en este libro. Como seres humanos, todos tenemos nuestras propias visiones morales del mundo, seamos o no antropólogos, papas, políticos o catedráticos. En nuestro sistema político, formalmente constituido como una democracia, todas las personas que pasamos de cierta edad tenemos derecho a votar. De ese modo elegimos el parlamento que deseamos para regular nuestra forma de vida. Todos nosotros tenemos nuestra idea de lo que es la buena vida, creemos que esa idea es la mejor y sabemos que muy probablemente otros tendrán a su vez sus propias ideas. Todas las papeletas electorales vertidas en esa urna tienen exactamente el mismo valor, y nadie nos invita a poner en ellas nuestra profesión o nuestro estatus. Se supone que todas las personas que votamos, los agricultores, los antropólogos y los catedráticos de ética, somos personas completas en cuanto a nuestra formación moral y política. Nada hay en la antropología social y cultural (como en ninguna otra profesión o dedicación) que conduzca a ser un relativista moral. Michael Carrithers lo dice así:

> Si bien la antropología provoca un movimiento decisivo e irreversible lejos de [...] la certeza moral, no se trata de un movimiento hacia un vacío moral: relativismo cultural, sí; pero no relativismo moral[9].

Aquí surge, pues, una segunda variante de relativismo: el *relativismo cultural*. El relativismo cultural, que sí es propio de la antropología social y cultural y consecuente con el concepto de cultura desarrollado en este libro, se diferencia del relativismo moral en que no toma por objeto a los juicios morales. Es decir, *uno no es relativista cultural como consecuencia de sus creencias morales; uno es relativista cultural como consecuencia de su conocimiento antropológico, independientemente de las creencias morales que sostenga personalmente*. Simplemente, *dado el conocimiento antropológico acumulado tras décadas de*

---

9. Carrithers, 2005: 434.

investigación empírica, los antropólogos sostenemos que, de hecho, hay muchos órdenes morales diferentes, muchas formas diferentes de interpretar lo que ha de ser entendido como buena vida, lo que ha de ser entendido como deseable[10]. Eso es todo. Y, nos gusten o no nos gusten esas formas de vida, el único modo de empezar a entenderlas es percibirlas como diferentes.

Naturalmente, los antropólogos sociales —sirviéndonos del concepto de cultura— no nos conformamos con *percibir* las diferencias entre las diferentes formas sociales y morales de interpretar la vida. Como científicos sociales, aspiramos también a entender con el mayor detalle posible cómo son esas formas de acción y cómo es que han llegado a ser lo que son. Ya no basta entonces con percibir esas formas de acción como formas diferentes; además, con ese propósito científico de ganar un detallado entendimiento, debemos evitar por todos los medios a nuestro alcance que nuestra percepción de diferencia se convierta en un juicio moral. Esto quiere decir que, cuando hacemos investigación antropológica (y sólo cuando la hacemos) debemos esforzarnos por evitar que nuestra percepción de diferencia se convierta en un juicio del tipo «esto es mejor o peor que esto otro». En lo que se refiere a esta vocación científica nos distinguimos muy poco de cualquier otro científico dotado de curiosidad. Incluso cuando trabajamos para entender instituciones que nos repugnan moralmente, como un sistema de justicia que incluye entre sus penas la pena de muerte, creemos que, si nuestro propósito es entender cómo son y cómo han llegado a ser lo que son, entonces no tenemos otro camino que controlar nuestros juicios morales en el ejercicio profesional de la investigación. Ésta es la tercera forma de relativismo. Se asienta en el relativismo cultural y se denomina *relativismo metodológico*. En rigor, implica una renuncia profesional al ejercicio de los juicios morales, similar a la del trabajo profesional de otros científicos que toman por objeto problemas de orden y desorden: un sismólogo que intenta entender cómo es y cómo ha llegado a producirse un terremoto catastrófico, o un médico que intenta entender cómo es y cómo ha llegado a producirse un tumor maligno. Ambos llorarán si su mujer ha fallecido como consecuencia del terremoto o del tumor maligno, pero ambos deberán aparcar sus lágrimas, en la medida de sus

---

10. En estas líneas estoy centrando intencionadamente la discusión en la antropología y los antropólogos, pero el relativismo cultural entendido como aquí lo defino no es algo inventado hace unas décadas por un puñado de colegas de profesión. Como me ha advertido Alfredo Francesch, el reconocimiento de la *existencia de diversas éticas* se remonta como mínimo a la filosofía de la Grecia clásica.

fuerzas y sus posibilidades, si lo que intentan es conseguir un mayor entendimiento de esos fenómenos.

Naturalmente, por mucha claridad analítica que introduzcamos en estas cuestiones, siempre estaremos expuestos a innumerables dilemas morales. Esos dilemas forman parte de nuestro oficio, inevitablemente[11]. Pero es imprescindible introducir una mínima claridad analítica para no caer en un grosero antirrelativismo. Es verdad que existe un riesgo de desplazamiento desde el relativismo cultural y metodológico al relativismo moral. Ésta es una preocupación constante de la deontología antropológica. Pero también es verdad que quienes confunden todas estas formas de relativismo bajo una burda simplificación moral pueden contribuir a una confusión, mucho más perjudicial, entre el entendimiento y la justificación específicamente moral: *entender una forma de vida social y sus condiciones de existencia no es ni tiene por qué ser justificarla moralmente*[12]. Esta confusión es extremadamente perjudicial porque puede conducir a censurar, desde una premisa moral vagamente formulada, el conocimiento científico del mundo; y, en el caso de la antropología, el conocimiento científico de la vida humana.

Hace ya años que Clifford Geertz desmenuzó extensamente los detalles de lo que él denominó *anti-antirrelativismo*[13]. Como antropólogo social, creo como él que el antirrelativismo (grosero) nos quitará mucho más que lo que puede darnos. Y en términos estrictamente morales, creo también en la validez de la siguiente formulación de mi colega Pedro Tomé: «el antropólogo no tiene por qué afirmar que todas las culturas son buenas, pero está en la obligación de someter a todas, incluidas las propias, a la misma crítica negativa»[14].

La consecuencia de confundir estas tres formas de relativismo bajo una vaga categoría de relativismo moral es siempre la misma. En mayor o menor grado, quien pone en práctica esa confusión desde una pretendida posición de liderazgo moral (como la de los papas o los catedráticos) construye una moral fundamentalista. Pues, a través de los me-

---

11. Encontrarás un honesto y hermoso relato de algunos de estos dilemas, en el texto de Manuela Cantón, «Los confines de la impostura. Reflexiones sobre el trabajo etnográfico con minorías religiosas» (2008).
12. En un artículo de 1988, Alison D. Renteln fijó con mucha precisión la idea de que el relativismo cultural, como herramienta del conocimiento antropológico, es conceptualmente independiente de la tolerancia como actitud de justificación (Renteln, 1988: 62).
13. Geertz, 1995 [1984].
14. Oí a Pedro formular esta precisa idea en una conferencia pública. Es una idea tan buena que seguramente estará escrita en alguna parte, tal vez por él mismo.

dios de comunicación y propaganda ideológica pretende afirmar que *su* visión de la buena vida es la única que merece respeto. El fundamentalismo ideológico incluye la pretensión de que las formas de acción diversas y las imágenes morales que conllevan deben ser puestas inmediatamente en relación con el punto de vista ideológico de quien sustenta la razón moral, el que dice: «mi visión es la buena». Esto lleva a deshumanizar la práctica moral, pues el primer referente de cualquier sistema de principios morales es el ser humano que, en sus relaciones con sus compañeros de vida, interpreta en la práctica esos principios. El agente de la moral es, primariamente, quien la vive en su propia carne, en los escenarios de su vida concreta. Cuando los papas o los catedráticos someten a juicio moral las vidas de los otros sin ser copartícipes de esas vidas, prescinden de los seres humanos que, de hecho, practican su moral concreta. Desde esa pretendida razón universal, que no es otra cosa que *su* razón personal apuntalada por poderosos dispositivos institucionales y mediáticos, arrebatan a los demás seres humanos su protagonismo como agentes morales, en una suerte de despotismo ilustrado: «todo para la gente, pero sin contar con ella».

Relativismo metodológico, antropología social y etnografía

La vida social concreta de las personas se debate entre dos extremos utópicos, es decir, dos extremos que en la práctica nunca existen en estado puro: la utopía del *anthropos*, que nos cualifica universalmente como miembros de la misma especie, la idea de una humanidad universal e igualitaria; y la utopía del *ethnos*, que nos cualifica localmente como miembros de grupos sociales diferentes, la idea de un ser humano que sólo se realiza en la especificidad estrictamente local de su grupo social[15]. La imagen utópica del *anthropos* puede llevarnos a ignorar la diversidad empírica entre las diferentes formas de vida; la imagen utópica del *ethnos* puede llevarnos a ignorar que todos los grupos humanos, en su diversidad local, están capacitados para la comunicación con los demás grupos humanos. Ambas imágenes son utópicas porque nunca ha existido, en concreto, una persona «universal», es decir, alguien completamente al margen de sus concretas experiencias de socialización en grupos concretos; y nunca ha existido, en ninguna parte, un grupo humano con formas de vida tan propias que pudieran cualificarlo como completamente diferente de todos los demás grupos humanos.

---

15. Véase, en el capítulo 1, la sección «Zozobras».

El relativismo metodológico es la única herramienta intelectual de que disponemos para ilustrar las variantes concretas, empíricas, entre ambas formas de utopismo. La vida concreta de la gente se produce en contextos sociales concretos, específicos, con sus formas de vida y de moral. Y sólo a través del entendimiento de esas formas de vida y de moral concretas, *relativas* a sus contextos de vida, podemos llegar a comparar los elementos que en ese grupo humano concreto son propios, comunes con otros grupos, o universales en el conjunto de los grupos humanos. Ese trabajo de entendimiento, de *inteligibilidad*, caracteriza a la antropología social como disciplina científica. *Los antropólogos llamamos a la forma de investigación que consiste en describir y hacer inteligible una forma de vida concreta, etnografía*[16].

Sirviéndonos del relativismo metodológico los etnógrafos intentamos ampliar el horizonte del discurso humano más allá de la esfera de nuestro propio universo moral[17], pero también más allá de un vacuo relativismo moral para el que todo vale. La incertidumbre moral que produce este ejercicio profesional, y a la que se refería unas líneas más arriba Michael Carrithers, es inevitable, pero las recompensas son múltiples.

Frente a un grosero relativismo moral, que defendería la pureza del *ethnos* y la condición diferencial y aislada de cada grupo humano, el relativismo metodológico presenta las siguientes ventajas.

El relativismo moral hace de puerta; el relativismo metodológico hace de puente. Si el relativismo moral nos impone una visión de las diversas formas de vida como formas aisladas, incomunicadas; el relativismo metodológico nos conduce hasta esas formas de vida con curiosidad científica. Nos ayuda a indagar en las condiciones de existencia en las que esas formas de vida se producen, en el supuesto de que ningún contexto de vida humana es completamente ininteligible para cualquier ser humano. Así como un traductor construye puentes de sentido entre lenguas (y no hay dos lenguas que sean completamente intraducibles), un etnógrafo construye puentes de sentido entre culturas, es decir, entre formas de vida (§1)[18].

El relativismo moral puede llevarnos a poner el énfasis en una ética de la convicción individual, pues en el extremo el último reducto de las islas culturales se encuentra en el individuo aislado, con su exclusiva moral. *El relativismo metodológico no tiene por qué contradecir el papel del individuo en la formación de su moral autónoma, pero nos obliga*

---

16. Velasco y Díaz de Rada, 2009 [1997].
17. Velasco (comp.), 1993: 9-12.
18. Cruces y Díaz de Rada, 2004.

a contemplar a ese individuo en relación y no en aislamiento. El relativismo moral nos lleva a ver el mundo social como un conjunto de islas culturales incomunicadas entre sí y, en el extremo, como un conjunto de islas mínimas, individuos desterrados en el ostracismo de sus mundos morales. El relativismo metodológico nos alienta a ver el mundo social como un conjunto de agentes culturales, que, en su vida social concreta, comunican sus diferencias. Y, puesto que las diferencias sólo pueden darse como relaciones sociales, ese individuo ha de ser necesariamente contemplado como un individuo en relación con otros, nunca como un individuo aislado de los otros.

Pero también, frente al fundamentalismo que predica que mi moral es la única que merece ser considerada fundamento de un *anthropos* universal, la única que merece ser tenida por universalmente válida, el relativismo metodológico ofrece la siguiente recompensa: *el fundamentalismo confía en una verdad ya encontrada*, ésa que normalmente se refleja en la palabra «objetividad», o, en las variantes religiosas, la «verdad revelada»; *el relativismo metodológico confía en una verdad buscada y nunca alcanzada*. Pues al llevarnos a indagar en las imágenes morales de los otros nos expone a una doble incertidumbre comunicativa, y con ello a un doble ejercicio de modestia. Por una parte, el que todo traductor experimenta al reconocer que ninguna traducción es perfecta, los otros nunca serán del todo inteligibles; por otra parte, el que todo traductor experimenta al reconocer que, cuanto más traduce a los otros, más aprende de su propia lengua; nosotros tampoco seremos jamás completamente inteligibles para nosotros mismos.

Estas dos formas de verdad gozan de diferente consideración pública en nuestro mundo contemporáneo, que es heredero de una tradición histórica en la que la actividad científica siempre ha corrido el riesgo de reinterpretarse como una forma de religión[19]. Pero, en mi opinión, no es la fe la que idealmente mueve la actividad científica, sino la curiosidad. No hacemos ciencia para producir verdades encontradas, o reveladas como verdades definitivas, sino para buscar modestas verdades provisionales. No la hacemos para llevar la razón, sino para que otros nos la quiten. Nuestra tradición histórica, que es también, en el más amplio sentido de la palabra, una tradición colonial, nos mueve a conquistar al otro, a convencerlo venciéndolo (o sea, sin contar con él).

Hay aquí dos actitudes muy diferentes acerca del papel transformador de las ciencias sociales. La que, desde cualquier forma de fundamentalismo, aspira a inyectar en los otros nuestros propios principios

---

19. Habermas, 1984 [1968].

sin pasar por el trabajoso conocimiento de sus formas concretas de vida; y la que aspira a comunicar a los otros los principios en los que creemos pasando por ese trabajoso conocimiento, que es el que nos aporta la etnografía entre otras modalidades de investigación social. El primer estilo, que puede conducir a la paradoja de imponer la democracia a bombazos, pone a nuestros principios por delante de las personas que habrán de encarnarlos; el segundo siempre pone por delante a esas personas, y confía en que la comunicación posible en un contexto determinado contribuirá a una mutua transformación tal vez menos dramática, pero mucho más sólida y consensuada.

El relativismo metodológico y la etnografía, que nos llevan a hacer inteligibles otras formas de vida social en su contextos concretos de existencia, encierran, junto con estas posibilidades políticas y prácticas en relación con los otros, la recompensa de un mejor conocimiento de nosotros mismos. Y esto toca de lleno al concepto mismo de acción y transformación social. Pues, como ha indicado Elsie Rockwell, los antropólogos no deberíamos hacer etnografía primariamente para transformar a los otros, sino para transformarnos a nosotros mismos[20]. Sólo desde la ampliación del horizonte de nuestro conocimiento (el que nos constituye a nosotros) podemos pretender comunicarnos adecuadamente con los otros en su concreta vida social. En este sentido, tampoco hay en nuestra ciencia nada demasiado peculiar, al menos inicialmente. Al descubrir la existencia de las bacterias (acercándose a ellas con un microscopio), el científico no busca primariamente transformarlas, sino transformar su propio conocimiento acerca de ellas, cambiando con ello —él mismo— su propia cosmovisión. No es difícil reconocer, en un segundo movimiento, hasta qué punto este principio es importante en el caso de los seres humanos; es decir, hasta qué punto es importante para nuestra propia vida.

Finalmente, el relativismo metodológico y la etnografía nos obligan a un enfoque rigurosamente empírico, que permite compensar (siempre hasta cierto punto) las cegueras de cualquier forma de utopismo; y en particular, los no siempre bienintencionados propósitos igualitaristas del ideario liberal. Ya lo he sugerido. Con su pretensión universalista de la igualdad de todos los seres humanos, este ideario puede pasar a ver como logrado lo que no pasa de ser un propósito, bastante burdo por cierto. La mirada empírica de la etnografía obliga a observar los procesos *concretos* a través de los cuales, de hecho, las diferencias en cuanto a cultura, se traducen en desigualdades en cuanto a la satisfacción efectiva

---

20. Rockwell, 2008.

de los derechos, y por tanto en injusticias. Por una parte, como indica Gerd Baumann, «no hay derecho a reclamar un derecho que no sea el mismo para todos»[21]. Pero, por otra parte, y en esto consisten buena parte de las complejidades de la vida práctica en lo que se refiere a los dilemas de la política igualitaria, ese «todos» no es en ninguna sociedad concreta un conjunto de seres humanos con las mismas posibilidades de disfrutar de los «derechos de todos»; unos tienen más recursos económicos, sociales y simbólicos que otros, y, como se muestra en la historia colonial o en la historia de las minorías subordinadas[22], en esa posición diferencial ha jugado un papel determinante la valoración diferencial de las formas de vida (es decir, de las culturas) por parte de las autoridades de las sociedades colonizadoras o dominantes. Con su orientación empírica, la etnografía puede ofrecer recursos para la corrección de la utopía liberal, análisis concretos que permitan entender mejor con qué matices y en qué casos cabe entender que el disfrute de la igualdad de derechos sólo es posible a través de adecuadas políticas de compensación basadas en el concepto de cultura.

El concreto antropológico

> La cuestión desciende hasta la naturaleza del concreto antropológico.
>
> Nigel Rapport, 2003: 374

En una interesante crítica de las visiones esencialistas, estáticas y homogeneizadoras de la cultura que pueden llegar a encubrirse bajo la palabra «multicultural», Nigel Rapport ha puesto el dedo en la llaga. Cualquier reflexión sobre el concepto de cultura ha de pasar por una concienzuda identificación de lo que denomina el «concreto antropológico»[23]. Si es que la etnografía, y con ella la antropología se ocupan del estudio de formas concretas de vida, es fundamental reflexionar sobre *quién* es, en concreto, el agente de esa vida. Comparto con Nigel Rapport su pregunta, pero no la respuesta que ha encontrado. Finalmente —indica—, el agente de cualquier vida social es el individuo; por lo que el concepto de «cultura» no puede nunca estar por encima, pesando como una losa sobre la responsabilidad y el comportamiento concreto de los individuos concretos. La «cultura» no puede esgrimirse como excusa para

---

21. Baumann, 2001: 28.
22. Cf. Ogbu, 1974; Carrasco, 2008; Williams, 1989; Comaroff y Comaroff, 1992.
23. Rapport, 2003.

justificar comportamientos individuales; en concreto, el responsable de cada acción es el individuo concreto que la pone en práctica. Estoy de acuerdo, pero sólo parcialmente.

En primer lugar, el concepto de cultura que he desarrollado en este libro no nos obliga a considerar que la cultura es un conjunto aislado, homogéneo y sistemático de reglas con capacidad para forzar a los seres humanos a llevar a cabo su acción. Lejos de esta acepción, he mostrado que la cultura es, ante todo, un conjunto de reglas relativamente blandas (convenciones), que permiten precisamente la comunicación entre seres humanos diferentes. También he indicado que la homogeneidad de ese conjunto de reglas sólo depende de la mirada del investigador y de la apertura de su lente. Cuando abrimos la lente, la complejidad y la heterogeneidad crecen sin límite. He sugerido que la cultura no forma un sistema, en el sentido *fuerte* de un conjunto sistemático y ordenado de principios de acción sin fisuras. Ninguna cultura es tan simple como para poder ser descrita en su totalidad como un único sistema de reglas de acción. Ni siquiera las culturas codificadas por escrito en documentos a los que se pretende adjudicar una validez absoluta trabajan solas. Han de habérselas constantemente con otros entornos prácticos de interpretación de esas reglas escritas, frecuentemente contradictorios entre sí, que no tienen por qué regirse por esas mismas reglas escritas. Esto lo saben muy bien los responsables de la organización de cualquier burocracia. Finalmente, a lo largo de este libro he insistido en que la cultura no fuerza a hacer nada, incluso si los seres humanos individuales pueden esgrimirla como un pretexto para justificar su propia acción. La cultura no nos fuerza a hacer lo que hacemos porque no es un agente. La cultura, como conjunto de reglas, no puede hacer nada: no tiene cerebro, ni manos, ni ojos, ni piernas. Todas esas cosas las tengo yo, no la cultura con la que yo doy forma a mi acción. Hasta aquí, mi acuerdo con Nigel Rapport es total.

Mi desacuerdo se encuentra en lo que entiendo por «yo», o por «individuo»; y ese desacuerdo se hace tanto más radical, precisamente, cuanto más intento concretar de quién hablo al decir «yo»; es decir, cuanto más persigo precisamente el *concreto antropológico*. En la vida concreta ningún «yo» es un individuo aislado. Suponer que lo es significa trasladar a la esfera individual el aislamiento, la homogeneidad y la sistematicidad que le hemos negado a la cultura. *Cualquier «yo» es, en su vida concreta, un individuo-en-relación. Ése, y no el individuo a secas es, a mi juicio, el concreto antropológico.* Es obvio que este concreto antropológico no resuelve de una vez por todas el problema de la responsabilidad moral de la acción. Tampoco resuelve los dilemas éticos que se derivan de la complicada situación de los seres humanos como individuos que sólo saben actuar en relación con otros. Como concreto antropológico, el concepto de *individuo-en-relación* no ofrece una tabla de salvación para salir del atolladero de esos dilemas. Con el concepto de cultura, ese concepto de individuo-en-relación que la pone en juego nos obliga a un pensamiento complejo. Y, en mi opinión, nada ganaremos por medio de simplificaciones que a la larga funcionan como nuevos pretextos para evitar hacerse preguntas sobre la vida concreta. Como ha indicado Marilyn Strathern, no es en el individuo a secas donde hemos de poner el foco:

> Si es que los antropólogos han de enfocar hacia 'otro lugar' [diferente de la cultura como reificación, como pretexto fundamentalista], ya saben dónde está ese otro lugar: en las relaciones sociales[24].

A buen seguro, ese otro lugar generará en nosotros más preguntas que respuestas. Pero las pocas respuestas que genere serán, sin duda, muy valiosas.

---

24. Strathern, 1995: 170.

BIBLIOGRAFÍA[1]

Abril, Gonzalo, 1997, *Teoría general de la información. Datos, relatos y ritos*, Madrid, Cátedra.
Abril, Gonzalo, 2003, *Cortar y pegar. La fragmentación visual en los orígenes del texto informativo*, Madrid, Cátedra.
Abu-Lughod, Lila, 1991, «Writing Against Culture», en Richard G. Fox (ed.), *Recapturing Anthropology: Working in the Present*, Santa Fe, School of American Research Press: 137-162.
Anderson, Benedict, 1997, *Comunidades imaginadas. Reflexiones sobre el origen y la difusión del nacionalismo*, México, Fondo de Cultura Económica.
Arnaut, Karel, 2004, «'Out of the Race'. The Poiesis of Genocide in Mass Media Discourses in Côte d'Ivoire», en Gerd Baumann y Andre Gingrich (eds.), *Grammars of Identity / Alterity. A Structural Approach*, Nueva York, Berghahn: 112-141.
Bakhtin, Mikhail M., 1990 [1925], «Forms of Time and the Chronotope in The Novel. Notes toward a Historical Poetics», en Michael Holquist (ed.), *The Dialogic Imagination. Four Essays by M. M. Bakhtin*, Austin, University of Texas Press: 84-258.
Barañano, Ascensión, José Luis García, María Cátedra y Marie J. Devillard (coords.), 2007, *Diccionario de relaciones interculturales, diversidad y globalización*, Madrid, Editorial Complutense.
Barth, Fredrik, 1976 [1969], *Los grupos étnicos y sus fronteras. La organización social de las diferencias culturales*, México, Fondo de Cultura Económica.
Barth, Fredrik, 1992, «Towards Greater Naturalism in Conceptualizing Societies», en Adam Kuper (ed.), *Conceptualizing Society*, Londres, Routledge: 17-33.
Batallán, Graciela y Silvana Campanini, 2007, «El 'respeto a la diversidad' en la escuela: atolladeros del relativismo cultural como principio moral», *Revista de Antropología social*, 16: 159-174.

---

1. Las referencias citadas indirectamente en los cuadros de texto, y tomadas de Kroeber y Kluckhohn (1963), aparecen en esta bibliografía marcadas con un asterisco. Estas referencias, cuando son libros, están en la versión original sin editorial y aquí han sido copiadas literalmente.

Bateson, Gregory, 1976, «Introducción. La ciencia de la mente y el orden», en *Pasos hacia una ecología de la mente*, Buenos Aires, Carlos Lohlé: 15-25.

Bauman, Zygmunt, 2005, *Amor líquido*, México, Fondo de Cultura Económica.

Baumann, Gerd, 2001, *El enigma multicultural. Un replanteamiento de las identidades nacionales, étnicas y religiosas*, Barcelona, Paidós.

Baumann, Gerd y Andre Gingrich (eds.), 2004a, *Grammars of Identity / Alterity. A Structural Approach*, Nueva York, Berghahn.

Baumann, Gerd y Andre Gingrich, 2004b, «Debating Grammars: Arguments and Prospects», en *Grammars of Identity / Alterity. A Structural Approach*, Nueva York, Berghahn: 192-203.

* Beaglehole, E. y P. Beaglehole, 1946, *Some Modern Maoris*, New Zealand Council for Educational Research, Wellington.

* Benedict, R., 1932, «Configurations of Culture in North America», *American Anthropologist*, 34/1: 1-27.

Berger, Peter, y Thomas Luckmann, 1984 [1967], *La construcción social de la realidad*, Buenos Aires, Amorrortu.

Bhabha, Homi K., 1994, *The Location of Culture*, Londres, Routledge.

Bidney, David, 1942, «On the Philosophy of Culture in the Social Sciences», *Journal of Philosophy*, 39: 449-457.

* Bidney, D., 1947, «Human Nature and the Cultural Process», *American Anthropologist*, 49/3: 375-399.

* Bierdstedt, R., 1938, «The Meanings of Culture», *Philosophy of Science*, 5/2: 204-216.

* Blumenthal, A., 1941, *Views on Definition of Culture*, Committee on Conceptual Integration. Mimeografiado.

Boas, Franz, 2008 [1916], «Arte figurativo de los pueblos primitivos», en *Franz Boas, Textos de antropología*, Introducción, selección de textos, traducción y notas de Alfredo Francesch Díaz, Madrid, Editorial Universitaria Ramón Areces.

* Boas, F., 1930, «Anthropology», *Encyclopædia of the Social Sciences*, Nueva York, vol. 2: 73-110.

* Boas , F., 1938, «The Mind of Primitive Man» (edición revisada), Nueva York.

Bock, Philip K. (ed.), 1994, *Psychological Anthropology*, Londres, Praeger.

Boholm, Åsa (ed.), 1996, *Political Ritual*, Gothenburg, Institute for Advanced Studies in Social Anthropology.

* Bose, N. K., 1929, *Cultural Anthropology*, Calcuta.

Bourdieu, Pierre, 1985, *¿Qué significa hablar?* Madrid, Akal.

Bourdieu, Pierre, 1988a [1979], *La distinción. Criterio y bases sociales del gusto*, Madrid, Taurus.

Bourdieu, Pierre, 1988b, «Espacio social y poder simbólico», en *Cosas dichas*, Barcelona, Gedisa: 127-142.

Bourdieu, Pierre, 1988c, «Los usos de 'pueblo'», en *Cosas dichas*, Barcelona, Gedisa: 152-157.

Bourdieu, Pierre, 1993, *The Field of Cultural Production. Essays on Art and Literature*, Cambridge, Polity Press.

Bourdieu, Pierre, 1993 [2007], «Los poderes y su reproducción», en Honorio M. Velasco, F. Javier García Castaño y Ángel Díaz de Rada (eds.), *Lecturas de antropología para educadores*, Madrid, Trotta: 389-429.
Brightman, Robert, 1995, «Forget Culture: Replacement, Transcendence, Relexification», *Cultural Anthropology*, 10/4: 509-546.
Brown, Michael F., 2008, «Cultural Relativism. 2.0.», *Current Anthropology*, 49/3: 363-383.
Brubaker, Rogers y Frederick Cooper, 2000, «Beyond 'Identity'», *Theory and Society*, 29: 1-47.
Burke, Kenneth, 1989 [1941], «Symbolic Action», en *On Symbols and Society*, edición compuesta y prologada por Joseph R. Gusfield, Chicago, The University of Chicago Press: 77-85.
Burke, Peter, 1991 [1978], *La cultura popular en la Europa moderna*, Madrid, Alianza.
Caisson, Max, 1991, «Lumière de Herder», *Terrain*, 17: 17-28.
Cantón, Manuela, 2008, «Los confines de la impostura. Reflexiones sobre el trabajo etnográfico con minorías religiosas», *Revista de Dialectología y Tradiciones Populares*, LXIII/1: 147-172.
Carrasco, Silvia, 2008, «Inmigración, minorías y educación: ensayar algunas respuestas y mejorar algunas preguntas a partir del modelo de Ogbu y su desarrollo», en María Isabel Jociles y Adela Franzé (eds.), *¿Es la escuela el problema? Perspectivas socio-antropológicas de etnografía y educación*, Madrid, Trotta: 181-202.
Carrithers, Michael, 1995, *¿Por qué los humanos tenemos culturas?* Madrid, Alianza.
Carrithers, Michael, 2005, «Anthropology as a Moral Science of Possibilities», *Current Anthropology*, 46/3: 433-456.
Chomsky, Noam, 1978 [1957], *Estructuras sintácticas*, Madrid, Siglo XXI.
Comaroff, John y Jean Comaroff, 1992, *Ethnography and Historical Imagination*, Oxford, Westview Press.
Conrad, Joseph, 1984 [1911], *Bajo la mirada de Occidente*, Madrid, Alianza.
Cruces, Francisco, 1997, «Desbordamientos: cronotopías en la localidad tardomoderna», *Política y sociedad*, 25: 45-58.
Cruces, Francisco y Ángel Díaz de Rada, 1995, «La cultura política, ¿es parte de la política cultural, o es parte de la política, o es parte de la cultura?», *Política y sociedad*, 18: 165-183.
Cruces, Francisco y Ángel Díaz de Rada, 1996, «Symbolic and Political Representation: The Meeting as a *mise en scène* of the Electoral Link», en Åsa Boholm (ed.), *Political Ritual*, Gothenburg, IASSA: 94-125.
Cruces, Francisco y Ángel Díaz de Rada, 2004, «Traducción y derivación. Una reflexión sobre el lenguaje conceptual de la antropología», en Nuria Fernández Moreno (comp.), *Lecturas de etnología: Una introducción a la comparación en Antropología*, Madrid, UNED: 255-275.
Culler, Jonathan, 1981, «Convention and Meaning: Derrida and Austin», *New Literary History*, 13/1: 15-30.
* Davis, A., y J. Dollard, 1940, *Children of Bondage*, Washington.
De Certeau, Michel, 1974, *La culture au pluriel*, París, Union Générale d'Éditions.

Delgado, Manuel, 1993, «El 'seny' y la 'rauxa'. El lugar de la violencia en la construcción de la catalanidad», *Antropología. Revista de pensamiento antropológico y estudios etnográficos*, 6: 97-130.

Díaz de Rada, Ángel, 1996, *Los primeros de la clase y los últimos románticos. Una etnografía para la crítica de la visión instrumental de la enseñanza*, Madrid, Siglo XXI.

Díaz de Rada, Ángel, 2003, «Las formas del holismo. La construcción teórica de la totalidad en etnografía», *Revista de dialectología y tradiciones populares*, LVIII/1: 237-262.

Díaz de Rada, Ángel, 2004, «El sujeto en la corriente. Reflexiones sobre el sujeto social en condiciones de globalización», en Luis Díaz G. Viana (coord.), *El nuevo orden del caos. Consecuencias socioculturales de la globalización*, Madrid, CSIC: 77-102.

Díaz de Rada, Ángel, 2006, *Etnografía y técnicas de investigación antropológica. Guía didáctica*, Madrid, UNED.

Díaz de Rada, Ángel, 2007, «Valer y valor. Una exhumación de la teoría del valor para reflexionar sobre la desigualdad y la diferencia en relación con la escuela», *Revista de Antropología social*, 16: 117-158.

Díaz de Rada, Ángel, 2008a, «¿Qué obstáculos encuentra la etnografía cuando se practica en las instituciones escolares?», en María Isabel Jociles y Adela Franzé (eds.), *¿Es la escuela el problema? Perspectivas socio-antropológicas de etnografía y educación*, Madrid, Trotta: 24-48.

Díaz de Rada, Ángel, 2008b, «¿Dónde está la frontera? Prejuicios de campo y problemas de escala en la estructuración étnica en Sápmi», *Revista de dialectología y tradiciones populares*, LXIII/1: 187-235.

Díaz de Rada, Ángel, en preparación, «The Concept of Culture as an Ontological Paradox», en Ian Jarvie y Jesús Zamora-Bonilla (eds.), *Handbook of Philosophy of Science*, Londres, Sage.

Díaz de Rada, Ángel y Francisco Cruces, 1991, «Los 'misterios de la encarnación': algunos problemas en torno al lenguaje analítico de la práctica», *Éndoxa. Series filosóficas*, 1: 287-308.

Díaz de Rada, Ángel y Francisco Cruces, 1994, «Paradojas y perplejidades del agente político en un contexto modernizado», *Antropología. Revista de pensamiento antropológico y estudios etnográficos*, 7: 29-56.

Díaz de Rada, Ángel y Honorio M. Velasco, 1996, «La cultura como objeto», *Signos*, 17: 6-12.

Dietz, Gunther, 2003, *Multiculturalismo, interculturalidad y educación*, Granada, Universidad de Granada.

Dreeben, Robert, 1968, *On What Is Learned in School*, Londres, Addison-Wesley.

Dumont, Louis, 1987, *Ensayos sobre el individualismo*, Madrid, Alianza.

Durkheim, Émile, 1982 [1915], *Las formas elementales de la vida religiosa. El sistema totémico en Australia*, Madrid, Akal.

Eco, Umberto, 1977, *Tratado de semiótica general*, Barcelona, Lumen.

Eco, Umberto, 1992, *Los límites de la interpretación*, Barcelona, Lumen.

Elias, Norbert, 1993 [1939], *El proceso de la civilización*, México, Fondo de Cultura Económica.

BIBLIOGRAFÍA

* Ellwood, Charles A., 1927, *Cultural Evolution*, Nueva York.
* Ellwood, Charles A., 1944, «Culture», en H. P. Fairchild (ed.), *Dictionary of Sociology*.
Emmett, Isabel, 1982, «Place, Community and Bilingualism in Blaenau Ffestiniog», en Anthony P. Cohen (ed.), *Belonging. Identity and Social Organisation in British Rural Cultures*, Manchester, Manchester University Press: 202-221.
Enfield, N. J., 2005, «The Body as a Cognitive Artifact in Kinship Representations: Hand Gesture Diagrams by Speakers of Lao», *Current Anthropology*, 46/1: 51-82.
Eriksen, Thomas Hylland, 1991, «The Cultural Contexts of Ethnic Differences», *Man*, 26/1: 127-144.
Escoto Eriúgena, Juan, 2002 [siglo IX], *División de la naturaleza (Periphyseon)*, Barcelona, Folio.
Fabian, Johannes, 1983, *Time and the Other*, Nueva York, Columbia University Press.
Fabian, Johannes, 1996 [1991], *Time and the Work of Anthropology. Critical Essays 1971-1991*, Amsterdam, Harwood.
* Faris, E., 1937, *The Nature of Human Nature*, Nueva York.
Fernandez, James, 1986, *Persuasions and Performances: The Play of Tropes in Culture*, Bloomington, Indiana University Press.
Fernandez, James, 2006 [1982], «La oscuridad al fondo de la escalera. Lo incoado en la investigación simbólica y algunas estrategias para abordarlo», en *En el dominio del tropo: Imaginación figurativa y vida social en España*, Madrid, UNED: 285-314.
* Firth, Raymond, 1939, *Primitive Polynesian Economy*, Londres.
* Firth, Raymond, 1944, «The Future of Social Anthropology», *Man*, 44: 19-22.
* Folsom, J., 1931, *Social Psychology*, Nueva York.
Franzé, Adela, 2002, *'Lo que sabía no valía'. Escuela, diversidad e inmigración*, Madrid, Consejo Económico y Social.
Fuat Firat, Ali, 1995, «Consumer Culture or Culture Consumed?», en Jane Arnold Costa y Gary J. Bamossy (eds.), *Marketing in a Multicultural World. Ethnicity, Nationalism, and Cultural Identity*, Londres, Sage: 105-125.
García Canclini, Néstor, 2004, *Diferentes, desiguales y desconectados. Mapas de la interculturalidad*, Barcelona, Gedisa.
García García, José Luis, 2007, «Cultura», en Ascensión Barañano, José Luis García, María Cátedra y Marie José Devillard (coords.), *Diccionario de relaciones interculturales. Diversidad y globalización*, Madrid, Editorial Complutense: 47-52.
Garfinkel, Harold, 1967, *Studies in Ehnomethodology*, Cambridge, Polity Press.
Gaski, Lina, 2002, «'Hundre prosent lapp?' Lokale diskurser om etnisitet i markebygdene i Evenes og Skånland», *Diedut*, 5.
Gearing, Frederick y Paul Epstein, 1982, «Learning to Wait: An Ethnographic Probe into the Operations of an Item of Hidden Curriculum», en George Spindler (ed.), *Doing the Ethnography of Schooling. Educational Anthropology in Action*, Nueva York, Holt, Rinehart and Winston: 240-267.

Geertz, Clifford, 1957, «Ritual and Social Change: A Javanese Example», *American Anthropologist*, 59: 33-54.
Geertz, Clifford, 1973a, «El impacto del concepto de cultura en el concepto de hombre», en *La interpretación de las culturas*, Barcelona, Gedisa: 43-59.
Geertz, Clifford, 1973b, «Religion as a Cultural System», en *The Interpretation of Cultures*, Londres, Hutchinson & Co.: 87-125.
Geertz, Clifford, 1975, «Persona, tiempo y conducta en Bali», en *La interpretación de las culturas*, Barcelona, Gedisa: 299-338.
Geertz, Clifford, 1995 [1984], «Anti-antirrelativismo», *Bitarte*, 5: 19-42.
Gell, Alfred, 1996, *The Anthropology of Time*, Oxford, Berg.
Gellner, Ernest, 1993a, «Anything Goes. The Carnival of Cheap Relativism which Threatens to Swamp the Coming *fin de millénaire*», *The Times Literary Supplement*, 19: 3-4.
Gellner, Ernest, 1993b, *Cultura, identidad y política. El nacionalismo y los nuevos cambios sociales*, Barcelona, Gedisa.
Gibson, Kathleen R., 1993, «General Introduction: Animal Minds, Human Minds», en Kathleen R. Gibson y Tim Ingold (eds.), 1993, *Tools, Language and Cognition in Human Evolution*, Cambridge, Cambridge University Press: 3-19.
Gibson, Kathleen R., 2002, «Customs and Cultures in Animals and Humans: Neurobiological and Evolutionary Considerations», *Anthropological Theory*, 2/3: 323-339.
Gibson, Kathleen R. y Tim Ingold (eds.), 1993, *Tools, Language and Cognition in Human Evolution*, Cambridge, Cambridge University Press.
Gibson, Margaret Alison, 1984, «Approaches to Multicultural Education in the United States. Some Concepts and Assumptions», *Anthropology and Education Quarterly*, 15/1: 94-120.
* Gillin, J. L. y J. P. Gillin, 1942, *An Introduction to Sociology*, Nueva York.
Godelier, Maurice, 1989 [1984], *Lo ideal y lo material*, Madrid, Taurus.
Goffman, Erving, 1970, *Ritual de la interacción*, Buenos Aires, Tiempo Contemporáneo.
Goffman, Erving, 1971 [1959], *La presentación de la persona en la vida cotidiana*, Buenos Aires, Amorrortu.
* Goldenweiser, A. A., 1933, *History, Psychology, and Culture*, Nueva York.
González Echevarría, Aurora, 2009, *La dicotomía emic/etic. Historia de una confusión*, Barcelona, Anthropos.
Goody, Jack, 1985 [1977], *La domesticación del pensamiento salvaje*, Madrid, Akal.
Goody, Jack, 1990 [1986], *La lógica de la escritura y la organización de la sociedad*, Madrid, Alianza.
* Gorer, G., 1949, *The People of Great Russia*, Londres.
Gray, Chris Hables, 1995, *The Cyborg Handbook*, Nueva York, Routledge.
Grignon, Claude y Jean-Claude Passeron, 1992 [1982], *Lo culto y lo popular*, Madrid, La Piqueta.
* Groves, E. R. y H. E. Moore, 1940, *Introduction to Sociology*, Nueva York.
Gupta, Akhil y James Ferguson, 1992, «Beyond 'Culture': Space, Identity, and the Politics of Difference», *Cultural Anthropology*, 7/1: 6-23.

Habermas, Jürgen, 1984 [1968], *Ciencia y técnica como 'ideología'*, Madrid, Tecnos.
Hall, Stuart, 1996, «Introduction: Who Needs Identity?», en Stuart Hall y Paul du Gay (eds.), *Questions of Cultural Identity*, Londres, Sage: 1-17.
Hammersley, Martyn y Paul Atkinson, 2001, *Etnografía. Métodos de investigación*, Barcelona, Paidós.
Handler, Richard, 1984, «On Sociocultural Discontinuity: Nationalism and Cultural Objectification in Quebec», *Current Anthropology*, 25/1: 55-71.
Hann, Chris, 2001, «From *Volksgeist* to Radical Humanism: Culture and Value in Economic Anthropology», *Reviews in Anthropology*, 30.
Hansen, Judith F., 1979, *Sociocultural Perspectives on Human Learning. Foundations of Educational Anthropology*, Prospect Heights, Waveland Press.
Hanson, F. Allan, 2004, «The New Supeorganic», *Current Anthropology*, 45/4: 467-482.
Harris, Marvin, 1983 [1968], *El desarrollo de la teoría antropológica. Una historia de las teorías de la cultura*, Madrid, Siglo XXI.
Harris, Marvin, 1987 [1979], *El materialismo cultural*, Madrid, Alianza.
Harris, Marvin, 1991 [1988], *Introducción a la antropología general*, Madrid, Alianza.
Headland, Thomas N., Kenneth L. Pike y Marvin Harris, 1990, *Emics and Etics. The Insider / Outsider Debate*, Londres, Sage.
* Herder, J. G. von, 1887, *Ideen zur Philosophie der Menschheit*, en *Sämtliche Werke*, vols. 13 y 14 (edición de B. Suphan), Berlín.
Hodge, Robert y Gunther Kress, 1988, *Social Semiotics*, Cambridge, Polity Press.
Hymes, Dell, 1990, «Emics, Etics, and Openness: An Ecumenical Approach», en Thomas N. Headland, Kenneth L. Pike y Marvin Harris, *Emics and Etics. The Insider / Outsider Debate*, Londres, Sage: 120-126.
Hymes, Dell, 1995 [1964], «Una nueva perspectiva para la antropología lingüística», en Honorio Velasco (comp.), *Lecturas de antropología social y cultural. La cultura y las culturas*, Madrid, UNED: 233-249.
Hymes, Dell, 2007 [1982], «¿Qué es la etnografía?», en Honorio Velasco, F. Javier García Castaño y Ángel Díaz de Rada (eds.), *Lecturas de antropología para educadores*, Madrid, Trotta: 175-192.
Hætta Kalstad, Johan Klemet, 1997, «Aspects of Managing Renewable Resources in Sami Areas in Norway», en Harald Gaski (ed.), *Sami Culture in a New Era. The Norwegian Sami Experience*, Kárášjohka, Davvi Girji: 109-126.
Hætta Kalstad, Johan Klemet, 1999, *Reindriftspolitikk og samisk kultur —En uløselig konflikt? En studie av reindriftstilpasninger og moderne reindriftspolitikk*, Guovdageaidnu, Sámi Instituhtta.
Ingold, Tim, 1987, *The Appropriation of Nature. Essays on Human Ecology and Social Relations*, Iowa City, The University of Iowa Press.
Jackson, Michael, 2002, *The Politics of Storytelling. Violence, Transgression and Intersubjectivity*, Copenhague, Museum Tusculanum Press.
* Jaeger, W., 1945, *Paideia: the Ideals of Greek Culture*, traducido [al inglés] por G. Highet, Nueva York; trad. española, *Los ideales de la cultura griega*, Madrid, Fondo de Cultura Económica, 1990.

Jernsletten, Nils, 1997, «Sami Traditional Terminology: Professional Terms Concerning Salmon, Reindeer and Snow», en Harald Gaski (ed.), *Sami Culture in a New Era. The Norwegian Sami Experience*, Kárášjohka, Davvi Girji: 86-108.

Johnson, Mark, 1991, *El cuerpo en la mente. Fundamentos corporales del significado, la imaginación y la razón*, Madrid, Debate.

Joks, Solveig, 2006, *Las mujeres samis del reno. En el centro de la actividad de las siiddat y los hogares trashumantes, pero en el olvido público*, Madrid, Editorial Universitaria Ramón Areces.

Jones, Todd, 2007, «What's Done Here –Explaining Behavior in Terms of Customs and Norms», *The Southern Journal of Philosophy*, XLV: 363-393.

Kahn, J. S. (comp.), 1975, *El concepto de cultura. Textos fundamentales*, Barcelona, Anagrama.

Karner, Christian, 2004, «Between Structure and Agency: From the *langue* of *Hindutva* Identity Construction to the *parole* of Lived Experience», en Gerd Baumann y Andre Gingrich (eds.), *Grammars of Identity / Alterity. A Structural Approach*, Nueva York, Berghahn Books: 157-172.

* Katz, D. y R. L. Schanck, 1938, *Social Psychology*, Nueva York.

Keesing, Roger, 1982, «'Cultural Rules'. Methodological Doubts and Epistemological Paradoxes», *Camberra Anthropology*, 5/1: 37-46.

Keesing, Roger, 1993 [1974], «Teorías de la cultura», en Honorio M. Velasco (comp.), *Lecturas de antropología social y cultural. La cultura y las culturas*, Madrid, UNED: 51-82.

* Kluckhohn, C. y O. H. Mowrer, 1944, «'Culture and Personality': A Conceptual Scheme», *American Anthropologist*, 46/1: 1-29.

* Kluckhohn, C. y W. H. Kelly, 1945, «The Concept of Culture», en R. Linton (ed.), *The Sciences of Man in the World Crisis*, Nueva York: 78-105.

Kockelman, Paul, 2007, «Agency. The Relation between Meaning, Power, and Knowledge», *Current Anthropology*, 48/3: 375-401.

Kroeber, Alfred L., 1917, «The Superorganic», *American Anthropologist*, 19: 163-213.

Kroeber, Alfred L., 1948, «White's View of Culture», *American Anthropologist*, 50/3-1: 405-415.

Kroeber, Alfred L., 1951, «Configurations, Causes, and St. Augustine», *American Anthropologist*, 53/2: 279-284.

Kroeber, Alfred L. y Clyde Kluckhohn, 1963a [1952], *Culture. A Critical Review of Concepts and Definitions*, Nueva York, Vintage.

Kroeber, Alfred L. y Clyde Kluckhohn, 1963b [1952], «General History of the Word Culture», en *Culture. A Critical Review of Concepts and Definitions*, Nueva York, Vintage: 9-73.

Kuper, Adam, 2001, *Cultura. La versión de los antropólogos*, Barcelona, Paidós.

Kymlicka, Will, 1989, *Liberalism, Community and Culture*, Oxford, Clarendon Press.

Kymlicka, Will, 1995, *Multicultural Citizenship*, Oxford, Oxford University Press.

Kymlicka, Will, 2006, *Fronteras territoriales*, Madrid, Trotta.

Kymlicka, Will y Wayne Norman, 1994, «Return of the Citizen. A Survey of Recent Work on Citizenship Theory», *Ethics*, 104: 352-381.
La Santa Biblia, Buenos Aires, Sociedades Bíblicas Unidas.
Lakoff, George y Mark Johnson, 1995, *Metáforas de la vida cotidiana*, Madrid, Cátedra.
Lerena, Carlos, 1983, *Reprimir y liberar. Crítica sociológica de la educación y de la cultura contemporáneas*, Madrid, Akal.
Levi, Primo, 2002, *Si esto es un hombre*, Barcelona, El Aleph.
Levine, Hal B., 1999, «Reconstructing Ethnicity», *The Journal of the Royal Anthropological Institute*, 5/2: 165-180.
Lévi-Strauss, Claude, 1985 [1949], *Las estructuras elementales del parentesco*, Barcelona, Planeta-Agostini, 2 vols.
Lévi-Strauss, Claude, 1995 [1973], «Raza e historia», en Honorio Velasco (comp.), *Lecturas de antropología social y cultural. La cultura y las culturas*, Madrid, UNED: 95-128.
Lewis, David, 2002 [1969], *Convention. A Philosophical Study*, Oxford, Blackwell.
Lewontin, Richard Charles, 2001, *El sueño del genoma humano y otras ilusiones*, Barcelona, Paidós.
* Lowie, R. H., 1937, *The History of Ethnological Theory*, Nueva York.
Mailloux, Steven, 1982, *Interpretive Conventions: The Reader in the Study of American Fiction*, New York, Cornell University Press.
Mailloux, Steven, 2003, «Convention and Context», *New Literary History*, 14/2: 399-407.
* Mandelbaum, D., 1941, «Social Trends and Personal Pressures: The Growth of a Cultural Pattern», en L. Spier, A. I. Hallowell y S. S. Newman (eds.), *Language, Culture, and Personality*, Menasha, Wisconsin: 219-38.
Márai, Sándor, 2004 [1934], *Confesiones de un burgués*, Barcelona, Salamandra.
Markus, Gyorgy, 1993, «Culture: The Making and the Make-up of a Concept (An Essay in Historical Semantics)», *Dialectical Anthropology*, 18: 3-29.
Mauss, Marcel, 1979 [1938], «Sobre una categoría del espíritu humano: la noción de persona y la noción del 'yo'», en *Sociología y antropología*, Madrid, Tecnos: 307-333.
Mead, George H., 1934, *Mind, Self, and Society*, Chicago, University of Chicago Press.
Meyer, Alfred G., 1963 [1952], «Appendix A: Historical Notes on Ideological Aspects of the Concept of Culture in Germany and Russia», en Alfred L. Kroeber y Clyde Kluckhohn, *Culture. A Critical Review of Concepts and Definitions*, Nueva York, Vintage: 403-413.
Morgan, C. Lloyd, 1927 [1923], *Emergent Evolution*, Londres, Williams and Norgate.
Müllauer-Seichter, Waltraud y Fernando Monge, 2009, *Etnohistoria (Antropología histórica)*, Madrid, UNED.
Müller, Anne Friederike, 2004, «German Grammars of Identity/Alterity: A Diachronic View», en Gerd Baumann y Andre Gingrich, 2004, *Grammars of Identity/Alterity. A Structural Approach*, Nueva York, Berghahn Books: 63-78.

* Murdock, George P., 1940, «The Cross-Cultural Survey», *American Sociological Review*, 5/3: 361-370.
* Murdock, George P., 1949, *Social Structure*, Nueva York.
Murdock, George P., 1963, *Outline of World Cultures*, New Haven, Human Relations Area Files.
Murdock, George P., 1967, *Ethnographic Atlas*, Pittsburgh, University of Pittsburgh Press.
Murdock, George P., 1975 [1957], «Muestra etnográfica mundial», en José R. Llobera (comp.), *La antropología como ciencia*, Barcelona, Anagrama: 203-230.
NOU (Norges Offentlige Utredninger), 2001, Forslag til endringer i reindriftsloven.
Ogbu, John U., 1974, *The Next Generation: An Ethnography of Education in an Urban Neighborhood*, Nueva York, Academic Press.
* Ostwald, W., 1915, «Principles of The Theory of Education», Rice Institute (Texas), *Pamphlet* 2: 191-221.
Parsons, Talcott, 1954, «The Role of Ideas in Social Action», en *Essays in Sociological Theory*, Nueva York, Free Press: 19-33.
Parsons, Talcott, 1968 [1937], *The Structure of Social Action*, Nueva York, The Free Press, 2 vols.
Passeron, Jean-Claude, 1983, «La inflación de los títulos escolares en el mercado de trabajo y el mercado de los bienes simbólicos», *Educación y sociedad*, 1: 5-27.
Pike, Kenneth, 1990, «On the Emics and Etics of Pike and Harris», en Thomas N. Headland, Kenneth L. Pike y Marvin Harris, *Emics and Etics. The Insider / Outsider Debate*, Londres, Sage: 28-47.
Pitt-Rivers, Julian, 1995, *Honor y gracia*, Madrid, CIS.
Plutarco, 1992 [siglos I-II], «Sobre la educación de los hijos», en *Obras morales y de costumbres (Moralia)*, vol I, Madrid, Gredos: 41-81.
Prieto de Pedro, Jesús, 1995, *Cultura, culturas y constitución*, Madrid, Centro de Estudios Constitucionales.
Putnam, Hilary, 1991, «Convention: A Theme in Philosophy», *New Literary History*, 13/1: 1-14.
* Radcliffe-Brown, A. R., 1940, «On Social Structure», *Journal of the Royal Anthropological Institute of Great Britain and Ireland*, 70: 1-12.
Ramírez Goicoechea, Eugenia, 2007, *Etnicidad, identidad y migraciones. Teorías, conceptos y experiencias*, Madrid, Editorial Universitaria Ramón Areces.
Ramírez Goicoechea, Eugenia, 2009, *Evolución, cultura y complejidad. La humanidad que se hace a sí misma*, Madrid, Editorial Universitaria Ramón Areces.
Rapport, Nigel, 2003, «'Culture is no Excuse'. Critiquing Multicultural Essentialism and Identifying the Anthropological Concrete», *Social Anthropology*, 11/3: 373-384.
Rawls, John, 1996, *El liberalismo político*, Barcelona, Crítica.
Renteln, Alison D., 1988, «Relativism and the Search for Human Rights», *American Anthropologist*, 90/1: 56-72.

Reynolds, Peter C., 1993, «The Complementation Theory of Language and Tool Use», en Kathleen R. Gibson y Tim Ingold (eds.), *Tools, Language and Cognition in Human Evolution*, Cambridge, Cambridge University Press: 407-428.
Ricoeur, Paul, 1985 [1972], *Hermenéutica y acción. De la hermenéutica del texto a la hermenéutica de la acción*, Buenos Aires, Docencia.
Ricoeur, Paul, 1990, *Soi-même comme un autre*, París, Seuil; trad. española, *Sí mismo como otro*, Madrid, Siglo XXI, 1991.
Rockwell, Elsie, 2008, «Del campo al texto: dilemas del trabajo etnográfico», en María Isabel Jociles y Adela Franzé (eds.), *¿Es la escuela el problema? Perspectivas socio-antropológicas de etnografía y educación*, Madrid, Trotta: 90-103.
Rodseth, Lars, 1998, «Distributive Models of Culture. A Sapirian Alternative to Essentialism», *American Anthropologist*, 100/1: 55-69.
Rosaldo, Renato, 1989, *Culture and Truth. The Remaking of Social Analysis*, Londres, Routledge.
Rushdie, Salman, 1985, *Vergüenza*, Madrid, Alfaguara.
* Sapir, Edward, 1949, *Selected Writings of Edward Sapir in Language, Culture, and Personality*, ed. de D. G. Mandelbaum, Berkeley.
Sapolsky, Robert M., 2006, «Social Cultures among Nonhuman Primates», *Current Anthropology*, 47/4: 641-656.
Savater, Fernando, «¡Malditos pueblos!», *El País*, Opinión. 30 de abril de 1999.
Savater, Fernando, 2003, *El valor de elegir*, Barcelona, Ariel.
Schiffauer, Werner, Gerd Baumann, Riva Kastoriano, y Steven Vertovec (eds.), 2004, *Civil Enculturation. Nation-State, School and Ethnic Difference in The Netherlands, Britain, Germany and France*, Nueva York, Berghahn.
Schütz, Alfred y Thomas Luckmann, 2001 [1952], *Las estructuras del mundo de la vida*, Buenos Aires, Amorrortu.
Schwartz, Theodore, 1978, «Where Is the Culture? Personality as the Distributive Locus of Culture», en George D. Spindler (ed.), *The Making of Psychological Anthropology*, Berkeley, University of Berkeley Press: 419-441.
Searle, John, 1980, *Actos de habla*, Madrid, Cátedra.
Shweder, Richard A. (ed.), 1991, *Thinking through Cultures. Expeditions in Cultural Psychology*, Cambridge, Harvard University Press.
Simmel, Georg, 1977 [1900], *Filosofía del dinero*, Madrid, Instituto de Estudios Políticos.
Simmel, Georg, 1986 [1909], «Puente y puerta», en *El individuo y la libertad. Ensayos de crítica de la cultura*, Barcelona, Península: 29-34.
Simmel, Georg, 1997 [1889], «On the Psychology of Money», en David Frisby y Mike Featherstone (eds.), *Simmel on Culture. Selected Writings*, Londres, Sage: 233-243.
* Simmons, L. W. (ed.), 1942, *Sun Chief, The Autobiography of a Hopi Indian*, New Haven.
Smith, M. Estellie, 1983, «The Process of Sociocultural Continuity», *Current Anthropology*, 23/1: 127-141.
Sperber, Dan, 1978 [1975], *El simbolismo en general*, Barcelona, Promoción Cultural.

Sperber, Dan, 2005 [1996], *Explicar la cultura. Un enfoque naturalista*, Madrid, Morata.

Sprenger, Guido, 2004, «Encompassment and Its Discontents: The Rmeet and the Lowland Lao», en Gerd Baumann y Andre Gingrich (eds.), *Grammars of Identity / Alterity. A Structural Approach*, Nueva York, Berghahn: 173-191.

Stocking, George W., 1992, *The Ethnohrapher's Magic and other Essays in the History of Anthropology*, Madison, University of Wisconsin Press.

Stocking, George W. (ed.), 1996, *Volksgeist as Method and Ethic: Essays on Boasian Ethnography and the German Anthropological Tradition*, Madison, University of Wisconsin Press.

Stolcke, Verena, 1995, «Talking Culture: New Boundaries, New Rhetorics of Exclusion in Europe», *Current Anthropology*, 36/1: 1-13.

Strathern, Marilyn, 1995, «The Nice Thing about Culture Is That Everyone Has It», en *Shifting Contexts. Transformations in Anthropological Knowledge*, Londres, Routledge: 153-176.

Stuart Mill, John, 1972 [1861], «Considerations on Representative Government», en H. B. Acton (ed.), *Utilitarianism. On Liberty. Considerations on Representative Government*, Londres, Dent; trad. española, Madrid, Alianza, 2001.

Tomé, Pedro (coord.), 2009, *Naturaleza y cultura: Nuevas perspectivas antropológicas*. Número monográfico de la *Revista de dialectología y tradiciones populares*, 64/1.

Turner, Victor, 1980 [1967], *La selva de los símbolos*, Madrid, Siglo XXI.

Tylor, Edward Burnett, 1977 [1873], *Cultura primitiva*, Madrid, Ayuso, 2 vols.

Vargas Llosa, Mario, 2004, «Razones contra la excepción cultural», *El País*, 25 de julio: 11.

Velasco, Honorio M., 1990, «El folklore y sus paradojas», *Revista española de investigaciones sociológicas*, 49: 123-144.

Velasco, Honorio M., 1992, «Los significados de cultura y los significados de pueblo. Una historia inacabada», *Revista española de investigaciones sociológicas*, 60: 7-25.

Velasco, Honorio M. (comp.), 1993, *Lecturas de antropología social y cultural. La cultura y las culturas*, Madrid, UNED.

Velasco, Honorio M., 2003, *Hablar y pensar: tareas culturales. Temas de antropología lingüística y cognitiva*, Madrid, UNED.

Velasco, Honorio M., 2007a, *Cuerpo y espacio. Símbolos y metáforas, representación y expresividad de las culturas*, Madrid, Editorial Universitaria Ramón Areces.

Velasco, Honorio M., 2007b, «La cultura como patrimonio. Lo material y lo inmaterial en la cultura», en Agustín Escolano (ed.), *La cultura material de la escuela*, Salamanca, CEINCE: 29-43.

Velasco, Honorio M. y Ángel Díaz de Rada, 2009 [1997], *La lógica de la investigación etnográfica. Un modelo de trabajo para etnógrafos de la escuela*, Madrid, Trotta.

Velasco, Honorio M., F. Javier García Castaño y Ángel Díaz de Rada (eds.), 2007 [1993], *Lecturas de Antropología para educadores. El ámbito de la Antropología de la Educación y de la Etnografía Escolar*, Madrid, Trotta.

Velasco, Honorio M., Ángel Díaz de Rada, Francisco Cruces, Roberto Fernández, Celeste Jiménez de Madariaga y Raúl Sánchez Molina, 2006, *La sonrisa de la institución. Confianza y riesgo en sistemas expertos*, Madrid, Editorial Universitaria Ramón Areces.

Verrips, Jojada, 2004, «Dehumanization as a Double-Edged Sword: From Boot-Camp Animals to Killing Machines», en Gerd Baumann y Andre Gingrich (eds.), *Grammars of Identity / Alterity. A Structural Approach*, Nueva York, Berghahn: 142-154.

Vico, Giambattista, 2002 [1744], *Principios de ciencia nueva II*, Barcelona, Folio.

Wallace, Anthony, 1961, *Culture and Personality*, Nueva York, Random House.

Watzlawick, Paul, Janet H. Beavin y Don D. Jackson, 1985 [1967], *Teoría de la comunicación humana. Interacciones, patologías y paradojas*, Barcelona, Herder.

Weber, Max, 1984 [1922], *Economía y sociedad. Esbozo de sociología comprensiva*, México, Fondo de Cultura Econnómica.

Weber, Max, 1992 [1919], *El político y el científico*, Madrid, Alianza.

Weiner, Anette B., 1995, «Culture and Our Discontents», *American Anthropologist*, 97/1: 14-21.

Werner, Oswald y G. Mark Schoepfle, 1987, *Systematic Fieldwork*. Vol. 1. *Foundations of Ethnography and Interviewing*, Londres, Sage.

White, Leslie A., 1947a, «Evolutionism and Anti-Evolutionism in American Anthropology», *Calcutta Review*, 105: 30-40.

White, Leslie A., 1947b, «The Expansion of the Scope of Science», *Journal of the Washington Academy of Sciences*, 37: 181-210.

White, Leslie A., 1949, «Ethnological Theory», en R. W. Sellars, V. J. McGill, y M. Farber (eds.), *Philosophy for the Future*: 357-384.

White, Leslie A., 1959, *The Evolution of Culture*, Nueva York, McGraw Hill.

White, Leslie A., 1975 [1959], «El concepto de cultura», en J. S. Kahn (comp.), *El concepto de cultura: textos fundamentales*, Barcelona, Anagrama: 129-155.

Williams, Brackette F., 1989, «A Class Act: Anthropology and Race to Nation across Ethnic Terrain», *Annual Review of Anthropology*, 18: 401-444.

Williams, Raymond, 2000 [1976], *Palabras clave. Un vocabulario de la cultura y la sociedad*, Buenos Aires, Nueva Visión.

* Wissler, C., 1920, «Opportunities for Coordination in Anthropological and Psychological Research», *American Anthropologist*, 22: 1-12.

Wolcott, Harry F., 2007 [1985], «Sobre la intención etnográfica», en Honorio M. Velasco, F. Javier García Castaño, y Ángel Díaz de Rada (eds.), *Lecturas de Antropología para educadores. El ámbito de la Antropología de la Educación y de la Etnografía Escolar*, Madrid, Trotta: 127-144.

Wolcott, Harry F., 1991, «Propriospect and the Acquisition of Culture», *Anthropology and Education Quarterly*, 22/3: 251-273.

Yúdice, George, 2002, *El recurso de la cultura*, Barcelona, Gedisa.

Yúdice, George, 2005, «¿Una o varias identidades?», *Nueva Sociedad*, 201: 106-116.